Weihnachten 1982

In Liebe Deine Uschi

GESCHICHTE
DER LUXUSZÜGE

GEORGE BEHREND

GESCHICHTE DER LUXUSZÜGE

Orell Füssli Verlag Zürich

Aus dem Französischen übersetzt von Alfred P. Zeller

Satz: Hertig + Co. AG, Biel
Druck: Presses Centrales S. A., Lausanne
Photolithos: Atesa Argraf S. A., Genf
Buchbinderische Verarbeitung: H. & J. Schumacher AG, Schmitten/Bern
Grafische Gestaltung und Herstellung: Ronald Sautebin
Redaktion: Beat Glauser

Titel der Originalausgabe: »Histoire des trains de luxe«
© 1977 Office du Livre, Fribourg

© 1977 Orell Füssli Verlag Zürich
Printed in Switzerland
ISBN 3 280 00918 9

INHALTSVERZEICHNIS

FÜR PHILIP JEFFORD

Orient-Expreß! Wieviel romantische Träume sind mit diesem Wort verknüpft, wie eng sind sie mit der Routentafel »Paris–Lausanne–Istanbul« verbunden, enger als mit jeder anderen und dauernder!

Wenn dieses Buch erscheint, wird der reguläre direkte Zug von Paris nach Istanbul bereits der Vergangenheit angehören. Weiterbestehen wird der Orient-Expreß von Paris Est über München, Wien und Budapest nach Bukarest; weiterhin werden von Privatfirmen betriebene Schlafwagen durch die Volksrepubliken Ungarn und Rumänien fahren, dreißig Jahre, nachdem die Compagnie Internationale des Wagons-Lits alle anderen Dienste in diesen Ländern einstellen mußte. Die Direktverbindung nach Istanbul wird es nicht mehr geben, wohl aber die ursprüngliche Streckenführung des Orient-Expreß. Wenn sie in sechs Jahren noch besteht, wird sie ihr hundertjähriges Jubiläum feiern können.

Daß anstelle eines Schlafwagens ein bulgarischer Liegewagen zweiter Klasse mitgeführt wird, ist ein Zeichen der Zeit, ebenso, daß die direkten Schlafwagen des »Marco Polo«, die von Venedig bis über Belgrad hinaus verkehrten, gestrichen wurden. Die Behörden sind nicht bereit, den wenigen Reisenden, die dafür zahlen wollen und können, entsprechenden Komfort und Service zu bieten. Durch den Kostenanstieg wachsen allenthalben die Defizite der Bahnen.

In einer Zeit, in der nur wenige Menschen sowohl alt genug sind, sich zu erinnern, als auch Gelegenheit gehabt haben, komfortables Eisenbahnreisen zu genießen, in der man – trotz aller Beteuerungen, man wünsche freundschaftliche Zusammenarbeit – Ausländern mit wachsendem Mißtrauen begegnet, möchte dieses Buch zivilisierte Lebens-

kunst zeigen, mit Installationen, warmen Mahlzeiten, Bettüchern, Zentralheizung, Bademöglichkeiten – mit allem, was man gern als selbstverständlich ansieht.

Worauf beruht die Anziehungskraft von Wüsteneien und rückständigen Ländern? Warum gibt es heutzutage so viel Unzufriedenheit und Neid, warum ist man so wenig stolz auf die Aufgabe oder Absicht, die Umwelt zu verbessern? Auf diese Fragen gibt das Buch keine Antwort. Vielmehr möchte es den jungen Menschen zeigen, was ihnen entgangen ist, auch wenn ihnen damit zugleich zwei Weltkriege erspart blieben. Während sich Regierungen ständig bemühen, Individualität zugunsten der Massen zu unterdrücken, scheinen sich doch erfreulicherweise junge Menschen mehr für das lässigere, gemächlichere, verläßlichere Leben zu interessieren, wie es vor dem Zeitalter des Fernsehens existierte, vor den Fernmeldesatelliten, den Computern und auch vor dem gerissenen Verbrecher, der heute weit rascher durch die Lande kommt als je zuvor.

Teils aus Sicherheitsgründen, teils aus Reklamegründen wurde zum Zeitpunkt der Indienstnahme von Luxuszügen über diese nicht immer die volle Wahrheit gesagt, und dadurch haben sich manche Historiker in die Irre führen lassen. Das faszinierende »Geheimnis« der Luxuszüge ist nicht annähernd so geheimnisvoll, wenn einmal die Tatsachen geordnet und vor allem die Sprachschranken beseitigt sind, durch die Vorgänge jenseits der Grenzen oft jahrzehntelang geheim bleiben konnten. Daß viele Krimi-Autoren nicht genau Bescheid wußten, machte ihre Schilderungen des romantischen Lebens in internationalen Zügen nur um so spannender. Eigentlich wußte niemand Bescheid, oder aber er schwieg, war doch die um die Luxuszüge rankende Romantik zweifellos fürs Geschäft gut.

Zu erwähnen bleibt noch, daß zwar die in diesem Buch zum Aus-

1 Der Interflug-Arlberg-Orient-Expreß mit Schlafwagen des Typs »Lx 16« im Jahr 1977

9

2

3

4

2 Der letzte Pullman-Zug mit Dampftraktion in Großbritannien (1957). Die »Pacific«-Lokomotive Nr. 35017 der BR-SR (belgische RTM; 2C1) an der Spitze von »Bournemouth Belle« bei Basingstoke, nach der Abzweigung nach Worthing. Unter der Brücke der von der »Devon Belle« befahrene Schienenstrang nach Devon

3 Der »Bulmer of Cider« bei Hereford (Oktober 1971). Lokomotive Nr. 6000 der British Rail (die frühere »King George V« der Great Western Railway) vor dem Pullman-Wagen »Aquila« und den Wagen Nr. 36, 83 und 76

4 Der »Flèche d'Or« in Calais Maritime vor der Abfahrt nach Paris (um 1929). »Pacific«-Lokomotive Nr. 3.1227 der Nordbahn (2C1)

druck kommenden Meinungen die des Verfassers sind, daß ihm aber anderseits der Rahmen für diese Geschichte der Luxuszüge vorgegeben war. Wenn also ein bestimmter Zug oder ein bestimmtes Land nicht genannt ist, dann nur, weil der Platz dafür nicht ausreichte. Auch der Lieblingszug des Verfassers, der Oberland-Expreß (Calais–Laon–Reims–Chaumont–Belfort–Delle–Bern–Spiez–Interlaken), ist nicht erwähnt; heute gibt es diese direkte Verbindung nicht mehr.
Ihre erste Reise in einem direkten, mehrere Grenzen passierenden Zug wird anders sein, aber wenn sie Ihnen Spaß macht, empfinden Sie sie vielleicht als ebenso herrlich, wundervoll und angenehm, wie im Jahr 1929 das Reisen mit dem Oberland-Expreß war; dann sind Sie bei der Ankunft glücklicher, als Sie es bei der Abreise waren – und um dieses Erlebnis geht es in diesem Buch.

DIE PIONIERZEIT

1. Die Entstehung der Luxuszüge

Reisestrecken sind in den Vereinigten Staaten zehnmal so lang wie in jedem europäischen Land, von Rußland abgesehen. Das bedeutet, daß man mehrere Tage und Nächte hintereinander unterwegs war; der erste primitive Schlafwagen soll bereits 1837 von der heute zur Penn Central Railroad gehörenden Cumberland Valley Railway in Betrieb genommen worden sein. Damals war George Mortimer Pullman sechs Jahre alt.

Pullman wurde am 3. März 1831 in Brockton im Staat New York als drittes von zehn Kindern geboren. Sein Vater war Handwerker. Sein älterer Bruder Albert wurde Schreiner und spielte später im Luxus-Eisenbahnwagen-Geschäft ebenfalls eine Rolle.

1845 verließ George Pullman die Schule und nahm eine Stelle in einem Laden für Farmbedarf an; aber schon drei Jahre später übersiedelte er nach Albion, reiste in dieser Gegend und verkaufte Schränke und andere Möbel, die sein Bruder Albert herstellte. Darauf gehen vielleicht die Holztäfelungen zurück, die viele Pullman-Wagen berühmt machten.

1853 reiste Pullman von Buffalo nach Westfield. Für die knapp 70 km lange Strecke brauchte der Zug eine ganze Nacht. Zur Beleuchtung dienten Kerzen, Heizung gab es keine. Eine weitere Reise, zwei Jahre später, von Chicago nach New York bestärkte ihn in seinem Entschluß, etwas gegen die Unannehmlichkeiten und Unbequemlichkeiten der Bahnreisen zu unternehmen. Inzwischen war er Bauunternehmer in Chicago geworden; seine Spezialität war es, ungünstig gelegene Gebäude zu heben und unversehrt an einen anderen Standort zu bringen. Das tat er beispielsweise mit dem vierstöckigen Tremont House Hotel, das abgerissen werden sollte, weil es so tief in einem Sumpfgebiet gebaut worden war, daß man keine Installation – die Spezialität der Amerikaner – legen konnte.

Pullman gelang es – offenbar ohne daß das Hotel geschlossen wurde, ohne daß eine einzige Scheibe in Brüche ging oder die Zimmermädchen etwas von dem Geschirr, das sie trugen, fallen ließen –, das Haus so behutsam zu heben und zu transportieren, daß in den Berichten darüber erstmals erwähnt wurde, was später zum Kriterium des Reisens in Pullman-Wagen werden sollte: Während das Haus bewegt wurde, konnten die Gäste im Tremont House Hotel ihr Bier trinken, ohne einen Tropfen zu verschütten.

Mit dem so erworbenen Geld und Ansehen lieh sich Pullman von der Chicago, Alton & St. Louis Railroad zwei ihrer zwölf Eisenbahnwagen aus, Wagen Nr. 9 und 19. Beide waren 13,40 m lang und hatten die üblichen offenen Einstiege an den Enden, aber obendrein etwas, was man in Europa noch nicht kannte: Drehgestelle. Die neue Innenausstattung der Wagen kostete 2000 Dollar – damals eine Menge Geld; die Sitzbänke wurden so umgebaut, daß sich die Rückenlehnen absenken ließen, man also darauf liegen konnte. Die meisten Arbeiten führte Pullman eigenhändig aus, denn es gab weder Pläne noch Konstruktionszeichnungen. Pullman war Autodidakt und Selfmademan. Ein Schreiner, Leonard Seibert, half ihm bei den Arbeiten. Obwohl sich die Pullman-Wagen in den folgenden hundert Jahren völlig veränderten, blieben zwei typische Elemente erhalten: die Plüschpolsterung, die alle Pullman-Wagen bis in die Mitte des 20. Jahrhunderts beibehielten, und der Pullman-Steward, der sich um die Fahrgäste des Wagens kümmerte. Die »Pullman Porters« – der erste war Jonathan L. Barnes – hoben nicht nur das Ansehen der Pullman-Wagen, sondern nach 1870 auch das Ansehen der amerikanischen Schwarzen, aus denen sie sich vornehmlich rekrutierten.

Barnes war einer der weißen Pullman-Stewards. Bis zu seinem Lebensende im gesegneten Alter von 85 Jahren pflegte er langatmig

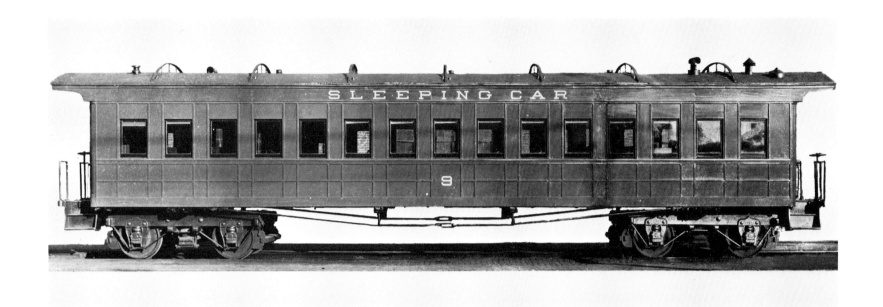

5   Pullmans erster Schlafwagen (1859), ein umgebauter Reisewagen. Unser Bild zeigt den Nachbau des Wagens Nr. 9 der Chicago & Alton Railroad (Pullmans Wagen wurde 1897 durch Feuer zerstört)

zu erzählen, wie er den ersten Pullman-Zug betreute, der am 1. September 1859 Illinois von Bloomington bis Chicago durchquerte. Zwar hatte man in den Wagen Öllampen angebracht, aber offenbar funktionierten sie nicht, denn man verwendete weiterhin Kerzen. Immerhin gab es einen Ofen, der die drei zahlenden Reisenden wärmte, die mit den Stiefeln ins Bett gingen. Barnes mußte sie auffordern, die Stiefel auszuziehen; sonderlich zivilisiert waren amerikanische Reisende in jenen Tagen offensichtlich nicht. Trotz aller Eleganz und reichen Ausstattung der Wagen, die wir heute bewundern, blieb manches von den rauhen Sitten erhalten. Davon wird in einem späteren Kapitel die Rede sein.

Pullman war in allererster Linie darauf aus, Geld zu verdienen. Er wußte, daß er auf dem richtigen Weg war, und als Barnes am Ende der Reise höflich bemerkte, Nr. 9 sei ein feiner Wagen, entgegnete Pullman grob, das könne auch gar nicht anders sein, schließlich habe er genug gekostet. Es genügte ihm jedoch nicht, lediglich für die Chicago & Alton Railroad Wagen umzubauen; sein Rivale Webster Wagner tat bald das gleiche im Auftrag der Vanderbilts für die New York Central. Pullman wollte seine eigenen Wagen bauen und von ihrem Betrieb profitieren. Der Schlafwagenzuschlag von Bloomington nach Chicago betrug nur 50 Cent; freilich gab es dafür nicht einmal Bettücher. Aber Pullmans Zukunftspläne wurden jäh durch den Sezessionskrieg unterbrochen.

Die Nordstaatler beschlagnahmten den gesamten Fuhrpark der Chicago & Alton, und Pullman hatte nun weder Geld noch Arbeit.

Während sein späterer Rivale, Colonel William d'Alton Mann, unter General Custer diente, der den Ruhm der US-Kavallerie durch Frontalangriffe mehrte, die allerdings verlustreich waren und zu keinem einzigen Sieg über die Südstaatler führten, war Pullman darauf bedacht, möglichst weit weg vom Kriegsschauplatz zu kommen. Er ließ sich in der Goldgräbersiedlung Pike's Peak (oder Bust) nieder und kam zu viel Geld, allerdings nicht durch Goldsuche, sondern indem er den meist glücklosen Goldgräbern zu hohen Preisen Nahrungsmittel und Gerätschaften verkaufte. Nach Kriegsende kehrte er mit 20 000 Dollar nach Chicago zurück. Mit diesem Geld baute er seinen ersten »richtigen« Wagen, den er zu Recht »Pioneer« nannte.

Diesen Wagen konstruierte er ganz nach eigenen Vorstellungen, ohne sich um andere Konstrukteure zu kümmern, deren Wagen rund 4000 Dollar kosteten und den Anforderungen der Eisenbahngesellschaften entsprachen. Pullmans gewaltiges Gefährt auf vierachsigen statt den üblichen zweiachsigen Drehgestellen kostete alles in allem 20 170 Dollar; seine Maße entsprachen keineswegs dem »Regellichtraum«, das heißt der Breite und Höhe, die eingehalten werden mußten, damit der Wagen nicht Bahnsteige, Brücken, Bäume, Bahndämme oder sogar Wagen auf Parallelgeleisen streifte. Solche technischen Bedingungen mußte Pullman erst noch in harter Schule kennenlernen. Als Mitte 1864 sein »Pioneer« nach rund einjähriger Bauzeit »fahrbereit« war, blieb der Wagen schlichtweg hängen. Er mußte in einem Schuppen untergestellt werden und wurde in »Pullman's Folly« (Pullmans Torheit) umgetauft – wie ihn Ben Field, Pullmans Geschäftspartner, nannte, ist nicht überliefert.

C. Hamilton Ellis schrieb über Pullman, er sei zu einem Prozent Erfinder, zu neun Prozent Verbesserer und zu neunzig Prozent Geschäftsmann gewesen. Im April 1865 erschütterte die Ermordung von Präsi-

6 Der »Pioneer« aus dem Jahr 1864, der erste von Pullman völlig neu konstruierte Schlafwagen. Unser Bild zeigt ihn, wie er 1865 mit den serienmäßig eingeführten Pullman-Drehgestellen aussah

dent Abraham Lincoln ganz Amerika. Seine Leiche sollte mit dem Zug von Chicago nach Springfield übergeführt werden. Colonel Bowen, der Präsident der Third National Bank of Chicago, über die Pullman seine Geschäfte abwickelte, war mit der Leitung der Trauerfeierlichkeiten betraut. Nur das Beste war für die letzte Fahrt des Präsidenten gut genug – aber dieses Beste, Pullmans Wagen, stand unbrauchbar in einem Schuppen.

Jetzt war die Chicago & Alton Railroad praktisch gezwungen, den »Pioneer« zu übernehmen und den Regellichtraum entsprechend den Maßen dieses Wagens zu ändern. Tag und Nacht wurde gearbeitet, um Bahnsteige, Durchstiche usw. umzubauen. Am 2. Mai 1865 verfolgten riesige Menschenmengen die Fahrt des Zuges und verschafften Pullman die Reklame, die er brauchte. Zudem konnte die C. & A. den »Pioneer« nach den Umbauten weiterhin auf der ganzen Strecke einsetzen. Dem neuen Präsidenten, General Grant, bot Pullman seinen Wagen für die Antrittsreise an, die über die Strecken der Michigan Central Railroad führte, die ebenfalls auf den Lichtraum des »Pioneer« umgestellt werden mußten.

Diese Reklame gab Pullman gegenüber seinen Konkurrenten, von denen viele fleißig Schlafwagen bauten, einen erheblichen Vorsprung. Mit 17,68 m Länge und hoch über den Schienen liegendem Boden war der »Pioneer« ein eindrucksvolles Gefährt, das allerdings über 27 Tonnen wog; aber bei einem eines Präsidenten würdigen Wagen war das kein Grund zur Klage. Bald wurden weitere Wagen gebaut.

Die Konstruktion bereitete jetzt keine Schwierigkeiten mehr, doch neue Probleme entstanden durch die Konkurrenz. Was Pullman brauchte, waren Exklusivverträge. Wenn dies nicht möglich war, mußte er sich mit verschiedenen Eisenbahngesellschaften assoziieren, die Gewinne teilen und versuchen, die Konkurrenz auszuschalten.

Der gefährlichste Rivale war Webster Wagner. Er gründete 1865 seine New York Central Sleeping Car Company, hauptsächlich finanziert von den Vanderbilts, denen die New York Central Railroad gehörte. Pullman konnte sich mit 14 Eisenbahngesellschaften assoziieren, die noch keine Schlafwagen hatten. Viele Gesellschaften richteten auch eigene Schlafwagendienste ein, die dann nach und nach von Pullman übernommen wurden.

In den Tagen der hölzernen Wagenkästen auf gußeisernem Chassis (Rahmen) bestand stets die Gefahr von Frontalzusammenstößen. Die Rahmen schoben sich ineinander, zersplitterten die hölzernen Wagenkästen, und die unglücklichen Reisenden wurden erdrückt. Pullman verhinderte dies bei seinen Wagen durch massiv verblockte Balkengerippe, behielt aber bis zur Einführung des 1887 patentierten »Pullman Vestibule and Gangway« (Innenplattform und Durchgang) die offenen Plattformen bei. Pullmans Wagenverbindung war weit besser als die in Europa übliche »Harmonika«-Verbindung mit Faltenbalg-Wetterschutz. Die Pullman- oder Mittelpuffer-Kupplung wurde schon früh von allen amerikanischen Eisenbahnen übernommen, später auch von Großbritannien, wo man heute Seitenpuffer und Mittelschrauben-Kupplung nur für das Ankuppeln an Lokomotiven und an ältere, nicht mit Mittelpuffer-Kupplung ausgerüstete Wagen beibehält; in solchen Fällen wird die zentrale Kupplung abgesenkt, und an den Stirnseiten der Wagen werden Seitenpuffer ausgezogen.

1867 betrieb George Pullman bereits 48 Wagen. Er gründete die Pull-

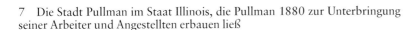

7   Die Stadt Pullman im Staat Illinois, die Pullman 1880 zur Unterbringung seiner Arbeiter und Angestellten erbauen ließ

8   Innenansicht eines amerikanischen Pullman-Wagens: der von der Pullman-Gesellschaft auf dem Streckennetz der Union Pacific Railroad und der Central Pacific Railroad betriebene »Australia«

man Company, die die Wagen übernahm. Dazu kam eine Reihe von Tochtergesellschaften, vor allem die Pullman Standard Car Co., die den Wagenbau übernahm, und die Pullman Palace Car Co. Inc., die Betriebsgesellschaft. Wir werden auf ihre europäischen Unternehmungen, die allerdings im Vergleich zu den amerikanischen unbedeutend waren, noch zurückkommen.

Im gleichen Jahr tauchten die ersten Pullman-Schlafwagen mit Restaurationsbetrieb auf. Einer der ersten dieser sogenannten »Hotelwagen« war »Western World«, der in Kanada verkehrte, auf der Grand Trunk Railway, die seit 1923 zur Canadian National gehört. Der erste Pullman-Speisewagen war der nach einem berühmten New Yorker Restaurant benannte »Delmonico«. Er wurde 1868 auf der Chicago & Alton eingesetzt, die schon den »Pioneer« übernommen hatte. Der Erfolg war beachtlich.

Am 10. Mai 1869 wurde bei Promontory Point mit einer letzten, goldenen Schienenkrampe die Verbindung zwischen der Union Pacific Railroad und der Central Pacific Railroad hergestellt. Jetzt konnte Pullman seine Wagen von der Atlantik- bis zur Pazifikküste fahren lassen. Geschäftsleute mieteten ganze Pullman-Hotelwagen-Züge oder kauften von Pullman Privatwagen.

283 Wagen wurden von Eisenbahngesellschaften oder Waggonfirmen für Pullman gebaut; 1870 ging er aber dazu über, in den Werkstätten seiner Gesellschaft in Detroit eigene Wagen zu bauen. Um mit der gewaltigen Nachfrage Schritt halten zu können, errichtete er in Lake Calumet, 23 km südlich von Chicago, eine riesige Werkanlage, die erste auf dem Reißbrett entstandene amerikanische Industriestadt.

Neben den Fabrikgebäuden gab es Häuser für die Arbeiter, ein Hotel für Besucher, einen Wasserturm und ein großes Verwaltungsgebäude, in dem auch das Dampfkraftwerk untergebracht war. Architekt dieser Stadt war Solon Spencer Beman. Sie bedeckte eine Fläche von 1458 Hektar und hieß selbstverständlich Pullman.

Der gleiche Architekt baute im Herzen von Chicago den Hauptsitz der Pullman-Gesellschaft, der 1956 abgerissen wurde, und den 1969 abgebrochenen Chicagoer Hauptbahnhof.

Das Leben in Pullman war streng reglementiert. Lage, Größe und Gestalt der Arbeiterhäuser hingen von der jeweiligen Stellung in der Fabrik ab. Es gab wunderschöne Parkanlagen, aber es war verboten, in ihnen zu »faulenzen«, und ebenso waren die »Saloons«, die Kneipen, verboten. Diese strikte Reglementierung blieb nicht ohne Folgen. Nach der Wirtschaftskrise von 1893, die zur Entlassung von 4000 Arbeitern geführt hatte, kam es 1894 zu einem Streik. Zum erstenmal in den Vereinigten Staaten wurden bei diesem Anlaß Truppen gegen Streikende eingesetzt.

Mit George Pullmans Gesundheit ging es nach diesem Streik rasch bergab. Drei Jahre später, am 19. Oktober 1897, starb er, erst 66 Jahre alt, völlig unerwartet in Chicago an einem Herzanfall.

Seine Familie führte die Firma fort, die bereits 1867 ihre Aktivitäten auf Kanada und 1889 auch auf Mexiko ausgedehnt hatte. In den Vereinigten Staaten selbst nahm die Pullman Company einen unerhörten Aufschwung: 1930 waren etwa 9000 Pullman-Wagen in Betrieb und beförderten im Jahresdurchschnitt 30 Millionen Reisende.

2. Die Entwicklung in Europa

Jetzt ergab sich eine neue Situation: die Neue Welt hatte der Alten etwas zu bieten. Unter den Besuchern aus Europa waren Georges Nagelmackers, ein als Bergbauingenieur ausgebildeter junger belgischer Bankier, der 1868 aus Lüttich eintraf, und James (später Sir James) Allport, ein stocknüchterner englischer Eisenbahn-Generaldirektor, der 1872 in den Staaten einen Studienurlaub antrat.

Zwei gegensätzlichere Menschen als Nagelmackers und Pullman kann man sich kaum vorstellen. Der reiche, gewandte Nagelmackers entstammte einer alten Familie, die streng auf ihren Ruf bedacht war; sie hatte ihn nach Amerika geschickt, damit er eine Liebesaffäre vergessen sollte, und dort entdeckte er das Pullman-System: elegante Speisewagen mit sauberer Tischwäsche und vorbildlichem Service – in Europa völlig unbekannt – und Schlafwagen, mit denen man ohne Umsteigen von den USA nach Kanada fahren konnte. Wenn es in der Neuen Welt möglich war, auf diese Weise von einem Land ins andere zu reisen, warum dann nicht auch in der Alten Welt?

Diese Frage konnte sich Nagelmackers freilich selbst beantworten. Eisenbahnen spielten in Europa eine große militärische Rolle, und oft waren die Schienennetze an den Grenzen ohne direkten Anschluß. Um einen möglichen Gegner daran zu hindern, erbeutete Lokomotiven und Wagen dem eigenen Fuhrpark anzugliedern, waren die Kupplungen verschieden, und die Puffer von Wagen verschiedener Nationalität verklemmten sich nicht selten in den Kurven, so daß es zu Unfällen kam.

Anderseits hatte der junge Nagelmackers bereits 1863 im Bahnhof seiner Heimatstadt Lüttich den ersten internationalen Zug Europas gesehen, der auf den Strecken von vier verschiedenen Gesellschaften von Basel über Frankreich, Luxemburg und Belgien nach Rotterdam fuhr; er wurde von der französischen Ostbahn betrieben. Nur Groß-bankiers wie die Rothschilds oder Baron Maurice de Hirsch, der durch finanzielle Beteiligung an allen in Frage kommenden Eisenbahngesellschaften der Ostbahn diese Verbindung gesichert hatte, stellten Geschäftsinteressen über nationalistische Erwägungen.

Nagelmackers erkannte, daß für Europa eine internationale Gesellschaft vonnöten war, imstande, Dienstleistungen nach Pullmans Vorbild zu bieten, und ausgestattet mit einem auf die Erfordernisse aller befahrenen Bahnnetze abgestimmten Wagenpark. Er wußte aber auch, daß das seine Zeit brauchen würde. Also ging er nach seiner Rückkehr nach Europa Anfang 1870 in die Industrie und wurde Generaldirektor der Hüttenwerke von Vesdre, der Luxemburgischen Hüttenwerke und der Vereinigten Cheratte-Bergwerke. Er lebte mit seiner Familie friedlich in Lüttich, widmete aber jede freie Minute seinem »Geheimplan«. Am 20. April 1870 veröffentlichte er sein »Projet de l'installation de wagons-lits sur les chemins de fer du Continent«.

Dann brach der Deutsch-Französische Krieg aus. Das elsaß-lothringische Netz, das der französischen Ostbahn gehörte, wurde von der Preußischen Staatseisenbahnverwaltung in Berlin (ab 1873 Reichseisenbahnamt) übernommen; Nagelmackers blieb nichts anderes übrig, als seine Schrift in deutscher Sprache drucken zu lassen. Kaum war es nach Kriegsende Nagelmackers gelungen, Abmachungen über die Personenbeförderung mit dem »Malle des Indes«, einem zwischen Ostende und Brindisi über den Brenner verkehrenden Postzug, zu treffen, als der Mont-Cenis-Tunnel eröffnet wurde und die Britische Generalpostverwaltung daraufhin die bisherige Italienroute zugunsten der kürzeren Verbindung von Calais über den Mont Cenis einstellte. Im Gegensatz zu Pullman mußte Nagelmackers in seinen Anfängen fast nur Fehlschläge einstecken. »Was ist das?« fragte ein mißtrauischer Eisenbahndirektor beim Anblick einer der Zeichnungen in Nagelmackers Broschüre. »Eine Toilette«, war die Antwort. »Junger Mann, sind Sie verrückt geworden? Wann hat es je in einem Zug eine Toilette gegeben?«

Solcherart waren die Widerstände, gegen die Nagelmackers ankämpfen mußte, aber er überwand sie. Am 4. Oktober 1872 gründete er in Lüttich die »Compagnie Internationale des Wagons-Lits« und unterzeichnete drei Wochen später seinen ersten Vertrag mit der Belgischen Staatsbahn und der Niederländischen Rheinbahn, wodurch es ihm möglich wurde, seine Wagen von Ostende bis Köln durchlaufen zu lassen. Bald danach bekam er Verträge für die Strecken Wien–München, Ostende–Berlin und für weitere Verbindungen in Deutschland.

Nagelmackers' Verträge unterschieden sich freilich stark von denen Pullmans; oft hatten sie nur eine kurze Laufzeit mit monatlicher Kündigung; Lichtraum und Gewicht der Wagen waren genau vorgeschrieben. Für die Verbindung Paris–Wien wurden von Österreich für je 20 000 belgische Francs vier zweiachsige Wagen geliefert, vorerst wurde bloß der Streckenabschnitt München–Wien bedient, und dafür waren nur zwei Wagen nötig. Die Deutschen verlangten dreiachsige Wagen, und so mußte Nagelmackers in Deutschland vier weitere Wagen bauen lassen.

Nagelmackers' Familie verhielt sich genau so, wie es in Bankierskreisen üblich ist: Sie entzog ihm ihre Unterstützung, als er sie am dringendsten brauchte; er mußte sich anderswo nach Geld umsehen. Selbstverständlich wandte er sich nach England, war doch London damals die »Drehscheibe des Kapitals«, und lernte dort den Colonel William d'Alton Mann kennen.

Wie Pullman war Mann darauf bedacht, alles patentieren zu lassen, was immer sich patentieren ließ. Nachdem er die US-Armee verlassen hatte, ließ er Militärausrüstung patentieren und verkaufte mit Hilfe ehemaliger Kameraden, die noch beim Militär waren, die Patente an die amerikanischen Militärbehörden. Mit dem dadurch verdienten Geld versuchte er sich im Schlafwagengeschäft; seine patentierten »Boudoir«-Wagen hatten geschlossene Einzelabteile anstelle der in offene »sections« unterteilten Großräume Pullmans, die die Europäer unmoralisch fanden. Als Mann merkte, daß er mit Pullman nicht konkurrieren konnte, ging er nach England.

Mann und Nagelmackers assoziierten sich in London. Am 4. Januar 1873 wurde die CIWL in »Mann's Railway Sleeping Carriage Co. Ltd« mit Sitz in London umbenannt. Die neuen königsblauen Wagen trugen die Aufschrift »Mann Boudoir Sleeping Car« und auf den Fensterscheiben ein großes M. Mann war entzückt. Mit Vergnügen überließ er Nagelmackers die Leitung der neuen Gesellschaft und war sogar einverstanden, daß auf den Briefköpfen neben dem neuen Namen und der neuen Adresse der Gesellschaft auch Name und

9 Georges Nagelmackers (1845–1905), der Gründer der Internationalen Schlafwagengesellschaft (Compagnie Internationale des Wagons-Lits, CIWL)

10 Modell des Schlafwagens Nr. 1 der CIWL (1872)

Adresse der alten Firma beibehalten wurden. Er ließ einen Prospekt drucken, in dem der Direktor der Rheinbahn als führendes Mitglied im Aufsichtsrat der Gesellschaft verzeichnet war. Britische Historiker entdeckten dies erst rund hundert Jahre später, obgleich der Direktor der »Rheinischen«, John Staats Forbes, in englischen Eisenbahnkreisen eine gewichtige Rolle spielte, war er doch Präsident der Londoner Metropolitan District Railway und der London Chatham and Dover Railway (LC & DR).

Nagelmackers bemühte sich weiterhin um Verträge. Den ersten französischen Vertrag schloß er am 19. Februar 1873 mit der Ostbahn für die Strecke Paris–Avricourt, also für die französische Teilstrecke der Verbindung Paris–Wien. Von Mai bis Oktober 1873 wurde auf der Wiener Weltausstellung der Mann-Wagen Nr. 3 gezeigt. Am 30. Juni schloß Nagelmackers einen einjährigen, jederzeit kündbaren Probevertrag mit der von den Rothschilds kontrollierten französischen Nordbahn und der ihr angeschlossenen »Nord-Belge«, die Strecken in Südbelgien betrieb. Der Vertrag betraf die diesen Gesellschaften gehörenden Teilstrecken der Route Paris–Köln–Berlin und die Strecke Paris–Calais.

Während Nagelmackers verhandelte, konnte Mann dem Prinzen von Wales (dem späteren König Eduard VII.) für einen Berlin-Besuch einen seiner Wagen zur Verfügung stellen; mit dem gleichen Wagen reiste der Prinz bei einem Besuch in St. Petersburg zur russischen Grenze weiter. Dieses Ereignis war eine gute Reklame. Sie ermöglichte es, anschließend die Strecke Paris–Wien zu eröffnen, die sich in jeder Hinsicht als ein Erfolg erwies, Gewinne brachte und sehr beliebt

war. Bald tauchte der Vorschlag auf, von Wien aus in andere Richtungen ähnliche Direktverbindungen einzurichten.

In der Zwischenzeit reiste James Allport durch Amerika. Allport war Generaldirektor der unternehmungsfreudigen Midland Railway, einer der größten Eisenbahngesellschaften Englands, mit Sitz in Derby, einem Zentrum der Midlands. Auch er erkannte die Vorteile einer Gesellschaft, die ihre Züge auf mehr als einem Eisenbahnnetz einsetzte (die Midland Railway plante bereits direkte Züge nach Schottland). Er lud George Pullman ein, 1873 zur Generalversammlung der Midland-Aktionäre nach Derby zu kommen. Während Nagelmackers nur jederzeit oder innert Monatsfrist widerrufbare Probeverträge erhielt, bot man Pullman einen Vertrag mit einer Laufzeit von 15 Jahren an! Derby sollte zum Brückenkopf werden, von dem aus, um die Londoner »Times« zu zitieren, »Pullman-Hotelwagen durch ganz Europa fahren würden«. Aber es kam doch etwas anders, denn Ende 1873 schlossen die getreue »Rheinische« und die Belgische Staatseisenbahn mit Nagelmackers Verträge über 10 Jahre ab, so daß zu hoffen war, daß sein Unternehmen endlich lebensfähig würde.

Pullman richtete in London (76 Cheapside) ein von John Miller geleitetes Büro ein und ein weiteres in Paris (1, rue Quatre-Septembre) unter Colonel Charles Gourand. Außerdem schickte er den Pullman-Ingenieur Rapp von Detroit nach Derby, um dort die Montage der aus Amerika gelieferten Wagenteile zu überwachen. Der erste Pullman-Wagen (der natürlich »Midland« getauft wurde) war am 25. Januar 1874, ein zweiter am 15. Februar fahrbereit. Der dritte Wagen, »Victoria«, war der erste Pullman-Salonwagen, der überhaupt gebaut wurde. Er hatte zwei Privatabteile mit Seitengang, im Hauptsalon waren 17 Drehsessel installiert (ursprünglich waren 19 vorgesehen).

Am 21. März 1874 veranstaltete man eine Probefahrt von London nach Bedford und zurück. Unterwegs wurde ein kalter Lunch gereicht – die erste Mahlzeit, die je in einem englischen Zug serviert wurde. Die Lokomotive war die von Kirtley gebaute MR 120 No. 906, eine 1B-Maschine; sie war die erste von mehreren Midland-Lokomotiven, deren Tender für die Miller-Mittelpuffer-Kupplung umgerüstet wurden. Nur zwei Tage später wurde einer der Schlafwagen in Dünkirchen ausgeschifft, um in Paris ausgestellt zu werden. Wegen seiner ungebräuchlichen Mittelpuffer-Kupplung brauchte der Wagen vier Tage – mit einem langsamen Güterzug – bis nach La Chapelle (kurz vor dem Pariser Nordbahnhof), an den Ausstellungsort. Colonel Gourand vom Pariser Pullman-Büro suchte am 2. Mai 1874 um einen Vertrag für die Strecke Paris–Brüssel nach, aber man zeigte ihm die kalte Schulter und ließ durchblicken, daß es in Amerika wohl nicht ungewöhnlich sei, sein Bett zu teilen.

In England stellte Pullman einen vollständigen Zug mit eigenen Wagen zusammen, den ersten mit durchgehendem Seitengang und Toiletten in den normalen »Tageswagen« der ersten und zweiten Klasse. Den Anfang und das Ende des Zuges bildeten je ein Dritter-Klasse- und Gepäckwagen, dazwischen wurden ein Tageswagen der ersten und zweiten Klasse, ein Schlafwagen und ein Salonwagen geführt. Nur diese beiden letzten, die zuschlagpflichtig waren, gehörten der Pullman-Gesellschaft, die übrigen wurden sofort nach Fertigstellung an die Midland Railway verkauft, die sie mit Polstern in ihren Farben ausstatten ließ. Es waren die ersten Drehgestellwagen in Großbritannien.

Vom 1. Juni 1874 an fuhr der Zug allnächtlich von London nach Bradford und kehrte am nächsten Tag zurück. Der Zuschlag für den Salonwagen betrug je nach Reisestrecke 1 bis 5 Shilling; ein Bett im Schlafwagen kostete einheitlich 6 Shilling. Ein »höflicher Kondukteur« (J. S. Marks, später viele Jahre Direktor von British Pullman) und ein »aufmerksamer Diener« begleiteten den Zug.

Diese Bezeichnungen stammen vom Generaldirektor der Nordbahn, Banderali, der den Pullman-Zug besichtigte. Obwohl sich der Salonwagen in England so großer Beliebtheit erfreute, daß 1874 in Derby aus von Detroit gesandten Teilen zwei weitere zusammengebaut wurden und Pullman 1875 auch in Amerika Salonwagen einführte, meinte Banderali, solche Wagen seien »absolut nutzlos«. Pullmans Siegeszug in Europa wurde durch das hohe Gewicht seiner Wagen gebremst. Ein Pullman-Zug, der 200 Personen beförderte, hatte ein Gesamtgewicht von 100 Tonnen, während nach Banderalis Schätzung ein gewöhnlicher Reisezug mit gleicher Transportkapazität nur 50 Tonnen wog.

Da inzwischen in Derby zwei weitere Pullman-Schlafwagen montiert wurden, nahm man bereits nach sechs Tagen den »Midland« aus dem London-Bradford-Zug und verschiffte ihn am 6. Juni 1874 nach Frankreich, um ihn dort auszustellen und auf dieser Grundlage in Frankreich und Italien Verträge für Pullman abzuschließen, und zwar möglichst Exklusivverträge, dies um so mehr, als Nagelmackers' Vertrag mit der Nordbahn am 30. Juni auslief.

Am 20. Juni errang Gourand den ersten Sieg für Pullman auf dem europäischen Festland durch einen Vertrag mit der Oberitalienischen Eisenbahngesellschaft (Società delle Ferrovie d'Alta Italia), die den Mont-Cenis-Tunnel und die Riviera-Strecke von der französischen Grenze bis nach Nordwestitalien betrieb. Drei Pullman-Wagen sollten so schnell wie möglich – aber spätestens innerhalb eines Jahres – nach Turin geliefert werden. Daraufhin reiste Rapp nach Turin, um die Pullman-Wagen, die aus den Vereinigten Staaten direkt nach Genua verschifft worden waren, wieder zusammenzumontieren. Von den beteiligten Arbeitern stammt ein anläßlich ihrer Entlassung 1875 wahrscheinlich vom Dolmetscher verfaßtes rührendes Gedicht:

TO
PULLMAN ESQUIRE, THE GREAT INVENTOR
OF THE
SALOON COMFORTABLE CARRIAGES
AND
MASTER RAPP THE CIVIL ENGINEER DIRECTOR
OF THE MANUFACTURE OF THE SAME
THE
ITALIAN WORKMEN
BEG TO UMILIATE

Welcome, Welcome Master Pullman
The great inventor of the Saloon Carriages,
Italy will be thankful to the man
For now and ever, for ages and ages.

To Master Rapp we men are thankful,
Cause of his kindness and adviser sages,
Our hearts of true gladness is full:
And we shall remember him for ages.

Should Master Pullman ever succeed
To continue his work in Italy
What we wish to him indeed,
We hope to be chosen
To finish the work, and work as a man,
To show our gratitude to Master Pullman.
Turin, 1875, Fino and his friends

Anscheinend machte Pullman von dem Angebot der SFAI, »Exklusivrechte für 15 Jahre, falls gewünscht«, keinen Gebrauch, oder die Eisenbahngesellschaft »vergaß« diese Klausel – jedenfalls konnte Nagelmackers 1877 mit seinen an den Indien-Postzug angehängten Schlafwagen bis nach Bologna fahren. Aber dort mußten Fahrgäste nach Brindisi umsteigen, denn Pullman hatte 1874 mit den Süditalienischen Eisenbahnen (Strade Ferrate Meridionali) einen Exklusivvertrag mit zwölfjähriger Laufzeit ausgehandelt, und dieser Vertrag wurde strikt eingehalten.

Im Jahr 1874 vergrößerte sich Manns Boudoir-Schlafwagen-Park von 16 auf 42 Wagen; ein Salonwagen, der die Nr. 43 erhielt, wurde in den Ateliers der LC&DR in Longhedge (London) gebaut und auf deren Strecke zwischen London und Dover eingesetzt. Mit dem Schlafwagen Nr. 42 hatte sich Colonel Mann selbst beschäftigt: Nach eigenen, miserablen Plänen ließ er ihn ebenfalls bei der LC&DR bauen. Bei diesem Wagen waren die Betten quer vor den Türen angebracht – es muß schrecklich gezogen haben!

Aber 1875 begann ihn das Schlafwagengeschäft zu langweilen. Während sein Wagen Nr. 42 von der Great Northern Railway probeweise auf der Strecke entlang der Ostküste nach Schottland (siehe Kapital 8) eingesetzt wurde, lungerte er im Londoner Langham Hotel herum, brüstete sich mit seinen Heldentaten im Krieg, verschlang riesige Portionen Hammelkoteletts mit ebenso gewaltigen Champagnermengen und ließ Nagelmackers' dringende Briefe unbeantwortet. Im Sommer trat er von seinem Amt als Präsident zurück und überließ Nagelmackers vollständig die Leitung der gesamten Mann Company. Nagelmackers kehrte bald nach Belgien zurück, um dort erneut eine eigene Gesellschaft zu gründen, diesmal in Brüssel. Hauptaktionär war der belgische König Leopold II., und Nagelmackers erhielt das Recht, im Firmenzeichen seiner Gesellschaft die königlich-belgischen Löwen zu führen.

Am 4. Dezember 1876 wurde in Brüssel die heute noch bestehende Compagnie Internationale des Wagons-Lits (CIWL) gegründet, die Colonel Mann auskaufte und dessen 53 Wagen und 22 Verträge übernahm. Dazu kam schon einen Tag später ein weiterer Vertrag für

11 Der 1878 gebaute Schlafwagen Nr. 60: Toilette und Abteile tagsüber und in der Nacht

die Strecke Paris–Bordeaux. Damit war nicht nur der Weg nach Spanien offen, zugleich wurde die von den Rothschilds kontrollierte Paris–Lyon–Méditerranée seitlich umfahren; daraufhin war diese Gesellschaft bereit, den Betrieb von CIWL-Wagen an der Côte d'Azur und auf den Strecken zur schweizerischen und italienischen Grenze zu bewilligen. In Deutschland und Österreich hatte Wagons-Lits von Pullman nichts zu befürchten; dort bediente man inzwischen von Berlin und Wien aus weitere Strecken und dazu in Rumänien die Verbindung von Bukarest nach Suczawa an der österreichisch-ungarischen Grenze. Dagegen tobte der Konkurrenzkampf zwischen den

beiden Gesellschaften unvermindert in Frankreich und Italien, wo Wagons-Lits Rom, Pullman Paris erreichen wollte.

In England herrschte Pullman unumschränkt. Nagelmackers zog seine beiden Wagen schnellstens ab, während Pullman 1875 auf der Strecke London–Brighton der LBSCR (London, Brighton & South Coast Railway), die bald zu seinem treuen Verbündeten wurde, seine Salonwagen einführte. 1876 verkehrten Pullman-Schlafwagen auf der neuen Strecke der Midland Railway über die Pennines bis Carlisle und von dort auf dem Netz der North British Railway nach Edinburgh, auf dem Netz der Glasgow & South Western Railway nach Glasgow.

Um die gleiche Zeit führten beide Gesellschaften Speisewagen ein. Pullman ließ 1879 den von der Great Northern zwischen London und Bradford bzw. Leeds (als Konkurrenz zur Midland-Strecke) eingesetzten Salonwagen »Ohio« umbauen. CIWL begann in Deutschland versuchsweise auf der Berlin-Anhaltischen Eisenbahn, um dann 1881 ihren ersten regulären Speisewagen, den Dreiachser Nr. 107, an die französische Riviera rollen zu lassen. Der in »Prince of Wales« umgetaufte »Ohio« war also der erste Speisewagen mit Drehgestell in Europa.

Im gleichen Jahr führte Pullman seinen Salon-Speisewagen in Frankreich ein. Der Wagen verkehrte auf der Strecke der Westbahn zwischen Paris und Le Havre, wo die Linienschiffe aus Amerika anlegten. Zweifellos hatte die LBSCR, die gemeinsam mit der Westbahn die Kanaldampfer zwischen Newhaven und Dieppe betrieb, ihren Einfluß auf diese Gesellschaft zugunsten von Pullman geltend gemacht. Die von der LBSCR auf den eigenen Strecken eingesetzten Salonwagen waren ein so großer Erfolg, daß 1881 der erste europäische Luxuszug, der »Pullman Limited Express«, in Betrieb genommen wurde. Dieser Zug ist allerdings besser unter dem Namen bekannt, den er in den letzten Jahren seiner 91jährigen Geschichte trug: »Brighton Belle«.

3. »Brighton Belle«: der erste europäische Luxuszug

»Brighton Belle« machte ihre Jungfernfahrt 1881 (damals hieß sie noch »Pullman Limited Express«), ihre letzte Reise fand 91 Jahre später statt, am 1. Mai 1972. Der Erste Weltkrieg brachte einen partiellen Unterbruch, und im Zweiten Weltkrieg war ab 1940 die Zugverbindung völlig eingestellt. Heutzutage ist die »Concorde« etwas Besonderes – nicht für jedermann und auch nicht nach jedermanns Geschmack –, genauso erging es dem ersten reinen Pullman-Zug in Europa und seinen »Amerikanismen«, so etwa dem »Scheck«, mit dem der Zuschlag von einem Shilling quittiert wurde.

Die Wagen »Louise« und »Maud« (früher »Ariel« und »Ceres«) bildeten die Spitze und das Ende des Zuges. Sie enthielten ein Gepäckabteil mit Schiebetür, ein Schaffnerabteil und ein Abteil für das Zugpersonal. »Victoria« (früher »Adonis«) war mit einer kleinen Bar ausgestattet, wo die Herren rauchen durften. »Beatrice« figurierte jetzt als Salonwagen; hierhin konnten sich die Damen zurückziehen; sie war der erste Eisenbahnwagen mit elektrischem Licht.

Zwölf Edison-Glühbirnen unter Bambuslampenschirmen beleuchteten diesen Wagen, der früher »Globe« geheißen hatte. Unter dem Boden waren Batterien mit insgesamt 32 Zellen angebracht. Am 14. Oktober 1881 fand die Probefahrt mit Vertretern der Presse statt, und mit den Presseleuten fuhren die Herren Pincaffe und Lachlen von der Fauré-Akkumulatoren-Gesellschaft, die die Beleuchtungsanlage installiert hatte; sie knipsten in den Tunnels das Licht an und ließen die Lampen auf dem Rückweg von Brighton nach London sogar auf der ganzen Strecke brennen. Da der Sonderzug die Fahrt mehrmals unterbrechen mußte, befürchteten sie, daß sich die Batterien schon vor der Ankunft in London erschöpfen würden, doch sie hielten durch, sehr zum Mißvergnügen einiger geladener Gasbeleuchtungs-techniker, die errechnet hatten, daß die elektrische Beleuchtung viermal soviel kostete wie die übliche Gasbeleuchtung. Die Fahrt wurde zu einem Triumph für Fauré, ebenso für George Pullman, der wenig später selbstverständlich auch in den Vereinigten Staaten die elektrische Zugbeleuchtung einführte.

In der Victoria Station stand von nun an ein dampfmaschinengetriebener Generator zum Nachladen der Batterien. Das war natürlich eine ziemlich teure Angelegenheit, und beim Gedanken daran rieben sich die zur Probefahrt eingeladenen Gasbeleuchtungstechniker vergnügt die Hände, wobei sie jedoch nicht in Betracht zogen, daß bei Zugunglücken das aus den Druckbehältern austretende Leuchtgas oft die zerschmetterten hölzernen Wagenaufbauten in Brand setzte und den Schauplatz in ein wahres Inferno verwandelte.

1881 beleuchtete man seine Wohnung hauptsächlich mit Kerzen oder Petroleum- beziehungsweise Öllampen. Die Pullman-Wagen waren normalerweise mit Argandlampen ausgestattet, und auch bei »Beatrice« hatte man für den Fall, daß die Batterien nicht durchhalten würden, diese Lampen beibehalten. Die elektrische Beleuchtung war ein Riesenerfolg, und als 1888 aus den USA neue Pullman-Wagen mit dem 1887 patentierten Pullman-Verbindungsdurchgang in England eintrafen, rüstete man den ganzen Zug auf elektrische Beleuchtung um. Den Strom lieferte ein von der LBSCR gebauter Spezialwagen mit einem achsengetriebenen Dynamo, den William Stroudley, der berühmte Lokomotivenbauer dieser Gesellschaft, entworfen hatte. Diese Elektrowagen hießen bei den Eisenbahnern »Pullman Pups« (Pullman-Welpen).

Auf der Jungfernfahrt am 5. Dezember 1881 zog eine von Stroudley gebaute 1A1-Lokomotive (Nr. 334, »Petworth«, mit einem Lokomotivführer) den Zug. Von nun an verkehrte er zweimal täglich in

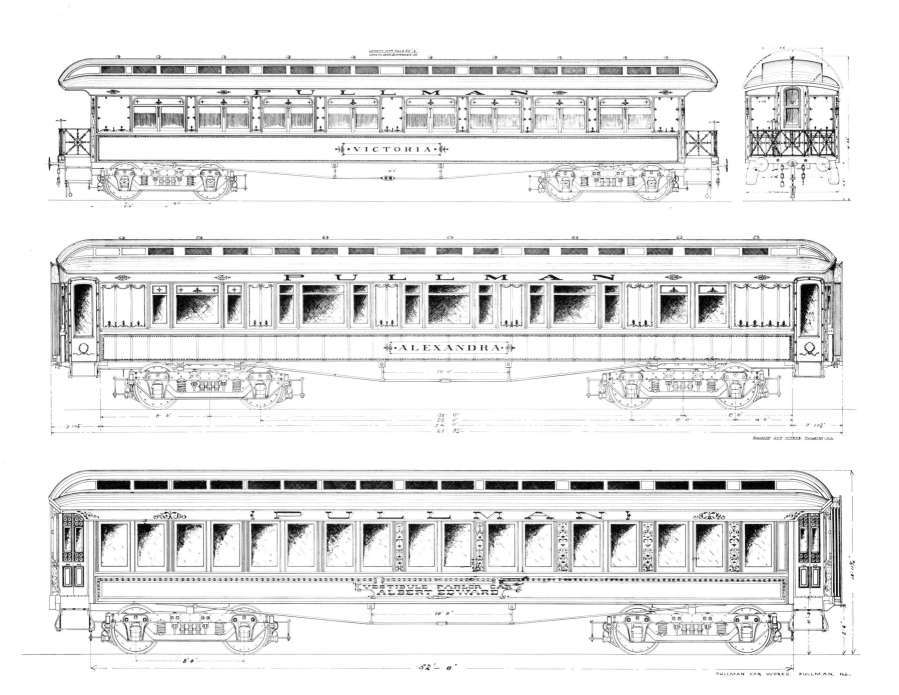

beiden Richtungen. Sechs Tage später – auf der ersten regulären Sonntagsfahrt – erregte er Anstoß bei den viktorianischen Kirchgängern, die der Überzeugung waren, daß nur verderbte Menschen am Sonntag auf Reisen gingen. Viele Leute empörten sich: Sicherlich fuhren mit dem Sonntagszug lauter schneidige, verderbte junge Herrchen, lungerten im Rauchsalon herum, um sich dann in den Salon-

Pullman-Wagen für den »Pullman Limited Express« (»Brighton Belle«), Plattformen 1889 angebaut. »Victoria« (früher »Adonis«), 1881 in Derby umgebaut, »Alexandra« und »Albert Edward«

wagen zu schleichen und dort trotz aller Anstandsdamen den jungen Damen ungeziemende Anträge zu machen. Nur solche Leute konnten überhaupt auf die Idee kommen, an einem Sonntag bedenkenlos in einem anstößigen amerikanischen Zug ans Meer zu fahren, statt in die Kirche zu gehen.

Daß sich der Zug dennoch sehr bald großer Beliebtheit erfreute, war in Tat und Wahrheit Pullmans Rettung. Die Midland Railway erneuerte seinen Vertrag nicht mehr, und er mußte seinen Fuhrpark bei dieser Gesellschaft verkaufen und sein Hauptquartier zur LBSCR nach Brighton verlegen. Immerhin war er für den Augenblick auf dem Trockenen.

Nach Pullmans Tod im Jahre 1897 verlor die Pullman-Gesellschaft in Großbritannien nach und nach an Bedeutung, da die Eisenbahngesellschaften immer mehr dazu übergingen, auf ihren Strecken eigene Schlafwagen einzusetzen. 1907 waren nur noch zwei kleine Pullman-Schlafwagen übrig, die auf der abgelegenen Highland-Strecke in Schottland verkehrten. Ferner existierten noch die Pullman-Salonwagen der LSWR und auf den Strecken der Brighton Company Einzelwagen und der »Pullman Limited Express«, wie der zwischen London und Brighton verkehrende Luxuszug damals hieß. In jener Zeit brauchte man London und Brighton nicht zu erwähnen, jedermann wußte ganz einfach, daß der Zug zwischen diesen beiden Städten verkehrte.

Obwohl die Wagen der LSWR nur von 1890 bis 1912 in Betrieb waren, sind sie durch zwei prominente Reisende in die Geschichte eingegangen, für die Sir Arthur Conan Doyle die Fahrkarten von Winchester nach London löste: Auf dieser Reise im Pullman-Zug klärte Sherlock Holmes für Doktor Watson die letzten Rätsel im Fall des Rennpferdes »Silver Blaze« auf.

1908 wurde der Wagenpark der British Pullman Palace Car Company, die 1882 als Tochtergesellschaft von Pullman USA gegründet worden war und nicht zur Pullman Palace Car Co (Europe), der europäischen Zweigfirma der Chicagoer Pullman Company, gehörte, von Sir Davidson Dalziel, dem späteren Lord Dalziel of Wooler, aufgekauft und in seine Privatfirma eingebracht. Den Kauf weiterer Wagen finanzierte Sir Davidson durch eine andere seiner Firmen, die Drawing Room Cars Company.

Am 30. September 1915 wurde die Pullman Car Company Limited als öffentliche Gesellschaft gegründet und übernahm die von Dalziel privat erworbenen Vermögenswerte. Das geschah unter dem Mantel äußerster Verschwiegenheit, so daß man nie genau erfuhr, wem von 1908 bis 1962 die Pullman Car Company tatsächlich gehörte. Wer fragte, bekam lediglich zur Antwort, sie gehöre einem Engländer (der gleichzeitig auch Direktor – und ab 1919 Präsident – der Compagnie Internationale des Wagons-Lits war). Daß George Pullmans Nachlaßverwalter an Wagons-Lits verkauft haben konnten, sei aber völlig undenkbar. Wer dann hartnäckig blieb und darauf beharrte, daß irgendeine Verbindung bestehen müsse, vernahm, daß die beiden Konzerne natürlich freundschaftlich zusammenarbeiten, besonders beim Luxuszug »Golden Arrow«, da dieser auch in Frankreich verkehre, aber selbstverständlich sei die Pullman Car Company das englische Gegenstück der amerikanischen Pullman-Gesellschaft. Das stimmte ja auch insofern, als Lord Dalziel nicht nur den Wagenpark

und die Verträge mit den Eisenbahngesellschaften erworben hatte, sondern auch das Recht, auf seinen Zügen das Wort »Pullman« anzubringen, das damals jedem Englischsprechenden auf beiden Seiten des Atlantiks geläufig war und die Bedeutung »unübertrefflich, das Beste« angenommen hatte. Dementsprechend trugen die Luxuswagen in England das Wort »Pullman« in genau der gleichen Schrift und Größe wie die Pullman-Wagen in den Vereinigten Staaten.

So gelang es hundertprozentig, die tatsächlichen Besitzverhältnisse zu verschleiern. Erst 1976 tauchte ein internes Wagons-Lits-Dokument auf, aus dem hervorging, daß die Internationale Schlafwagengesellschaft bereits 1935 Alleinbesitzer der englischen Pullman-Gesellschaft war. Aber die Pullman Car Co. Ltd. war inzwischen Ende 1962 nach Auslaufen ihrer Verträge gelöscht worden. 1954 hatte die verstaatlichte British Railways sie aufgekauft, lange bevor dieser Beweis ans Tageslicht kam – ein Beweis für etwas, das man schon lange vermutete, das jedoch stets lautstark als »Irrtum« bestritten worden war, wenn man darauf hinwies, daß auf den außerhalb Großbritanniens ausgegebenen Streckenfahrplänen der Internationalen Schlafwagengesellschaft alle Pullman-Dienste als eigene figurierten.

Nach Pullmans Tod im Jahre 1897 wurde der »Pullman Limited Express« am 2. Oktober 1898 unter der neuen Bezeichnung »Sunday Pullman Limited« wieder in Betrieb genommen. Das »Limited« im Namen bedeutete, daß nur so viele Reisende befördert wurden, wie Sitzplätze vorhanden waren. Nun verkehrte der Zug nur noch an Sonntagen, und 1899 wurde er nochmals umgetauft, diesmal in »Brighton Limited«.

Nachdem Lord Dalziel den Wagenpark übernommen hatte, sorgte er als erstes dafür, daß der »Brighton Limited« wieder täglich verkehrte. Sehr beliebt wurde dieser Zug bei den Londonern, die in Brighton die Pferderennen besuchten. Als nächstes bestellte der Lord weitere Pullman-Wagen – die ersten, die nicht in den Vereinigten Staaten gebaut wurden. Sie erhielten wie die zuletzt aus Amerika importierten Wagen dreiachsige Drehgestelle, doch wurden diese jetzt in England gefertigt. Die Wagen waren nicht mehr wie früher ganz dunkelbraun; für die Aufbauten übernahm man von den letzten drei aus Amerika eingeführten Pullman-Wagen das berühmt gewordene Cremegelb. Diese drei letzten Wagen trafen übrigens 1906 ein, als Dalziel mitten in seinen delikaten Verhandlungen steckte.

Den in Lancaster von der Metropolitan Amalgamated Carriage and Wagon Company (Metro, später lange Zeit für Pullman-Europa tätig) gebauten Wagen fehlte der in Amerika übliche Dachaufsatz. Aber da Dalziel alle Rechte mitgekauft hatte, behielt er die berühmten ovalen Pullman-Toilettenfenster amerikanischer Prägung mit bleisegmentierten Milchglasscheiben bei; daran erkannte und erkennt man ehemalige Pullman-Wagen, auch wenn sie es schon lange nicht mehr sind.

Ein neuer Zug, ein neuer Eigentümer und eine neue, flotte Zeit, das Zeitalter König Eduards VII., verlangten nach einem neuen Namen für den »Brighton Limited«. Er wurde zur »Southern Belle«, und dieser Name blieb, bis auf der 1922 in Southern Railway umbenann-

12　Der Pullman-Zug »Southern Belle« in Stoat's Nest bei Croydon (1910). 2B1-Lokomotive der LBSCR, Tender Nr. 24

13　Der Pullman-Wagen »Grosvenor«, einer der ersten in Großbritannien gebauten Pullman-Wagen (für »Southern Belle«). 1908 gebaut, 1960 außer Dienst gestellt

ten Strecke die ersten elektrischen Pullman-Züge in Dienst gestellt wurden. Die 1908 gebauten Wagen fuhren bis 1924; völlig aus dem Verkehr gezogen wurden sie erst rund zehn Jahre später – mit Ausnahme des »Grosvenor«, der in seinem langen Leben als Speisewagen diente und zweimal im letzten Augenblick vor der Verschrottung gerettet wurde, weil er eine Küche hatte. Am 29. Juni 1960 war der »Grosvenor« zum letztenmal auf den Schienen zu sehen. Man bezeichnete ihn immer noch als Speisewagen, obwohl 1936 ein langer Bartisch eingebaut worden war, und er fuhr in einem aus gewöhnlichen Wagen zusammengesetzten Schiffszug, der aus Amerika eintreffende Schiffsreisende von Southampton nach London brachte. Im Wagen reichten Pullman-Angestellte Erfrischungen, doch kostete das keinen Pullman-Zuschlag mehr.

Zu jener Zeit interessierte sich eine neue Schicht von Reisenden für Luxuszüge, aber diese Leute fühlten sich in der ersten Klasse, unter Menschen, die wußten, wie man in anderen Minderwertigkeitsgefühle erzeugt, fehl am Platz. Für sie führte Lord Dalziel Pullman-Wagen dritter Klasse ein. Im Komfort entsprachen sie den heutigen Wagen erster Klasse, mit einem Mittelgang und auf der einen Seite zwei Sitze, auf der anderen einen mit hoher Lehne. Als sie 1915 in Betrieb genommen wurden, waren sie eine Sensation, denn dies war der einzige Unterschied zu den Wagen erster Klasse, mit beidseits des Mittelganges nur je einem Sitz.

Man konnte die Wagen mit Fahrscheinen dritter Klasse benutzen, auch mit verbilligten Sonderfahrscheinen für Tagesausflüge nach

Brighton, wie sie in London angeboten wurden. Wer jedoch seinen Zuschlag von einem Shilling und Sixpence entrichtete und in einem der geräumigen Sitze Platz nahm, erfreute sich derselben tadellosen Betreuung wie in der ersten Klasse, wo der Zuschlag zwei Shilling betrug. Die Ehre eines eigenen Namens wurde den Wagen der dritten Klasse nicht zuteil, aber sie waren in der gleichen Farbe gehalten; wo bei den Wagen erster Klasse der Name stand, befand sich die Wagennummer und in großen Buchstaben der Zusatz »Third Class«. In diesem Zusammenhang ist zu erwähnen, daß es von Schiffszügen abgesehen in Großbritannien bis 1956 keine Wagen zweiter Klasse gab.

»Southern Belle« war einer der wenigen Züge, die 1922 vom Zwangszusammenschluß britischer Eisenbahngesellschaften verschont blieben, aber von da an trug die Lokomotive auf dem Tender die Bezeichnung »Southern«. Die Lokomotiven gehörten jetzt selbstverständlich der berühmten, aus der früheren 2C0 der London & South Western entwickelten »King-Arthur«-Klasse an; auf den früher von der LSWR betriebenen Strecken verkehrten die noch stärkeren 2C0-Lokomotiven der »Lord-Nelson«-Klasse. Die Lokomotiven gehörten eigentlich gar nicht zu den Luxuszügen; sie wurden – und werden noch – von den jeweiligen Eisenbahngesellschaften für den Betrieb auf ihren Strecken gestellt.

Aber keine Regel ist ohne Ausnahme. »Southern Belle«, die auf einer so kurzen Strecke verkehrte, daß man sie eigentlich als Vorortszug bezeichnen müßte, die aber anderseits so viele Erstleistungen erbrachte, daß sie unter den in diesem Buch besprochenen Luxuszügen den Ehrenplatz einnimmt, war der erste Pullman-Zug in Großbritannien, der sich aus eigener Kraft fortbewegte. 1933 wurde sie zum einzigen elektrischen Pullman-Zug. Die ersten und letzten Wagen der aus fünf Pullman-Wagen bestehenden Kompositionen nahmen von einer zwischen den Geleisen verlaufenden Schiene den Strom ab. Der neue Zug hieß selbstverständlich »Southern Electric«. Lord Dalziel bestellte neue Pullman-Wagen, natürlich bei Metro-Cammel in Birmingham, dem Nachfolger des bereits erwähnten Metro-Konzerns in Lancaster. Von vorn sahen die Dritter-Klasse-Triebwagen genauso aus wie die normalen Wagen der »Southern Electric«, hatten sie doch wie diese keinen durchgehenden Korridor, waren aber in Pullman-Schokoladebraun gehalten und trugen unter den Fenstern des Fahrerabteils das Pullman-Zeichen. Diese Wagen hatten auch Gepäckabteile, denn 1933 pflegte man noch mit schweren Reisekoffern unterwegs zu sein, die natürlich von Gepäckträgern transportiert wurden und zu groß waren für die Handgepäckablagen an beiden Wagenenden. In das Wageninnere durfte kein Gepäck mitgenommen werden, damit die Eleganz der Ausstattung nicht beeinträchtigt wurde. Die drei Wagen zwischen den beiden Triebwagen waren zwei Erster-Klasse-Wagen mit und ein Dritter-Klasse-Wagen ohne Küche.

Am 29. Juni 1934 wechselte der Zug ein letztesmal in seiner langen Geschichte seinen Namen. Der Bürgermeister von Brighton (damals eine Frau, Miss M. Hardy) taufte ihn »Brighton Belle«. Man folgte damit dem Beispiel zweier neuer Züge der dynamischen Southern Railway: »Bournemouth Belle« auf der westlichen Strecke und »Kentish Belle« als Verbindung zu den Badeorten Margate und Ramsgate an der Südostküste. »Brighton Belle« überlebte beide, und sogar noch die Pullman Car Company Limited um ein volles Jahrzehnt. 1967 ließ British Rail, die schon früher das stolze Pullman-Emblem auf der Vorderseite der Triebwagen mit dem großen orangefarbenen Klecks überdeckt hatte, der aus Sicherheitsgründen für alle nicht mit Dampfkraft betriebenen Züge obligatorisch ist, alle Wagen neu streichen und die Wagennamen – »Hazel«, »Audrey«, »Gwen«, »Doris«, »Mona« und »Vera« – übermalen. Die Wagen erhielten das übliche Blau und Weiß und trugen fortan nur noch die einfache Bezeichnung »Brighton Belle« auf den Seiten. Immerhin waren die Seitenwände gerade, was den Zug immer noch von anderen Zügen unterschied, denn alle Personenwagen der British Rail haben gewölbte Seitenwände.

Bis 1972 blieb »Brighton Belle« ein auffälliges Relikt privatwirtschaftlichen Unternehmergeistes: Jahraus jahrein glitt sie Tag für Tag aus dem Londoner Bahnhof und traf genau eine Stunde später, fast immer pünktlich, auf dem imponierenden Bahnhof in Brighton ein. Vom Zugpersonal waren viele schon seit vor dem Zweiten Weltkrieg dabei und gaben die Tradition eines makellosen Service weiter. So konnte hier vielleicht mehr als bei jedem anderen Zug die junge Generation, die die alten Standesunterschiede nicht mehr kennt, erleben, wie man einst in Luxuszügen reiste.

14   Der elektrische Pullman-Zug »Brighton Belle« in der Grafschaft Sussex (1933). Der Luxuszug wurde 1972 nach fast vierzigjährigem Betrieb eingestellt

Die Popularität der »Brighton Belle« hängt mit dem Zweiten Weltkrieg zusammen. Während des »nationalen Notstandes« zog man sie zunächst für kurze Zeit aus dem Verkehr, setzte sie dann aber wieder ein, obwohl 1940 die Lebensmittel rationiert waren und viele Reisende und ein großer Teil des Zugpersonals als Angehörige der Home Guard die ganze Nacht Dienst leisteten. Die BBC zeigte kürzlich eine Serie über die Home Guard mit dem Titel »Dad's Army«. Vermutlich wußten die wenigsten Zuschauer, daß eigentlich Bud Flannagan, der Komponist der Kennmelodie (»Mr Brown goes up to Town on the 8.21. / But he comes back each evening and he's ready with his gun«), »Brighton Belle« verewigt hat. Zwar ist allgemein bekannt, daß er der »Crazy Gang« angehörte, nicht aber, daß alle Mitglieder dieses Schauspielertrupps in Brighton wohnten und deshalb nur gerade im Londoner Victoria Palace Theatre auftraten, weil sie von dort aus den Zug nach Brighton am schnellsten erreichen konnten. »Brighton Belle« verkehrte während des ganzen ereignisreichen Sommers, doch am 9. Oktober 1940 wurde sie am Bahnsteig Nr. 17 in Victoria Station von einer Bombe getroffen.

Nun war es an der Zeit, die Wagen in Sicherheit zu bringen. Man versteckte sie an den unmöglichsten Orten, viele davon in der Nähe des Crystal Palace, in einem Londoner Außenbezirk, wo einige Abstellgeleise verfügbar waren. Der Krieg dauerte noch fast fünf Jahre, die Sozialisten übernahmen wieder die Regierung und verstaatlichten die Eisenbahnen; die Pullman Car Company enthielt sich jeden Kommentars. Zur allgemeinen Überraschung stand sie jedoch nicht auf der Liste der zwangsweise vom Staat übernommenen Gesellschaften. Überdies wurde vereinbart, alle vor der Verstaatlichung abgeschlossenen Verträge einzuhalten, um nicht während der Übergangszeit die Versorgung der British Rail zu gefährden. Nachdem das Gesetz in Kraft getreten war, tauchten plötzlich auf den Eisenbahnstrecken wieder Pullman-Wagen auf. Sie erfreuten sich eines regen Zuspruchs, da das Benzin rationiert war und auch nur wenige neue Autos gebaut wurden. Ein Jahr lang bestand »Brighton Belle« freilich bloß aus einem kombinierten Pullman-Wagen erster und dritter Klasse (wie sie seit der Elektrifizierung 1933 nach Eastbourne, Hastings, Littlehampton usw. eingesetzt wurden), der in einem ganz gewöhnlichen Personenzug mitfuhr, aber in der Zwischenzeit wurden in Birmingham die zerbombten Wagen repariert, und 1947 war der Zug wieder da und verkehrte in seinem ganzen Vorkriegsglanz dreimal täglich zwischen London und Brighton; der Vertrag hatte eine Laufzeit bis 1962!

Auf dem Bahnsteig stand der Schaffner in schnittiger blauer Uniform mit goldbetreßter Schirmmütze. Er begrüßte die Fahrgäste und gab Platzkarten für alle aus, die noch keine hatten. An der Tür eines jeden Wagens nahm ein in Weiß gekleideter Bediensteter die Fahrgäste in Empfang und führte sie an ihren Platz. Er legte die Umhänge der Damen und die Hüte der Herren auf die blitzblanke Messingablage über dem Fenster und den Schirm in ein kleineres Fach darunter. Auf jedem Tischchen stand eine Lampe mit einem Schirm aus goldenem Satin, später aus Plastik. Benutzte man den Abendzug, so lag über der Glasplatte des Tisches ein weißes Tischtuch.

Die Pullman Car Company hatte für die von ihr gerichteten Speisen eigene Bezeichnungen, die von den englischen Ausdrücken abwichen. Da gab es »Oven Crisp Rolls« (ofenfrische Brötchen), »Curled Butter« (Butterlöckchen), Schinken und Zunge wurde als »Kalter Pullman-Imbiß« bezeichnet.

Andere Pullman-Züge mögen weiterbestehen, aber »Brighton Belle« ist für alle Zeiten verschwunden, ihre Wagen wurden wegen ihrer vorzüglichen elektrischen Ausstattung fast alle in stationäre Pubs umgewandelt. Aber da dieser Luxuszug länger in Betrieb war als jeder andere Pullman-Zug in Europa, länger auch als die meisten Pullman-Züge in Amerika, hat er es sicher verdient, so ausführlich gewürdigt zu werden.

DER SIEG DES FORTSCHRITTS

4. Der Orient-Expreß

Prête-moi ton grand bruit, ta grande allure si douce,
Ton glissement nocturne à travers l'Europe illuminée
O train de luxe! Et l'angoissante musique
Qui bruit le long de tes couloirs de cuir doré
Tandis que derrière les portes laquées, aux loquets de cuivre lourd
Dorment les millionnaires.

Je parcours en chantonnant tes couloirs
Et je suis ta course vers Vienne et Budapest,
Mêlant ma voix à tes cent mille voix
O Harmonika-Zug!

Valéry Larbaud, *Les poésies de A. O. Barnabooth,*
Aus: »Ode«, Editions Gallimard

Sicher haben Sie dieses Gedicht schon einmal gesehen, gelesen, gehört! Vielleicht haben Sie es auch laut aufgesagt und erstaunt festgestellt, wie sehr Larbauds Verse dem Rhythmus eines fahrenden Zuges entsprechen – freilich nur auf nichtverschweißten Strecken, wo es noch Schienenstöße gibt. Irgendwie ist in diesem plötzlich deutsch endenden Gedicht die ganze Atmosphäre eingefangen, das Knarren der Holzrahmen um die Lederverkleidung der Korridore, wenn der Schlafwagen in die Kurven geht, das wasserfallähnliche Rauschen, das ohne ersichtlichen Grund nicht vollklimatisierte Wagen zu umhüllen scheint, besonders die Speisewagen!
Die Vorstellungen über diesen Zug, der die Reisenden mit westlicher Leichtigkeit in die Romantik des Orients entführte, hat zu allen Zeiten die Wirklichkeit in den Schatten gestellt. Als der Orient-Expreß erstmals eingesetzt wurde, bestand noch keine durchgehende Schienenverbindung nach Istanbul, sie wurde erst fünf Jahre später fertig.
Der Orient-Expreß verband Paris mit München, Wien, Budapest und

Bukarest, und dies tut er noch heute; täglich kann man mit dem Schlafwagen bis Wien und dreimal wöchentlich bis Bukarest fahren.
Zunächst wußte Rußland die Fertigstellung der Strecke zu vereiteln, wollte es doch vermeiden, daß Deutschland und Österreich durch eine Eisenbahnlinie einen bequemen Zugang zur Türkei hatten. Aber auch England war an einer solchen Verbindung nicht interessiert, weil sie die Handelsschiffahrt beeinträchtigen würde. Eisenbahnlinien von den Häfen ins Hinterland waren etwas anderes, solange sie nicht miteinander verbunden wurden. Eine erste solche Linie entstand zwischen Warna am Schwarzen Meer und Rustschuk, dem heutigen Ruse, einer Stadt in Nordostbulgarien (damals eine türkische Provinz), am Südufer der Donau. Die Eisenbahnstrecke war viel kürzer als der Weg auf der Donau, die vor der Mündung ins Schwarze Meer einen großen Bogen schlägt. Diese Linie wurde von Baron de Hirsch finanziert und 1870 fertiggestellt.
1878 trennte sich Bulgarien von der Türkei. Rußland half den Bulgaren, hielt fortan das Land unter strenger Kontrolle und verhinderte weitere Eisenbahnbauten. So führte die erste Eisenbahnverbindung nach Istanbul zunächst bis Bukarest, und von dort südlich nach Giurgewo, dem heutigen Giurgiu, wo die Reisenden mit einer Fähre nach Rustschuk übergesetzt wurden; später baute man eine Brücke über den Strom.
Das Streckennetz der österreichisch-ungarischen Staatsbahnen reichte von Wien über Budapest bis Orsova an der rumänischen Grenze, unweit des Eisernen Tores. 1876 wurde der Anschluß an das rumänische Eisenbahnnetz geschaffen, das von den österreichischen Staatsbahnen betrieben wurde; nun bestand eine Verbindung über Craiova bis nach Bukarest und Giurgiu (und nach Galati nahe der Donaumündung).

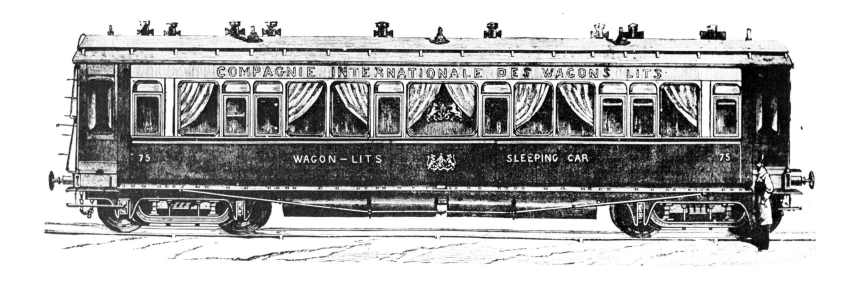

15 Wagen Nr. 75; der erste Schlafwagen auf Drehgestellen der CIWL. 1882 im Auftrag der CIWL für den Orient-Expreß gebaut

16 Wagen Nr. 151; der erste Speisewagen auf Drehgestellen der CIWL. 1883 im Auftrag der CIWL für den Orient-Expreß gebaut

Der Plan einer durchgehenden Eisenbahnverbindung von Wien nach Konstantinopel wurde schon seit 1869 energisch verfolgt; damals hatte Baron Maurice de Hirsch die Konzession für den Bau der Orientbahn (Chemins de Fer Orientaux, CO) erlangt. Wegen dieser hartnäckig betriebenen und sehr gewinnbringenden Investition erhielt er den Spitznamen »Türkenhirsch«. Gleichzeitig begann er mit dem

Bau von Stichbahnen von den türkischen Häfen Konstantinopel, Dede Agatsch und Saloniki aus. 1873 war die Verbindung zwischen den beiden ersten Häfen und über Edirne und Philipopolis (Plowdiw) mit Tatar Pazardžik (Bellova) im heutigen Bulgarien, der damaligen türkischen Provinz Ostrumelien, fertiggestellt. Politische Ereignisse und Unruhen verhinderten eine Weiterführung der Strecke.
Die Österreichische Staats-Eisenbahn-Gesellschaft wurde mit französischem Kapital gegründet, um ab 1850 Hauptbahnen in Österreich und Ungarn einzurichten und zu betreiben. 1869 gründete Ungarn die Königlich ungarischen Staatsbahnen, um eine Reihe von Privatbahnen in Ungarn zu übernehmen, wo man die Österreichische Staats-Eisenbahn-Gesellschaft alles andere als schätzte, war sie doch

17 Der ab 1. November 1885 gültige Fahrplan des Orient-Expreß

Gepäckwagen befördert und erst am Bestimmungsort vom Zoll abgefertigt.

Man einigte sich auf eine Probefahrt, und am 10. Oktober 1882 stand auf der Gare de Strasbourg, wie die Gare de l'Est damals noch hieß, der erste ausschließlich aus Wagen der Internationalen Schlafwagengesellschaft zusammengestellte internationale Luxuszug; den Gepäckwagen stellte die französische Ostbahn. Eine große Menschenmenge erlebte um 18.51 Uhr die Abfahrt. Gezogen wurde der Orient-Expreß von einer 1B0-Lokomotive der 500er-Klasse der Ostbahn, Baujahr 1875. Dahinter folgten der Drehgestellschlafwagen Nr. 75, der Speisewagen Nr. 107, der Schlafwagen Nr. 77, für den dies die Jungfernfahrt war, sowie ein weiterer dreiachsiger Schlafwagen. Der 1880 von Dyle und Bacalan in Löwen (Belgien) gebaute Wagen Nr. 75 war der erste Drehgestellschlafwagen der CIWL und der erste auf dem europäischen Festland gebaute Drehgestellwagen überhaupt.

Zwischen Paris und Avricourt betrug die Höchstgeschwindigkeit 65–75 km/h. In Avricourt wurde die Lokomotive der Ostbahn gegen eine der Reichseisenbahnen von Elsaß-Lothringen ausgetauscht. In Deutschland kam der Zug langsamer voran. Zwischen Ulm und München betrug die Durchschnittsgeschwindigkeit 57 km/h, auf der Strecke München–Simbach der Bayerischen Staatsbahnen 60 km/h. In Simbach übernahmen die Österreichischen Staatsbahnen den Zug. Aus irgendwelchen Gründen entstanden bis Wien drei Fahrtunterbrechungen, aber selbst so war der Orient-Expreß drei bis vier Stunden schneller als ein gewöhnlicher Zug: Für die 1350 Kilometer benötigte er 27 Stunden und 53 Minuten. Am 11. Oktober, kurz vor Mitternacht, lief er im Wiener Hauptbahnhof ein. Gesamthaft gesehen betrug die Durchschnittsgeschwindigkeit 48,7 km/h; der Zug wog 101 Tonnen, und die Hälfte seiner 20 Achsen hatte keinerlei Bremsvorrichtung.

In der österreichischen Hauptstadt gab es einen Tag Aufenthalt, und am 13. Oktober, um 16.40 Uhr, glitt der Schlafwagenzug zur Rückreise langsam aus dem Bahnhof. Wiederum entstanden auf österreichischem Boden mehrere Fahrtunterbrechungen und Verzögerungen, doch blieb die Durchschnittsgeschwindigkeit ungefähr gleich. In Bayern betrug sie wieder zwischen 50 und 60 km/h, aber in Avricourt wartete bereits die 1B0-Lokomotive der französischen Ostbahn. Der Zug wurde schneller, und zwischen Loxeville und Bar le Duc donnerte er mit Geschwindigkeiten von 95–98 km/h dahin. So traf er vorzeitig in der Gare de Strasbourg ein, auf der Rückfahrt hatte die Durchschnittsgeschwindigkeit 48 km/h betragen. Jedermann war begeistert, und auf Februar 1883 setzte man in Konstantinopel eine Konferenz aller interessierten Parteien an.

praktisch in französischen Händen und unterstand der österreichischen Gesetzgebung. Deshalb widersetzte sich Ungarn den österreichischen Bemühungen, Budapest mit Belgrad zu verbinden, und baute 1882 eine eigene Eisenbahnlinie von Budapest nach Subotica in Serbien; 1883 war auch die von dort über die Save-Brücke nach Belgrad weiterführende Strecke fertig.

Schon 1882 war die Verbindung zwischen Paris und Wien so stark befahren, daß mit den Eisenbahngesellschaften der Einsatz von nur aus Schlaf- und Speisewagen bestehenden Zügen vereinbart werden mußte, damit für die Mahlzeiten keine Fahrtunterbrechungen mehr entstanden. Zudem konnten die Aufenthalte an den Grenzen verkürzt werden, da in diesen Zügen nur noch eine beschränkte Zahl von Reisenden erster Klasse fuhren, bei denen die Zöllner lediglich Handgepäck inspizieren mußten. Schweres Gepäck wurde im plombierten

18 Der Winterfahrplan 1888/1889 des Orient-Expreß, in diesem Jahr erstmals mit Direktverbindung nach Istanbul. Für diese Reise brauchte man damals keinen Paß ▷

19

20

21

19 Der Orient-Expreß in der Türkei (um 1910): zwei Schlafwagen, ein Speisewagen

20 Der Ostende-Wien-Expreß in Ostende (um 1910)

21 Der Orient-Expreß bei Wien (1913). 2B1-Golsdorf-Lokomotive

Die Konferenz war ein großer Erfolg. Man vereinbarte ein Gewichts-limit von 110 Tonnen zwischen Paris und Wien und 88 Tonnen für die restliche Strecke; dazu brauchte man nur einen der beiden Gepäck-wagen abzuspannen. Im Normalfall sollte der Expreßzug aus zwei Schlafwagen mit einem Speisewagen in der Mitte bestehen; bei Bedarf konnten bis zum Gewichtslimit weitere Schlafwagen angehängt werden. Der Vertrag wurde von der Internationalen Schlafwagen-gesellschaft mit den Vertretern der Eisenbahngesellschaften ausge-handelt und zwischen dem 2. März und dem 2. Mai 1883 von deren Verwaltungen Zug um Zug unterzeichnet. Beteiligt waren:
die Direktion der Französischen Ostbahn,
die Generaldirektion der Reichseisenbahnen in Elsaß-Lothringen,
die Generaldirektion der Badischen Staatsbahnen,
die Generaldirektion der Bayerischen Staatseisenbahnen,
die Direktion der K.u.k. österreichischen Staatsbahnen,
die Österreichisch-ungarische Staatseisenbahn-Gesellschaft,
die Generaldirektion der Königlich rumänischen Eisenbahnen.
Alles war nun bereit – nur nicht die neuen Drehgestellschlaf- und -Speisewagen. So setzte man bei der ersten Fahrt des »Expres d'Orient« am 5. Juni 1883 die beiden dreiachsigen Schlafwagen, den dreiachsigen Speisewagen und den einzigen Drehgestellschlafwagen ein, mit denen man bereits 1882 die Probefahrt unternommen hatte.

Eine offizielle Eröffnung fand nicht statt. Die Firma Rathgeber lieferte die Schlafwagen, und die kurz zuvor eröffnete Wagons-Lits-Fabrik in Marly-les-Valenciennes bei Paris stellte im Oktober Nr. 151 fertig, den ersten der neuen Drehgestellspeisewagen mit 36 Sitzplätzen (12 im Raucherabteil).

Am 4. Oktober 1883 versammelte sich eine aus etwa 40 Staatsbeamten, Ingenieuren, leitenden Firmenangestellten und Presseleuten bestehende »höchst unwahrscheinliche Bruderschaft«, wie sich der Journalist Edmond About ausdrückte. In seinem Buch »De Pontoise à Constantinople« beschreibt er fast alles und jeden, abgesehen von den vier deutschen Pressevertretern. Mit ihnen sprach er während der

22 Der über die Schweiz geleitete Orient-Expreß bei Wettingen/Aargau ▷ (1919). Lokomotive Nr. 721 der SBB

23 Der Orient-Expreß (im Juli 1959) auf seiner ursprünglichen Strecke von München nach Wien. Da diese Strecke nicht über Salzburg, sondern über Simbach führt, wird der Zug von einer Dampflokomotive der DB (01-052; Achsenfolge 2C1) gezogen

ganzen Reise kein einziges Wort, denn er war Elsässer und Pontoise nur seine vorübergehende Heimat. Wir können aus Platzgründen die Geschichte dieser berühmten Fahrt nicht erzählen, sie figuriert aber in allen Werken über den Orient-Expreß.

Am 3. September 1884 wurde die Eisenbahnlinie von Belgrad nach Niš eröffnet und von dort bis Vranje und Zibavce an der Grenze von Türkisch-Mazedonien verlängert. Schon 1873 war die vom »Türkenhirsch« gebaute Linie von Saloniki nach Skoplje (Üsküb) eröffnet worden, und wie ein pensionierter griechischer Lokomotivführer 1946 berichtete, fuhren griechische Lokomotivführer bis zum Ersten Weltkrieg ohne Lokomotivwechsel über die Grenze zwischen der Türkei und Serbien, auch nachdem diese 1912 nach dem Ersten Balkankrieg neu festgelegt wurde. Die Strecke endete in Mitrovica und wurde von Skoplje aus mit Zibavce verbunden.

1885 fuhr der Orient-Expreß einmal wöchentlich von Budapest bis nach Niš. Von dort aus gelangte man mit einem strapaziösen, von Wagons-Lits organisierten Pferdekutschendienst über Sofia nach Tatar Pazardžik. Die wilden Kutscher, Brankovič genannt, die sich mühelos aller Banditen zu erwehren vermochten, dachten sich nichts dabei, um 3 Uhr in der Frühe aufzubrechen. Die Kutschenstationen waren regelrechte Bruchbuden, die Verpflegung miserabel. Bei Regenwetter mußten die Reisenden nicht nur aussteigen, sondern sogar stoßen. Teils wegen ungünstiger Geländeverhältnisse, hauptsächlich aber wegen des russischen Widerstands gegen eine Schließung der Streckenlücke in Bulgarien dauerte dieser Zustand drei Jahre. Die Reiseführer zeichneten ein rosiges Bild. Ein Kritiker bemerkte einst, die Reise werde nur in einer Richtung beschrieben,

24 Dreharbeiten für den Film »Der Mord im Orient-Expreß« im Wagenschuppen Landry (Nord) in Paris

weil niemand je für die Rückreise dieselbe Strecke benütze, sondern lieber mit dem Schiff nach Warna fahre. Ihtiman, auf halber Strecke zwischen Sofia und Tatar Pazardžik, war die unbequemste Zwischenstation, doch ausgerechnet dort mußte man mindestens zwei Stunden warten, damit sich die Pferde für die über Gebirgspässe führenden letzten 52 Kilometer nach Tatar Pazardžik ausruhen konnten. Nagelmackers schickte den Vicomte de Richemont zu König Ferdinand, um eine Eisenbahn-Betriebskonzession für Bulgarien zu erhalten. Man achtete strikt auf die Etikette, eine Uniform war absolut notwendig. Nach den Strapazen der Kutschenfahrt hatte jedoch Richemont keine bei sich; er lieh eine einheimische Polizeihaupt-

mannsuniform und erschien so vor dem König. »Was für ein lächerliches Land«, meinte dieser, als er den Vertrag unterschrieb. Zur Belohnung beförderte Nagelmackers den Vicomte zum Generaldirektor von Wagons-Lits in Spanien.

1887 gelangten die Wagen der Schlafwagengesellschaft von Niš aus bis nach Saloniki; ab 12. August 1888 fuhr der Orient-Expreß bis Istanbul. Die Streckenführung des Simplon-Orient-Expreß und des Direkt-Expreß über Venedig, wie sie in Kapitel 12 beschrieben wird, stammt erst aus den zwanziger Jahren unseres Jahrhunderts; Kursschlafwagen von Paris nach Istanbul befahren seit dem Zweiten Weltkrieg nur noch diese Strecke (im Mai 1977 wurde dieser Kurs eingestellt). Sie geht nicht mehr vom Pariser Gare de l'Est aus und berührt weder deutschen noch österreichischen Boden. Im Ersten Weltkrieg wurde der Orient-Expreß eingestellt und erst 1932 wieder in Betrieb genommen. Ein Luxuszug war er bis 1939, obwohl noch 1977 zwischen Paris und Bukarest Schlafwagen verkehren.

25 Dreharbeiten für den Film »Der Mord im Orient-Expreß«; Diner im Pullman-Wagen Nr. 4163 (rechts Sir John Gielgud, der Nestor der englischen Shakespeare-Darsteller)

5. Der Rom-Expreß und der »Palatino«

Keine zwei Monate nach der Pressefahrt des Orient-Expreß, die von der Londoner »Times« als eine »Revolution der Eisenbahnreisen« gefeiert wurde, setzte Nagelmackers seinen zweiten Luxuszug ein: Am 8. Dezember 1883 verband er Calais (London) und Paris mit Rom.

Das war keineswegs einfach. Als George Pullman 1882 Europa besuchte, offenbar um sich die elektrische Beleuchtung in seinem zwischen London und Brighton verkehrenden Zug anzusehen, scheint er sich mit Nagelmackers ausführlich über eine Fusion unterhalten zu haben. Die neue Firma sollte »Compagnie des Wagons-Lits et des Wagons-Salons« heißen, ihren Sitz in London haben und ihren gesamten Fuhrpark von der Pullman-Fabrik in Pullman (Illinois) beziehen; die Wagen sollten auf dem Seeweg eingeführt werden.

Wagons-Lits besaß damals insgesamt 110 Wagen, Pullman 12 Schlafwagen in Italien, 4 Salon-Speisewagen verstreut in Europa und 45 Schlaf- und Salonwagen in England, die allerdings dort nicht alle gebraucht wurden. Nagelmackers hatte am eigenen Leib erfahren, welche Schwierigkeiten eine amerikanische Kontrolle über Büros in London bereiten konnte. Die Lieferung der Wagen für den Orient-Expreß war schon aus Deutschland so schwierig, daß er nicht daran denken wollte, sie aus dem viel weiter entfernten Amerika über den Atlantik bringen zu lassen. Trotz der verhältnismäßig geringen Aktivitäten Pullmans auf dem Kontinent sollte die Fusion im Verhältnis 1:1 erfolgen. Also lehnte Nagelmackers das Angebot ab und plante für 1884 einen dritten Luxuszug mit Salonwagen zwischen Paris und Trouville-Deauville, hauptsächlich um Pullman zu ärgern, der immer noch die Strecke Paris–Le Havre befuhr. Gleichzeitig mit Paris–Trouville-Deauville hatte sich die CIWL auch Paris–Caen gesichert.

Der Taschenfahrplan der Schlafwagengesellschaft für 1879 führt im Index eine Schlafwagenverbindung Paris–Modane auf, aber nach dem Fahrplan im Innern fuhren die Wagen bis Turin – je nach Laune der SFAI, die ab 31. Mai 1879 erlaubte, die Schlafwagen an den einmal wöchentlich verkehrenden Indien-Postzug anzuhängen; Nagelmackers war es endlich gelungen, den Sonderzug der P & O Dampfschiffahrtsgesellschaft bis Bologna zu vermitteln. Die Internationale Schlafwagengesellschaft hatte, wie Nagelmackers am 28. Februar 1883 erklärte, in Italien mit einem Haufen Geld verhältnismäßig dürftige Ergebnisse erzielt. Um nach Rom zu kommen, mußte Wagons-Lits einen Umweg über die Riviera machen.

Zur selben Zeit standen fünf neu hergerichtete Pullman-Wagen unbenutzt in Derby. In England brauchte man sie nicht, aber der aus zwölf Wagen bestehende Pullman-Fuhrpark in Italien hatte Verstärkung nötig. Pullman wollte die leeren Wagen nicht auf eigene Kosten nach Italien bringen, sondern die Überführung mit zahlenden Passagieren finanzieren, und dazu brauchte er einen Verbündeten. Niemand konnte ihm besser helfen als Thomas Cook, seit der berühmten Leicester-Fahrt von 1856 der führende Agent für Auslandreisen. Schon seit 1879 vermittelten die Buchungsbüros der Internationalen Schlafwagengesellschaft auf Wunsch zahlreicher Kunden neben Schlafwagenbetten und Hotelzimmern auch andere Reiseannehmlichkeiten; das erste Reisebüro der Gesellschaft, der Bazar de Voyage (Paris, 3, Place de l'Opéra), wurde allerdings erst 1886 eröffnet.

1883 fand in Rom eine große Ausstellung italienischer Kunst statt, und Thomas Cook war Generalreiseagent dieser Veranstaltung. Cook und Pullman setzten sich in aller Heimlichkeit zusammen und planten einen Sonderluxuszug, der am 23. Februar 1883 in Calais abfahren sollte. Der 23. war ein Freitag, und am Freitag fuhr auch der Indien-Postzug. Natürlich ging die Reise über den Mont Cenis und Bologna

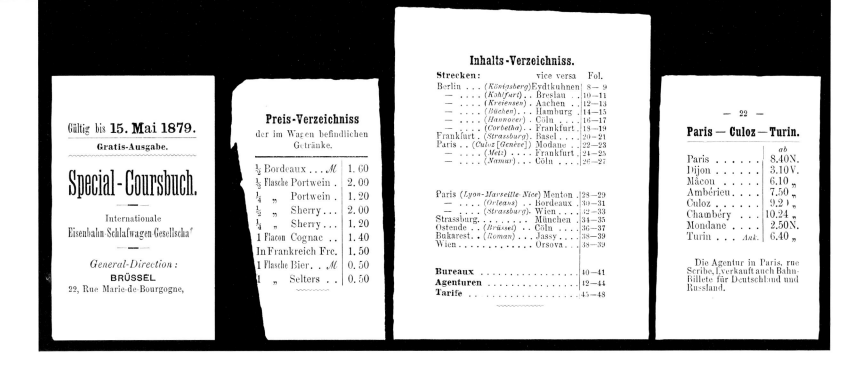

26 CIWL-Fahrplan von 1879. Die ursprüngliche Strecke Paris–Modane wurde bis Turin verlängert

nach Rom, wer nach Brindisi wollte, konnte in Bologna in den dort wartenden Pullman-Kurszug umsteigen.

Einen Tag vor Nagelmackers Abreise zur Konferenz in Konstantinopel stieß er in seinem Brüsseler Büro auf eine kleine diesbezügliche Meldung in der »Times«. Dies war das erste, was er über einen Sonderzug von Calais nach Rom hörte; ein flagranter Verstoß gegen das Exklusivabkommen, das Wagons-Lits mit der Nordbahn und der PLM geschlossen hatte. Nagelmackers schrieb unverzüglich an seinen »lieben Kollegen« Napoleon Schröder, der das Pariser Büro leitete (damals war Wagons-Lits nach Art des Habsburger Beispiels in Österreich-Ungarn als »Doppelmonarchie« organisiert). Seinem Schreiben fügte er die in Brüssel aufbewahrten Wagons-Lits-Kopien der Verträge bei, damit Schröder ermessen konnte, in welchem Umfang »unsere Feinde Cook und Pullman« gegen die Verträge verstießen, und vermutlich auch eine Abschrift des offensiven Handzettels, den wir hier im Wortlaut wiedergeben (das uns vorliegende Exemplar ist so verblaßt, daß es nicht photographiert werden konnte; weitere Exemplare existieren vermutlich keine, weil im Zweiten Weltkrieg mit »Brighton Belle« auch die Pullman-Archive in der Victoria Station zerstört wurden).

ITALIAN FINE ARTS EXHIBITION
SPECIAL PULLMAN CAR TRAIN TO ROME
Friday February 23rd 1883
THOS. COOK & SON

Have pleasure in announcing that they have arranged with the Pullman Car Company and with the various Continental Railways for a Special Train, composed of Pullman Drawing-room and Sleeping Cars of the newest pattern, to be run from Calais to Rome, without change. Passengers for the Indian Mail will change at Bologna. Passengers holding ordinary First-class Through Return or Circular Tickets will be allowed to travel by this train if provided with Pullman Car Supplementary Tickets, which will be issued only at THOS. COOK & SON'S Chief Office, Ludgate Circus, or their Branch Offices, 35, Piccadilly, or 445, West Strand, at the following rates:

Use of Drawing-room and Sleeping Car (reserved berth)
– Calais to Bologna, Florence, or Rome	£ 2.16.0
– Paris to Bologna, Florence, or Rome	£ 2. 0.0
– Paris to Turin	£ 1.18.0
– Calais or Paris to Brindisi	£ 2.17.6
– Turin or Bologna to Rome	Lit. 16.10

In addition to first-class fare.

A Representative of Thos Cook & Son will accompany the train throughout. Passengers by this train will be conveyed by

SPECIAL STEAMER FROM DOVER TO CALAIS.

Ample time will be allowed for meals at the various buffets en route. Passengers will leave London on Friday, Feb. 23rd at the following times:
HOLBORN VIADUCT 9.55 a.m.; LUDGATE HILL 9.56 a.m.
VICTORIA 10 a.m.

Leave London	9.55 a.m.	
Leave Dover	12.0 noon	
Leave Calais	2.26 p.m.	by special Pullman train.
Leave Boulogne	3.35 p.m.	
Leave Amiens	5.36 p.m.	
Arrive Paris (P.L.M. Station)	8.40 p.m.	
Leave Paris (P.L.M. Station)	10.25 p.m.	

Arrive Dijon	5.06 a.m.	
Leave Dijon	5.17 a.m.	
Arrive Mâcon	7.50 a.m.	
Leave Mâcon	7.55 a.m.	
Arrive Culoz	10.36 a.m.	breakfast
Leave Culoz	11.14 a.m.	
Arrive Modane	3.35 p.m.	dinner
Leave Modane	5.40 p.m.	
Arrive Turin	9.20 p.m.	
Leave Turin	9.40 p.m.	
Arrive Bologna	5.27 a.m.	
Leave Bologna	5.41 a.m.	
Arrive Florence	10.00 a.m.	breakfast
Leave Florence	10.30 a.m.	
Arrive Rome	7.15 p.m.	

As a limited number of tickets only will be issued, early application is necessary to THOS COOK & SON.
Through Registration of Baggage from London to Turin, Bologna, Brindisi, Florence, and Rome.
Indian Mail passengers can remain at Bologna until 9.20 a.m. on Sunday morning, leaving by Pullman Express for Brindisi.

FIRST-CLASS ORDINARY SINGLE-JOURNEY FARES:

	£	s.	d.
London to Turin	6	19	9
London to Bologna	8	15	1
London to Brindisi	12	1	9
London to Florence	9	6	3
London to Rome	10	16	9

To the above fares must be added the supplemental charge for travelling by the Special Pullman Express as given on the other side.
Hand luggage only allowed in the Cars. All other luggage must be registered at the station of departure.

All communications to be addressed to
THOS COOK & SON
Specially appointed by H.R.H. the Prince of Wales Passenger Agents for the Royal British Commission, Vienna 1873, Philadelphia 1876; and Paris 1878; General Passenger Agents to the Rome Fine Arts Exhibition, 1883.

CHIEF OFFICE – Ludgate Circus, London
West End Office – 35 Picadilly (opposite St James's Church).
Strand Office – 445 West Strand.
Euston Road Office – In Front of St Pancras Station.
Crystal Palace – Tourist Court.
BRANCH OFFICES

Der Handzettel besagt im wesentlichen folgendes: »Thomas Cook & Sons haben die Ehre bekanntzugeben, daß sie mit der Pullman Car Company und den verschiedenen Eisenbahngesellschaften des Festlandes einen aus Pullman-Salon- und -Schlafwagen neuester Bauart zusammengesetzten direkten Sonderzug von Calais nach Rom organisieren. Passagiere für den »Indian Mail« können in Bologna umsteigen. Der Zug steht Passagieren mit Rück- und Rundfahrkarten erster Klasse und Pullman-Zuschlagskarten zur Verfügung, die letzteren sind nur bei Thomas Cook & Sons erhältlich, im Hauptsitz am Ludgate Circus, oder in den Filialen...« Darauf folgen die Preise der Zuschlagskarten, verschiedene Mitteilungen, der Fahrplan und die Preise der Fahrkarten. Am Schluß (hier nicht mehr abgedruckt) stehen 30 Filialen in der ganzen Welt, wo ebenfalls Fahr- und Zuschlagskarten bezogen werden konnten.

Am ärgerlichsten waren die Berichte in der englischen Presse, denen man entnehmen konnte, hier werde eine reguläre Verbindung, ein Kurszug, eingerichtet. Nur acht Monate nach ihrer Begeisterung für den Orient-Expreß schrieb die »Times«, es gebe »in Europa keinen vergleichbar kompletten Service« – was zum damaligen Zeitpunkt ja auch stimmte. Die Engländer zogen Pullman schon deshalb der Internationalen Schlafwagengesellschaft vor, weil man in den Pullman-Wagen englisch sprach. Den Reisenden der P & O paßte es nicht, in Bologna umsteigen zu müssen; sie wollten einen durchgehenden englischen Zug, in dem nicht plötzlich unheimliche Ausländer auftauchten, um an Zwischenstationen unversehens wieder zu verschwinden. Auch hatten die meisten Engländer etwas gegen Zuschläge, besonders gegen hohe Zuschläge. Von 1883 bis 1890 stieg der Fahrpreis erster Klasse von Calais nach Brindisi um ganze 6 Pence. Nachdem Wagons-Lits den Kontrakt für diese Strecke in der Tasche hatte, erhob sie einen Zuschlag, der um volle £ 1.14.6 höher war als derjenige für den Pullman-Sonderzug. Diese allgemeine Abneigung gegen Zuschläge veranlaßte die Midland Railway, 1883 alle Speise- und Salonwagen der Pullman-Gesellschaft zu übernehmen und nach 1888 auch den Schlafwagenkontrakt nicht mehr zu erneuern.

Der von der Internationalen Schlafwagengesellschaft eingesetzte Luxuszug Calais–Nizza–Rom war ein großer Erfolg, der selbst die optimistischsten Erwartungen noch übertraf. Nagelmackers bestellte darauf bei Savigliano die ersten Schlafwagen in Italien; ausgerüstet wurden sie im Wagons-Lits-Werk in Marly.

Anfang 1883 beauftragte die Holländische Eisenbahngesellschaft die Schlafwagengesellschaft, einen Salonwagendienst zwischen Amsterdam und Rotterdam einzurichten. Dementsprechend wurden bei Rathgeber in München zwei Salonwagen bestellt. Aber wegen Arbeitsüberlastung und weil die Wagen für den Orient-Expreß Priorität hatten, wurden sie nicht rechtzeitig fertig. Daraufhin drohten die Holländer, sie würden den Vertrag kündigen, wenn der Salonwagendienst bis zum 19. Februar 1884 nicht aufgenommen werde. Nagelmackers bat um eine Fristverlängerung bis 1. Mai – schließlich war unter den Gästen im Orient-Expreß im Oktober 1883 auch ein Holländer gewesen –, aber es erwies sich, daß die Wagen aus München nicht vor 1885 geliefert werden konnten. Also sah sich Wagons-Lits gezwungen, von Pullman einen Salonwagen zu kaufen. Dieser hatte einen Seitengang mit zwei Privatsalons und einen Hauptsalon mit 17 Drehsesseln (vielleicht waren ursprünglich 19 vorgesehen).

Da die Pullman-Archive im Zweiten Weltkrieg durch Bomben zerstört wurden, läßt sich nicht mehr einwandfrei beweisen, daß der Wagen Nr. 155 der Internationalen Schlafwagengesellschaft im Aufbau genau Pullmans erstem Salonwagen entsprach, der »Victoria«, die bis 1882 als »Alexandra« bei der London & South West Railway

27   Plakat aus dem Jahr 1889 für den französischen »Club Train« in Calais ▷ Maritime. Die Rettungsbojen tragen die Aufschrift »Calais–Douvres«: so hieß das Schiff. Der Kabinenkellner trägt CIWL-Uniform

CHEMINS DE FER DU NORD FRANÇAIS
DU LONDON CHATHAM & DOVER ET DU SOUTH EASTERN

Cie Intle DES WAGONS-LITS
ET DES
GRANDS EXPRESS
EUROPÉENS

CLUB-TRAIN PARIS LONDRES

CLUB TRAIN
PARIS-LONDRES
ET VICE-VERSA

TRAIN DE LUXE LIMITÉ. SALONS ET RESTAURANT
BATEAU SPÉCIAL

Départ de Paris (Gare du Nord) tous les jours, sauf le samedi, à . 2 30 SOIR
Arrivée à Londres (Victoria, Charing ✠ ou Holborn Viaduct) à . . 11 45 SOIR
Départ de Londres, tous les jours, sauf le dimanche, à . . . . . . 3 15 SOIR
Arrivée à Paris (Gare du Nord) à . . . . 11 10 SOIR

Traversée moyenne en 70 minutes
SUPPLÉMENT : 20 FRANCS

SE RENSEIGNER ET RETENIR SES PLACES :
à PARIS, 3, Place de l'Opéra ;
à LONDRES, 122, Pall Mall et 3, 4 et 5, Gracechurch Street ;
Ainsi que dans toutes les Agences, en France et à l'Étranger, de la Compagnie Internationale
des Wagons-lits et des Grands Express Européens.

CHAMPENOIS & Cie 66, BOULd St MICHEL _ PARIS.

28 Der Rom-Expreß fährt von Paris kommend in Genua ein (Juli 1950). »Lx«-Schlafwagen. Interessant die Fahrdrähte: in der Mitte die Drähte für den heute üblichen 3000-Volt-Gleichstrom und die Drähte für den auf manchen italienischen Strecken verwendeten Dreiphasenwechselstrom, im Hintergrund die System-Wechselstelle

eingesetzt war, aber danach in den spärlichen englischen Dokumenten nicht mehr auftaucht. Dem Handzettel von 1883 ist zwar zu entnehmen, daß damals ein Salonwagen nach Italien kam, aber 1886 brachte Wagons-Lits keinen solchen Wagen aufs europäische Festland. Es steht fest, daß der Wagen offene Plattformen hatte, und Pullman war sicher gerne bereit, seinen ältesten Wagen zu verkaufen.

1885 schlossen sich mehrere italienische Eisenbahngesellschaften zusammen, und für viel Geld gelang es Nagelmackers, Pullmans Verträge und auch seinen Wagenpark zu übernehmen. Dies geschah im richtigen Augenblick, denn im gleichen Jahr begann Preußen den von Berlin ausgehenden Wagons-Lits-Kursen Schwierigkeiten zu machen. Ab 1890 wurde der Calais-Nizza-Rom-Expreß durch Schlafwagen der CIWL ergänzt, die von Calais über Paris und Modane nach Rom fuhren. Eine Zeitlang hängte man den aus Calais kommenden Wagen des Rom-Expreß dem Club-Luxuszug an, einem von 1889 bis 1893 zwischen Paris und London verkehrenden Salonwagen-Expreß.

Als Pullman 1888 seine Basis bei der englischen Midland aufgab – etwa gleichzeitig wurde eine Direktverbindung zwischen Paris und Calais eröffnet, die das Umstellen der Züge in Boulogne vermied –, hielt Nagelmackers die Zeit für gekommen, um wieder in England aktiv zu werden. Ein geeigneter Anlaß dazu war in seinen Augen die Pariser Weltausstellung von 1889 mit einer Sonderschau über Transportmittel: Da ließen sich doch sicher genügend Vertreter der eleganten Londoner Welt finden, um einen Luxuszug zu füllen, der am späten Nachmittag nach Paris abrauschte – die neueste Eskapade sozusagen. Oscar Wilde hat diesen allgemein nur Club-Zug genannten Expreß in »Lady Windermere's Fan« verewigt: Nachdem sich seine schillernde Mrs Erlynne entlarvt sieht, will sie England mit diesem Zug verlassen.

Leider war dieser Expreßzug alles andere als ein Erfolg und deshalb auch der erste wieder abgesetzte Luxuszug. Schuld daran war die Tatsache, daß er keineswegs hielt, was er versprach. Um 16.15 Uhr hätte er in London abfahren und kurz vor Mitternacht in Paris ankommen sollen; weil aber kein Sonderschiff zur Verfügung stand – wie an sich im Abkommen zwischen der LC&DR, der Nordbahn und Wagons-Lits vorgesehen war –, hatte er sehr oft Verspätung. Der neue zwischen London und Dover verkehrende zuschlagspflichtige Luxuszug war »The Paris Limited Mail« mit vier funkelnagelneuen Salonwagen aus Belgien. Die Wagenwände bestanden nicht mehr aus düsterem lackiertem Teakholz, sondern waren leuchtend grün bemalt. Rauchen durften die Herren nur im Gepäckwagen, um nicht den »grandes dames« in den prächtigen Salons die Luft zu verpesten. Dementsprechend hatten die »Fourgons-Fumoirs«, wie die speziellen Gepäckwagen hießen, Drehgestelle, einen Rauchsalon, eine Küche und Bremserhäuschen.

Für den in Frankreich verkehrenden Zug bestellte Wagons-Lits acht Salonwagen, weil man zwei Züge einsetzen wollte. Die Wagen wurden in Frankreich gebaut; dies war der erste große Salonwagen-Auftrag, den die Gesellschaft in Frankreich vergab. Bei der Zusammenstellung des Trouville-Luxuszuges war CIWL so knapp an Wagen gewesen, daß man Salonwagen der Österreichischen Eisenbahn kaufen und umbauen mußte.

John Staats Forbes baute eine Sonderfähre, die »Calais–Douvres« (das zweite Schiff dieses Namens), um auf der Strecke London–Dover den Konkurrenten, die South Eastern Railway, auszustechen, die ihre Züge in Folkestone einschiffte und den gesamten Schiffsverkehr zwischen Folkestone und Boulogne betrieb. Die Kanalschiffahrt zwischen England und dem Festland war durch Interessenvereinbarungen zwischen allen beteiligten Gesellschaften geregelt, und mit dem Hinweis, daß der Ausschließlichkeitsanspruch der LC&DR gegen die Vereinbarungen verstieß, bestand Sir Edward Watkin, der Direktor von SER und Erzfeind von Forbes, auf einem eigenen »Continental Club Train«, für den Wagons-Lits drei weitere Salonwagen zur Verfügung stellte. Da viele der Reisenden reiche Pferdeenthusiasten waren, die zwischen Ascot und Longchamps hin und her fuhren, tauften die Franzosen den Zug »Le Train du Jockey Club«. Alle drei Züge nannte man kurz nur »Club-Züge«, niemand sprach vom »Paris Limited Mail«, der offiziell so hieß, weil die LC&DR mit

29 Der Schlafwagen Nr. 3532 des Typs »Lx« im Ausbesserungswerk ▷ St-Denis (1976). Zu besichtigen im Musée National des Chemins de Fer in Mülhausen (Elsaß)

der britischen Postverwaltung einen Postbeförderungs-Exklusiv-vertrag geschlossen hatte. Forbes' »Calais–Douvres« verlor damit ihre Daseinsberechtigung; sie verschlang Unmengen von Kohle und brachte nach Forbes' eigenen Angaben jährlich einen Verlust von 20 000 £. So versuchte er 1892 den Zug wieder abzusetzen.

Die französische Nordbahn konnte ihn überreden, noch ein Jahr zuzuwarten, bestand doch angeblich die Möglichkeit, daß die französische Regierung mit eigenen Schiffen den englischen Gesellschaften Konkurrenz machen würde. So konnte es geschehen, daß im Oktober 1893, kurz vor der Einstellung des Zuges, Lord Dalziel einmal auf der Fahrt von Paris nach London der einzige Reisende war. Als Zugführer amtierte der Londoner Direktor von Wagons-Lits, der auf diese Weise seine Kundschaft besser kennenlernen und die vielen anderen Dienstleistungen der Internationalen Schlafwagengesellschaft andernorts bekanntmachen wollte. Sein Bruder war der Zugführer des SER-Expreß.

Zu jener Zeit war die Pier in Dover völlig unzureichend, gehörte sie doch niemand anderem als der Royal Navy, die auf Weisung der Admiralität die Anlagen für den Zivilverkehr zur Verfügung stellte, aber auf die Bedürfnisse ziviler Reisender nicht vorbereitet war. Das ganze Gepäck mußte von Hand verladen werden, bis endlich 1890 ein Ladekran installiert wurde. In Calais auf der anderen Kanalseite hatte man zwar 1889 die Gare Maritime eröffnet, aber der Bahnhof war noch nicht fertig. Er wurde im Zweiten Weltkrieg zerstört, und an seiner Stelle steht jetzt ein neuer Bahnhof.

1897 wurde der Rom-Expreß zum einmal wöchentlich verkehrenden Luxuszug. Die Eröffnungsfahrt fand am 15. November 1897 statt; auch zwei englische Pressevertreter nahmen daran teil. In Calais wurden sie vom Bahnhofvorstand, Monsieur Fauvre, und dem Vertreter der Internationalen Schlafwagengesellschaft, Richardson, verabschiedet, der wie der Schlafwagenschaffner Engländer war. Damals existierten keine lästigen Gewerkschaftsvorschriften für einzelne Länder. Wichtigste Voraussetzung für eine Beschäftigung bei der CIWL war die fließende Beherrschung dreier Sprachen.

Anstatt in den zugigen Zollstationen kontrollierten die französischen Zollbeamten in den Luxuszügen, was die Reisenden jener Zeit stark beeindruckte. Der Zug fuhr 12.49 Uhr in Calais ab. Kaum hatten die Reisenden die Mäntel ausgezogen, servierte man schon das Mittagessen. Gereicht wurden:

Hors d'œuvres variés	Galantine de volaille
Filets de Sole au vin blanc	Langue écarlate
Côtelettes de Mouton à la Mont-Cenis	Fromage, Fruits
Petits pois à l'Anglaise	Café et Liqueurs

Dieses Menü wurde als »bescheiden und bekömmlich« bezeichnet, aber waren frische Erbsen Mitte November etwas »Bescheidenes«? Dosenkonserven existierten damals noch nicht; wie brachte die Schlafwagengesellschaft solche Wunder zustande? Ganz einfach, sie kaufte auf dem Markt in Brindisi frische Erbsen aus Korfu und

brachte sie mit dem Indien-Postzug, der am Vortag in Calais eingetroffen war, zur Zugküche. Das Essen kostete ganze vier Shilling; Weine und Branntwein wurden extra berechnet.

Nach dem kühlen Nieselwetter in London und einer unangenehmen Kanalüberfahrt bei eisigem Wind fühlte man sich in den auf 19° C geheizten Schlafwagen wohl. Man blieb beim Kaffee sitzen, und später, nach der Abfahrt vom Pariser Nordbahnhof, wurde im Speisewagen der typisch englische Afternoon Tea zelebriert. Der Zug fuhr über die Grande-Ceinture-Strecke um die Gare de Lyon herum. Die Gruppe von Engländern erhielt Verstärkung: ein Franzose, ein italienischer Bariton und dessen Gattin, einige Angehörige des Zarenhauses und ein Attaché der englischen Botschaft in Rom, der an seinen Arbeitsplatz zurückkehrte. Sehen wir, was sie für 5 Shilling 6 Pence als Abendessen serviert bekamen – den gleichen Preis bezahlte man im »Club-Zug« –, eine Mahlzeit, die als »sehr teuer« galt:

Hors d'œuvres	Salades
Consommé à la Duchesse	Soufflé à la Rome-Express
Barbus Sauce Hollandaise	Glaces
Aloyau de bœuf rôti	Fromages, Dessert
Haricots verts	Café, Liqueurs
Poulet de grain	

Neun Gänge für 5 Shilling 6 Pence oder 7 Francs – so teuer war das nun auch wieder nicht! Unser Gewährsmann berichtet weiter, daß man sich nach einem Whist-Spielchen im Rauchsalon des Speisewagens auf dem Bahnsteig von Mâcon die Beine vertrat, »während die Lokomotive gewechselt wurde«. Damals hängte man den Rom-Expreß bis Mâcon an den Mittelmeer-Expreß an.

Noch vor Turin wurde am nächsten Morgen im Abteil das Frühstück serviert, und dazu gab es kostenlos eine Morgenzeitung. Nach Genua stand im Speisewagen das Mittagessen bereit, und am späten Abend, um 22.45 Uhr, lief der Zug in Rom ein.

Auch während des Ersten Weltkriegs verkehrten – allerdings mit gewöhnlichen Wagen zusammengespannt – Schlaf- und Speisewagen des Rom-Expreß; benutzt wurden sie von hochgestellten Persönlichkeiten, die zwischen den drei Hauptstädten der Alliierten hin und her reisten. Zwischen den beiden Weltkriegen war der Rom-Expreß wieder ein Luxuszug, und ab 1937 wurden der Calais-Rom- und der Calais-Mittelmeer-Schlafwagen an den Pullman-Expreß »Flèche d'Or« angehängt.

Dreieinhalb Stunden brauchte der »Flèche d'Or«, um die Reisenden zum Pariser Nordbahnhof zu bringen, aber die Schlafwagenreisenden konnten schön an der Wärme bleiben, während sich eine 0D0T-Rangierlokomotive der französischen Nordbahn mit einer eindrucksvollen Reihe von Eisenleitern, an die sich die Rangierer anhängen konnten, mit dem für damalige Rangierlokomotiven typischen klagend wimmernden Signalhorn von hinten an den langen Zug heranschob. Mit seufzendem Zischen entwich beim Lösen der Bremsen die Luft, und schon war der Train de Jonction bereit für die Weiterfahrt über die Petite Ceinture, durch Tunnels, zwischen denen man die Dächer von Paris erblickte oder für einen Augenblick die Linie der Ostbahn sah, auf der der Orient-Expreß Paris verließ, über einen alten Kanal und dann über eine große Brücke, die das Geleisegewirr vor der Gare de Lyon überquerte. In diesem Bahnhof traf der Zug volle 70 Minuten vor der Abfahrt des eigentlichen Rom-Expreß ein. Die Reisenden konnten ganz einfach alles im Abteil lassen und sich in aller Ruhe auf dem Bahnsteig die Füße vertreten, während andere sich mit ihrem Gepäck abplagten und die Taschen nach ihren Fahrkarten durchwühlten. Man schaute zu, wie große Eisblöcke in den

30   Der internationale Bahnhof von Modane um 1950. Man erkennt die ▷ Fahrdrähte für den Dreiphasenwechselstrom der Italienischen Staatsbahnen (FS) und die Stromschiene für die Elektrolokomotiven der SNCF

31   Sonderzug Paris–Toblach (Dobiacco) der CET (Compagnie Européenne de Tourisme), einer der letzten CIWL-Züge mit Dampftraktion in Italien (8. März 1970). Drei Schlafwagen, 1D-Lokomotive der FS, Baureihe 741, mit Franco-Crosti-Kessel

Speisewagen verfrachtet wurden, oder kaufte für die Weiterreise Zeitungen und Zeitschriften.

Die auf der Strecke Paris–Lyon–Mittelmeer eingesetzten, sehr leistungsfähigen, mächtigen 231H-Lokomotiven der SNCF-»Pacifique«-Serie konnten vor den Zug gespannt werden, ohne daß man viel merkte, denn im Gegensatz zu englischen oder deutschen Lokomotiven wurden sie mit Fettkohle geheizt und zischten deshalb viel weniger. Eben noch stand der Zug ohne Lokomotive da, und Minuten später war er an die mächtige Lokomotive angehängt, um nach Laroche-Misennes zu brausen. Dort wurde für die Weiterfahrt nach Dijon eine andere »Pacifique«-Lokomotive vorgespannt, diesmal vielleicht eine 231G.

Es war also empfehlenswert, rechtzeitig in den Schlafwagen zurückzukehren. Noch während der Rom-Expreß durch die schmutzigen Pariser Vorstädte fuhr, vorbei am großen Rangierbahnhof Villnueve, läutete die Glocke zum Diner. Man begab sich in den glitzernden und sehr französischen Speisewagen, der nur bis Dijon fuhr und am nächsten Morgen mit dem Simplon-Orient-Expreß nach Paris zurückkehrte. Reklameschilder zierten die Trennwände des Wagens, der

insgesamt moderner und funktioneller eingerichtet war als der prunkvolle Pullman-Wagen, in dem man seinen Afternoon Tea eingenommen hatte.

Während des Abendessens richtete der Schlafwagenschaffner das Bett her. Dazu mußte er die Sitzbank umlegen und die Lehne hochschieben, die zum oberen Bett wurde. Auf dem Boden lag ein Läufer, damit man nicht barfuß auf dem Teppichboden zu gehen brauchte.

Von Dijon fuhr der Zug über Louhans nach Bourg-en-Bresse, also nicht über Mâcon. Laut Fahrplan hielt er nach Bourg erst wieder in Aix-les-Bains in Savoyen, aber in Culoz, wo die Strecke nach Genf abzweigt, entstand ein technisch bedingter Aufenthalt: Hier wurde die Dampflokomotive gegen eine elektrische ausgetauscht. Die PLM setzte sehr lange 2CC2-1500-V-Lokomotiven ein, die mit Strombügeln und Stromschienenschleifern ausgerüstet waren. Bis 1974 war die Strecke durch das steile Maurienne-Tal zwischen Chambéry und der Grenzstation Modane stromschienenelektrifiziert, während von

Schlafwagen Typ »T2«

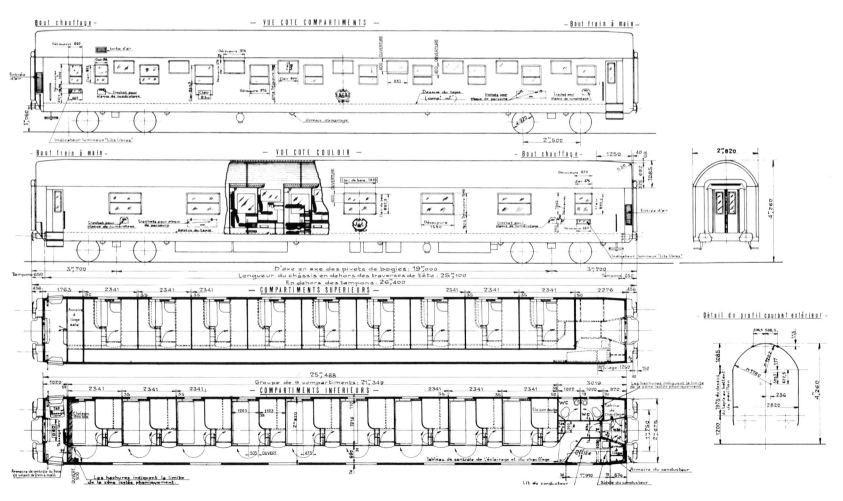

Culoz bis Chambéry Oberleitungen existierten. Als nach dem Zweiten Weltkrieg auch die Hauptstrecke der PLM von Paris nach Lyon und die Nebenstrecke von Mâcon nach Culoz elektrifiziert wurden, konnten die modernen Elektrolokomotiven problemlos bis Chambéry durchfahren.

An sich eignet sich die Stromschienenelektrifizierung für ein so schneereiches Gebiet nicht sonderlich, und wegen der Schienenstöße mußte man entweder sehr lange Lokomotiven oder Lokomotiven in Doppeltraktion einsetzen, damit jederzeit mindestens ein Gleitschuh mit der Stromschiene Kontakt hatte. 1974 wurde die ganze Strecke von Chambéry bis Modane auf Oberleitungsbetrieb umgestellt, hatte sie sich doch für den ständig wachsenden Güterverkehr der EWG mehr und mehr als Engpaß erwiesen.

In den dreißiger Jahren benutzte man im Bahnhof von Modane zwei verschiedene Stromarten und Spannungen: den in Frankreich (heute SNCF) üblichen 1500-Volt-Gleichstrom und den in Italien (FS) ein-

geführten 3700-Volt-Dreiphasenwechselstrom von 16²/₃ Herz. Da das italienische System zwei Fahrdrähte benötigte, die den ganzen verfügbaren Obenraum einnahmen, mußte man für die Züge der SNCF Stromschienen legen. Dieser Zustand fand 1964 ein Ende, und heute setzen die Italiener wie auf den vielen anderen elektrifizierten Strecken ihres Landes 3000-Volt-Gleichstrom-Lokomotiven ein, die im Grenzbahnhof auch die 1500-Volt-Fahrleitungen der SNCF benutzen können.

Ab Modane zog eine Wechselstrom-Lokomotive der FS-Reihe 550, »piccolo gigante di Giove« genannt, den Zug hinauf zum Mont-Cenis, durch den Tunnel, auf den Paß und von dort die steile Strecke nach Turin und Genua hinunter. In Turin änderte der Rom-Expreß die Fahrtrichtung, und dort wurde auch der Wagons-Lits-Speisewagen angehängt. Ursprünglich waren die Speisewagen die ganze Nacht hindurch offen, was dem Personal (eine französische und eine italienische Equipe) viel Arbeit verursachte; jede zweite Nacht mußten die Bedauernswerten in Hängematten im Wagen schlafen, eine Nacht in Bahnunterkünften, und nur jede vierte Nacht konnten sie zu Hause verbringen.

32   BoBo-Lokomotive der FS, »Tartaruga« (Schildkröte) genannt und für den »Palatino« eingesetzt

33 Der »Palatino« in der Gare de Lyon in Paris (1970). »T2«- und »MU«-Schlafwagen. Interessant die nach außen hin öffnenden Türen und die Mütze des italienischen Schaffners

Für die Fahrt der Küste entlang bis Pisa spannte man elektrische Lokomotiven mit der Achsenfolge 1D1 vor; mit ihren nach vorn und hinten aufragenden Stromabnehmern sahen sie sehr bizarr aus. Für die 180 Kilometer bis Pisa brauchten sie mit Aufenthalten in La Spezia, Rapallo und Viareggio zwei Stunden und 20 Minuten. 1937 wurde der Rom-Expreß noch mit einer Dampflokomotive von Pisa nach Florenz gezogen, von wo bereits eine schnellere 3000-Volt-Gleichstrom-Fahrleitung bis Rom gelegt war; die Küstenstrecke ab Pisa ist erst seit 1938 durchgehend elektrifiziert.

Auf dem Bahnhof Santa Maria Novella in Florenz wurde die Fahrtrichtung abermals geändert und eine der ganz neuen elektrischen 2BoBo2-Lokomotiven der Serie 420 vorgespannt. Von da an fuhr der Zug ohne Zwischenhalt bis nach Rom, vorbei an Arezzo und den Weinhängen von Chianti; nur auf besonderen Wunsch von Reisenden zu den Bagni de Cianciano hielt der Zug in Chiusi kurz an.

Die italienischen Köche, offenbar große Individualisten, verstanden es, aus ganz normalen Zutaten die verlockendsten Speisen zu bereiten. Ohne Halt brauste der Zug durch Orvieto und Orte auf die bei Setti Bagni beginnende viergeleisige Strecke. Wenn einmal die Direttissima zwischen Rom und Florenz fertiggestellt ist (die Teilstrecke Rom–Città della Pieve wurde am 24. Februar 1977 eröffnet), wird dies eine der schnellsten Eisenbahnstrecken Europas sein.

In den dreißiger Jahren langte der Rom-Expreß gegen 18.00 Uhr in Roma Termini, dem Hauptbahnhof der italienischen Hauptstadt, an;

nach der Elektrifizierung der Küstenstrecke fiel die Umleitung über Florenz weg, und der Zug traf 25 Minuten früher ein.

Daß der »Palatino«-Luxuszug zwischen Rom und Paris 1969 überhaupt eingesetzt wurde, wirkt einigermaßen überraschend, denn dieser allnächtlich verkehrende, nur aus Schlafwagen, Speisewagen und Liegewagen zusammengestellte Zug, bei dem der Fahrpreis die Zuschläge für Abendessen, Frühstück und Schlafwagenbenutzung bereits enthält, kam zu einer Zeit, als der Rom-Expreß langsam seinen Status als Luxuszug verlor. Wegen des starken Verkehrs über den Mont-Cenis mußte man ihn über die Schweiz umleiten, wodurch sich die Fahrzeit verlängerte; den durchgehenden Schlafwagen Calais–Rom hatte man durch einen Liegewagen ersetzt, und so sah es in den sechziger Jahren ganz so aus, als ob er bald ausrangiert würde.

Bis Turin wird der »Palatino« heute von einer BoBo-Lokomotive der Serie 444 gezogen. Diese stärkste Schnellzugslokomotive der Italienischen Staatseisenbahnen wird mit echt italienischem Humor »Tartaruga« (Schildkröte) genannt. 1969 wurden in Pisa, dem einzigen Zwischenhalt von Genua bis Rom, Wagen aus Florenz angehängt, die heute über Bologna nach Turin fahren. In der ersten Zeit zog eine elektrische BoBoBo-Lokomotive der Reihe 656 den Expreß.

Im »Palatino« herrscht eine Atmosphäre enthusiastischer Lässigkeit. Die Uniformmützen der jungen Wagons-Lits-Schaffner sitzen in den unmöglichsten Winkeln auf ihrem dichten, ziemlich langen Haarschopf. Sie sind auf ihren Beruf ungemein stolz – ein echt römischer Stolz – und anders als die so tüchtigen, stets untadeligen französischen Schlafwagenschaffner. Die Italiener betätigen sich *con brio*, die Franzosen *à la mode*. Am Morgen wird in Chambéry ein roter SNCF-Speisewagen mit Selbstbedienung (Grill-Exprès) und ein Erster-Klasse-Wagen an den Zug angehängt. Im Speisewagen, der bis Genua mitfährt, können die Passagiere ihr Frühstück einnehmen, das fix und fertig auf Tabletts vorbereitet ist. Italienisches Wagons-Lits-Personal betreut die Liegewagen der SNCF.

Für die 336 Kilometer von Rom nach Pisa darf die »Tartaruga« 2 Stunden und 49 Minuten brauchen. Der Speisewagen, in dem die Schlafwagenpassagiere ihr im Fahrpreis eingeschlossenes Abendessen einnehmen können, wird in Pisa abgehängt; beim nächsten Halt, in Genua, bleibt der Büfettwagen zurück. Der »Palatino« ist außerordentlich schnell. In Modane wird eine CoCo-Lokomotive der SNCF-Reihe 6500 vorgespannt (seit 1970 in Betrieb), die die 596 Kilometer von Chambéry bis Paris in 5 Stunden 20 Minuten bewältigt. Normalerweise hält der Zug auf dieser Strecke nicht; nur manchmal entsteht in Dijon ein technisch bedingter Zwischenhalt.

Am eindrucksvollsten am »Palatino« des Jahres 1969 war wohl der Speisewagen mit seinen neuen Drehgestellen, auf die man ihn der hohen Reisegeschwindigkeit wegen umgerüstet hatte. Mit seinem Bratenduft und dem beißenden schwefeligen Rauch aus dem Küchenschornstein wirkte der Wagen irgendwie vertraut. Zwar waren die früheren Deckenleuchten aus blitzendem Messing durch Neonröhren ersetzt worden, aber es war doch tatsächlich der Wagen Nr. 2869, der bereits vor 32 Jahren zum Rom-Expreß gehörte.

6. Der Nord-Expreß und der Transsibirien-Expreß

Schon früh kam im fernen Rußland der Zar zum Schluß, daß sein bester Zug, der Kiew mit Odessa verband, bequemer werden müsse, und so führte man bereits 1864 primitive »Schlafwagen« mit Liegesesseln ein; sie hatten sogar einfache Badeabteile, waren doch Diener genug da, um das Wasser zu erhitzen und in die Badewannen zu gießen.

Bald nachdem Nagelmackers mit der Strecke Ostende–Berlin Belgien und Deutschland verbunden hatte, gelang es ihm auch, seine Wagons-Lits-Dienste bis an die russische Grenze auszudehnen, aber dort sah er sich dem Problem unterschiedlicher Spurweiten gegenüber. Unmittelbar nach der Gründung der Schlafwagengesellschaft stattete er im November 1877 St. Petersburg einen freilich erfolglosen Besuch ab. Gegen internationale Eisenbahnverbindungen hatte der Zar nichts einzuwenden, wohl aber gegen Ausländer, die durch ihre Unternehmungen den Zugang nach Rußland erleichtern wollten.

Im Februar 1882 machte Nagelmackers einen neuen Vorstoß. Er selbst war zu dieser Zeit mit den Vorbereitungen für den Orient-Expreß und die Schlafwagenverbindung von der französischen Grenze nach Madrid und Lissabon beschäftigt; auch auf der Iberischen Halbinsel hatte er es mit zwei Ländern zu tun, die für ihr Schienennetz die Breitspur benutzten. Also schickte er den Grafen de Chazelles zu den Verhandlungen, vielleicht in der Hoffnung, ein Adeliger finde ein offeneres Ohr als ein bürgerlicher Geschäftsmann. In der Tat bewilligte Zar Alexander III. eine durchgehende Wagons-Lits-Verbindung von Paris nach St. Petersburg; Wagen der Schlafwagengesellschaft durften also in Zukunft die von der Grenzstation Wirballen nach St. Petersburg führende Strecke der Russischen Staatsbahnen befahren. Dazu mußte man an der Grenze die Drehgestelle austauschen, was Nagelmackers auf den Gedanken brachte, den Zug gleich bis nach Lissabon weiterfahren zu lassen; warum sollte Paris Endstation sein, wenn man die für Rußland nötigen teuren Vorrichtungen zum Wechseln der Drehgestelle auch auf der Iberischen Halbinsel verwenden konnte?

So wurde 1884 der Nord-Süd-Expreß geboren. Er sollte zunächst von St. Petersburg nach Lüttich, Nagelmackers' Heimatstadt, fahren, wo man einige Wagen abhängen und als Schnellverbindung zwischen den Hauptstädten Rußlands und Großbritanniens über Brüssel, Ostende, Dover (Kanalüberquerung auf einer Fähre) nach London weiterleiten wollte. Die Mehrzahl der Wagen sollte über Paris und Irun nach Madrid und Lissabon fahren. Wie weit Nagelmackers seiner Zeit voraus war, macht die Tatsache deutlich, daß der Kursschlafwagendienst zwischen Paris und Madrid erst 1969 aufgenommen wurde.

Preußen war von den Wagons-Lits-Diensten ab Berlin immer weniger begeistert. Der Gedanke jedoch, daß ein ausländisches Unternehmen, auch wenn es sich als absolut neutral bezeichnete, das Netz der Preußischen Staatsbahn für eine Direktverbindung zwischen Paris und St. Petersburg benutzen wollte, war für Bismarck und den Kaiser völlig unannehmbar. Als man 1885 von diesen Plänen erfuhr, wurden alle Verträge mit der Internationalen Schlafwagengesellschaft widerrufen und deren Dienste eingestellt.

Also richtete Nagelmackers 1887 eine Wagons-Lits-Verbindung zwischen St. Petersburg und Warschau und eine weitere zwischen Warschau und Wien ein. In Warschau mußten die Reisenden umsteigen; hier berührten sich die Schienennetze unterschiedlicher Spurweite. Damit war die Schlafwagengesellschaft bereits in Rußland aktiv, als Zar Alexander III. am 17. März 1891 durch eine Verordnung die Große Sibirische Eisenbahn ins Leben rief. Rußland war fest entschlossen, diese Eisenbahnlinie aus eigener Kraft zu bauen; die

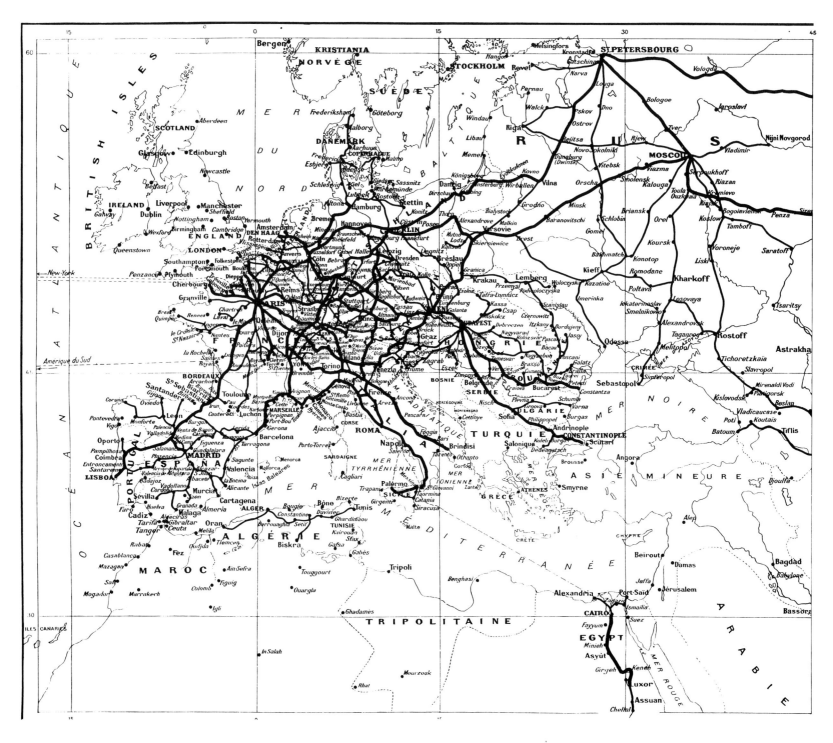

Arbeiten wurden gleichzeitig von Moskau nach Osten und von Wladiwostok nach Westen vorangetrieben.

Elf Jahre lang übten Herrscherhäuser und andere interessierte Parteien auf die preußische Regierung Druck aus, bis endlich der Nord-Expreß den Betrieb aufnehmen konnte, doch mußten die Passagiere an der Grenze von einem Normalspur- in einen Breitspurschlafwagen umsteigen. Ab 9. Mai 1896 verkehrten durchgehende Kursschlafwagen zwischen Eydtkuhnen (heute Tschernyschewskoje) und

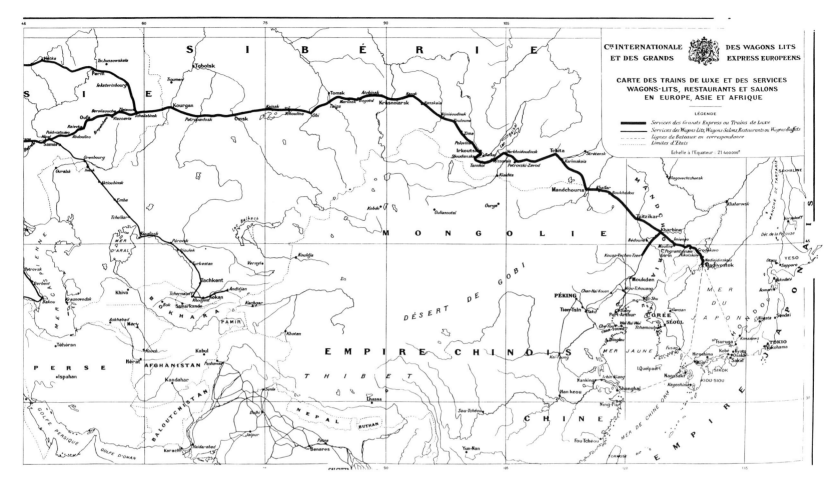

Paris bzw. Ostende. Auf dem preußischen Streckenabschnitt mußte die Internationale Schlafwagengesellschaft höhere Zuschläge verlangen: Die Fahrt von Ostende nach Berlin kostete 1 £ 6s 7d, von Ostende nach St. Petersburg 3£ 17 s 6d. Für die Fahrt in einem Zweibettabteil wurde zwischen Ostende und Eydtkuhnen der anderthalbfache Zuschlag erhoben, damit man nicht den von der Preußischen Staatsbahn betriebenen eigenen Schlafwagen Konkurrenz machte.

1898 wurde zum Silbernen Jubiläum von Nagelmackers ersten Unternehmungen der St. Petersburg-Nizza-Cannes-Expreß eingesetzt, der am 15. November zu seiner ersten Fahrt auslief. Am 3. Dezember 1898 befuhr der Sibirien-Expreß erstmals die Strecke Moskau–Tomsk. Offiziell war die Linie bereits seit dem 17. Juni eröffnet.

Beim St. Petersburg-Cannes-Expreß, dem größten Unternehmen der österreichischen Sektion der CIWL, blieben die österreichischen Schaffner während der ganzen Fahrt bei den Reisenden und stiegen in Warschau, wo die Wagen zur Reinigung zurückblieben, mit ihnen um. (Das taten auch die französischen Schaffner des Süd-Expreß in Irun.) In diesem Zug war zum Diner Gesellschaftskleidung vorgeschrieben, und manche Adeligen ließen ihre Diener Seidenlaken über die üblichen Bettücher der Schlafwagengesellschaft spannen.

Mit dem Expreß fuhren österreichische und russische Adelige nicht nur an die Riviera, Wagons-Lits ließ in Abazzia (heute Opatija) auf der Halbinsel Istrien nahe Fiume (heute Rijeka) für die hochgestellten Gäste eine Kuranlage bauen.

Der Transsibirien-Expreß brauchte von Moskau bis Tomsk sechs Tage und Nächte (Ankunft 2.12 Uhr morgens); er fuhr am gleichen Tag um 13.51 Uhr wieder ab und langte sieben Tage später, um 21.00 Uhr, in Moskau an. Die Zuschläge betrugen 9.25 Goldfrancs für die erste Klasse, 7.50 Goldfrancs für die zweite Klasse und 2.50 bzw. 2.00 Goldfrancs für eine Übernachtung im Zug. Am 14. Januar 1894 wurde die Strecke bis Krassnojarsk und gegen Ende des Jahres bis Irkutsk verlängert. Zum Baikalsee selbst gelangte man mit gewöhnlichen Personenzügen; die Entfernung bis Listwennitschnaja betrug rund 100 Kilometer. Kurz hinter dem Bahnhof konnten die Züge auf eine Eisbrecherfähre verladen werden, die den See überquerte. Sie hatte vier Schornsteine und Ein- und Ausfahrten an Bug und Heck, war in England von der Firma Armstrong gebaut, in Einzelteilen zum See gebracht und dort montiert worden. Der Name dieser einzigen Eisenbahnfähre war natürlich »Baikal«, daneben verkehrten etliche Passagierdampfer auf dem See.

34 Plakat anläßlich der Jungfernfahrt des Nord-Expreß im Jahr 1896. Man erkennt St. Petersburg, Berlin und London

35 Der St. Petersburg-Wien-Cannes-Expreß in Wien auf dem Weg nach Cannes. 1C2-Goldsdorf-Lokomotive

Von Missowaij aus baute man über Warnihudinsk–Nikolsk–Tschita (Sitz der Eisenbahnverwaltung) bis Srjetensk die Transbaikal-Bahn. Hier standen mit den Flüssen Schilka und Amur schiffbare Wasserwege zur Verfügung, auf denen man ostwärts nach Chabarowsk gelangen konnte, zur nördlichen Endstation der bis Wladiwostok führenden Ussuri-Bahn. Mit welchen Schwierigkeiten beim Bau der Eisenbahnlinie zu kämpfen war, erhellt ein zeitgenössischer walisischer Bericht aus dem Jahr 1900: Die Schiffahrt von Chabarowsk nach Srjetensk, also von Osten nach Westen, dauerte einen vollen Monat, da die Dampfer häufig auf Grund liefen. Man setzte Heck-

raddampfer mit geringem Tiefgang ein. Einmal ging einem festgefahrenen Schiff die Verpflegung aus, und nur ein zufällig vorbeikommendes zweites Schiff bewahrte die Passagiere vor dem Hungertod. Ein andermal mußten alle Passagiere an Land gehen, um das Schiff zu leichtern.

Der Zar sandte seinen Sohn Nikolaus (den späteren Zaren Nikolaus II.) nach Wladiwostok, um den Bau der Eisenbahnlinie vom Osten her zu leiten. Das ganze Baumaterial mußte mühsam herbeigeschafft werden, während für die Transbaikal-Bahn die bereits fertiggestellte Strecke der Transsibirien-Bahn zur Verfügung stand. Der Amur bildet die Grenze zwischen Rußland und China, und von Nikolsk aus konnte man in östlicher Richtung und durch günstigeres Gelände eine weit kürzere Bahnverbindung nach Wladiwostok schaffen, freilich durch chinesisches Gebiet. Rußland erwarb eine Konzession für den Bau und Unterhalt nicht nur dieser Linie, der Chinesischen Ostbahn, sondern auch für eine zweite Bahnlinie, die in Charbin in der Mandschurei abzweigte und nach Mukden und Dairen an der Südküste führte, wo eine neue russische Siedlung entstand. Diese Linie wurde Ende 1900 eröffnet, aber die Strecke Charbin–Wladiwostok war erst 1904 betriebsbereit.

Zwar hatte man für die Transbaikal-Bahn eine schwerere Geleisekonstruktion verwendet, aber mancherorts senkten sich an morastigen Stellen die Geleise trotzdem, und bei starker Sonneneinstrahlung kam es zu Schienenverwerfungen, weil die Schienenstöße nicht groß genug waren, doch nach und nach behob man diese Mängel. Von 1900 bis 1903 hing die Transbaikal-Bahn stark von der Chinesischen

36   Russisches CIWL-Menü auf der Strecke Sankt Petersburg–Warschau via Dwinsk

37   Die als Eisbrecher gebaute Eisenbahnfähre »Baikal« (1902). Das Schiff wurde in England konstruiert und an Ort und Stelle zusammengesetzt

Ostbahn ab, die natürlich unter russischer Regie stand und von der fast der gesamte Fuhrpark für beide Linien kam. Gelegt wurden die Schienen von chinesischen Kulis, von Russen und Tataren (im Gebiet ansässige Moslems), entweder aus politischen Gründen Verbannte, also Strafgefangene, oder einheimische Bauern; alle diese Arbeiter wurden »ohne Bezahlung arbeitsverpflichtet« (eine höfliche Umschreibung für Sklavenarbeit).

Im Jahr 1900 existierte die Transsibirische Eisenbahn erst auf der Pariser Weltausstellung, an der die Internationale Schlafwagengesellschaft sehr aktiv war: Sie gab 25 000 Tickets aus, die gleichzei-

tig als Quartier- und Eintrittskarten dienten. Rechtzeitig zur Ausstellung wurde das Elysée Palace Hotel fertig, und für den gleichen Anlaß baute eine Tochtergesellschaft billigere Hotels im Trocadéro. Die Schlafwagengesellschaft finanzierte viele Attraktionen, so ein riesiges Rekonstruktionsmodell »Alt-Paris« und den »Palast der Optik« mit einem Mondmodell, das den Erdtrabanten so zeigte, als sei er »nur einen Meter entfernt«. In den Pavillons fast aller Länder standen Wagen der CIWL.

Im belgischen Pavillon sah man den Wagen Nr. 1 (eigentlich Nr. 6) von 1873, der anschließend im CIWL-Werk Ostende (Slykens) als

Arbeiterunterkunft diente. Im italienischen Pavillon standen Nr. 759, ein Restaurant-Salonwagen, und Nr. 760, ein Schlaf- und Salonwagen, die anstelle der für die Rete Adriatica abgezogenen Ex-Pullman-Wagen auf dem Streckennetz der italienischen Südbahn verkehrten. Beide Wagen waren italienischer Herkunft. Aus österreichischer Produktion kamen die im österreichischen Pavillon ausgestellten Wagen Nr. 680 (Schlafwagen) und Nr. 681 (Speisewagen mit Rauchersalon). Der französische Pavillon enthielt Wagen Nr. 778,

39 Salonwagen Nr. 724 der CIWL für den Transsibirien-Expreß auf der Pariser Weltausstellung (1900). Der Wagen war mit rosa Seide und blauen Wandbehängen ausgestattet; Zierleisten verdeckten die Schrauben. Man beachte das Klavier

einen für Ägypten gebauten Schlafwagen, und den großen Hinweis, der Transsibirien-Expreß sei von französischen Firmen gebaut worden. Zu den Wagen dieses Expreßzuges gehörten Nr. 713 und 715 (Schlafwagen erster und zweiter Klasse). Der Schlafwagen erster Klasse hatte außergewöhnlich geräumige Abteile; nach Pullman-Vorbild hing das obere Bett im rechten Winkel zum unteren an der Wagendecke. Das Hervorstechendste am Zug waren die prächtigen

38 Speisewagen-Rechnungen

40 41

42

Salonwagen Nr. 724 und 725. Einer davon war mit rosa Seide und blauen Wandverkleidungen ausgestattet, mit goldenen Knöpfen auf grünem Plüsch und Zierleisten über den Schraubenköpfen und Muttern, alles im Stil Louis XVI., mit einem Klavier und einem Frisiersalon mit Platanenpaneel, einem Gymnastikraum und einem Bad. Die beiden letztgenannten Abteile befanden sich vermutlich im Fourgon (Gepäckwagen) des Zuges; zumindest war dies so, als später der Zug in Rußland eingesetzt wurde. Der zweite Salonwagen enthielt einen Rauchsalon im Stil Louis XV. mit maurischem Leder. Die roten und blauen Sessel waren mit Blumenmustern und Rokokovolants geschmückt. In diesem Wagen konnte man seine Wertsachen in einem doppelt gesicherten Safe unterbringen; den einen Schlüssel

40   Rauchsalonwagen der Internationalen Schlafwagengesellschaft für den Transsibirien-Expreß an der Pariser Weltausstellung (1900)

41   Speisewagen der CIWL für den Transsibirien-Expreß an der Pariser Weltausstellung (1900). Die Geräumigkeit der russischen Breitspurwagen ist deutlich erkennbar

42   Diorama des Nord-Expreß, wurde 1898 in Paris gezeigt

bekam der Reisende, den zweiten hatte der Zugführer, und nur gemeinsam konnten sie den Safe öffnen.
An den Fenstern des Speisewagens bewegte sich ein Diorama der russischen Landschaft zwischen Moskau und Irkutsk vorbei. Um den

optischen Eindruck vom fahrenden Zug aus zu erzielen, war das Diorama in vier Zonen gestaffelt, die mit unterschiedlicher Geschwindigkeit abliefen. Ein in weiße Tatarentracht mit hyazinthfarbiger Schärpe gekleideter Kellner servierte Borschtsch, Zakuskis, Kaviar und Stör aus der Newa. Nach einer Dreiviertelstunde war die Vorstellung zu Ende, und man verließ den Wagen am anderen Ende. Dort stand ein dem Bahnhof von Peking nachgebildeter Pavillon. Das darin untergebrachte chinesische Restaurant war angeblich das erste in Paris, das diese Bezeichnung wirklich verdiente.

Nach der Pariser Weltausstellung kam der Zug nach Rußland. Dort wurde der Wagen Nr. 724 im Jahr 1903 zum Speisewagen umgewandelt, während der atemberaubend prunkvolle Wagen Nr. 725 nur privat gemietet werden konnte. Das war freilich so teuer, daß man schon ein Vanderbilt sein mußte, um es sich auch leisten zu können; Vanderbilt mietete anläßlich eines Rußlandbesuches den Wagen tatsächlich, aber sonst wurde er kaum eingesetzt. Die ersten für Wagons-Lits in Rußland gebauten Wagen stammten von der Russisch-Baltischen Waggonfabrik in Riga (Nr. 211–215 für die Linie St. Petersburg–Warschau, 1887); insgesamt lieferten diese Firma und die Waggonfabrik Obere Wolga in Twer (heute Kalinin) für CIWL etwa 50 Wagen, vornehmlich Schlafwagen, aber auch etliche Speisewagen. Für Rußland baute auch die Compagnie Générale de Construction in Saint-Denis (Paris), eine Tochtergesellschaft der CIWL, die mit dem CIWL-Reparaturwerk im selben Pariser Vorort nichts zu tun hatte.

Dieser Wagenpark ermöglichte es der CIWL, im Oktober 1903 zwischen Charbin (Heimatbahnhof) und Missowaia im Westen einen weiteren Zug einzusetzen, dessen Personal neben russisch, deutsch, französisch und englisch auch chinesisch sprach. Beide Züge wurden nun Transsibirienzüge genannt; derjenige mit dem Heimatbahnhof Moskau fuhr über Irkutsk hinaus bis ans Westufer des Baikalsees. Kaum war jedoch der Verkehr aufgenommen, als der Russisch-japanische Krieg ausbrach. Die Reisenden, die bis dahin nur mit einem Erlaubnisschein der russischen Militärbehörden in gewöhnlichen Reisezugwagen 2., 3. und 4. Klasse hatten fahren können, bedauerten natürlich, daß man den wundervollen neuen Luxuszug so rasch wieder absetzte. Beibehalten wurde lediglich der Zug nach Irkutsk. In ihm fuhr eine über hundert Bücher in vier Sprachen umfassende Bibliothek mit, und man konnte sich jeder Sprache bedienen, obgleich Artikel 15 der Betriebsordnung festlegte, daß Französisch, die Sprache des Zarenhofes, die offizielle Sprache war. Man konnte Schach und Domino spielen, und in Riga entstand sogar ein Aussichtswagen (Nr. 221), der oft mit einem älteren, aber mit der gleichen Nummer versehenen und in Italien eingesetzten Ex-Pullman-Wagen verwechselt wird.

43 Um darauf hinzuweisen, daß ihre Dienstleistungen bis China reichten, ließ die Internationale Schlafwagengesellschaft auf diesem Plakat aus dem Jahr 1903 (anläßlich der Einweihung der Transsibirien-Verbindung gedruckt) das Wort »europäisch« weg

Im Oktober 1903 kostete die Fahrt von London nach Schanghai knapp 70 Pfund. Am 1. Mai 1904 wurde in Peking das Grand Hôtel des Wagons-Lits eröffnet, das noch viele Jahre, nachdem es nicht mehr von der CIWL betrieben wurde, der Treffpunkt der in China lebenden Europäer blieb. Die Eisenbahnfähre über den Baikalsee erwies sich bald einmal als Engpaß, und im Winter 1904 legten die Russen Geleise über den gefrorenen See, um mehr Nachschub an den fernöstlichen Kriegsschauplatz bringen zu können. Aber bei Mukden wurden sie von den Japanern geschlagen, und die russische Flotte, die aus der Ostsee um die Südspitze Afrikas nach Fernost gefahren war, erlitt vor Wladiwostok gegen Admiral Togo eine vernichtende Niederlage.

Schließlich legte man Geleise über die Berge an der Südspitze des Baikalsees, um auf die Eisenbahnfähre verzichten zu können. Im ersten Zug, der die neue Strecke befuhr, reiste der Dichter Blaise Cendrars, der später im Pekinger CIWL-Hotel Tellerwäscher wurde; dort nannte er seinen Hund »Wagon-Li«!

1906 schloß die Internationale Schlafwagengesellschaft mit der Chinesischen Ostbahn einen neuen Vertrag auf zwölf Jahre. Damals verkehrten monatlich neun Züge auf der Transsibirischen Bahn, von denen drei von der CIWL betrieben wurden. Bei den übrigen sechs handelte es sich um Schlafwagenzüge der Russischen Staatsbahn, in denen keine Waschmöglichkeit bestand. In Irkutsk mußten die Reisenden immer noch umsteigen.

Nagelmackers erlebte diese Erfolge seines Rußland-Direktors Widhoff nicht mehr; er starb 1905 auf seinem Schloß Villepreux bei Paris. Dort pflegte er in großem Stil Einladungen zu geben, zu denen er die Gäste in Sonderzügen anreisen ließ; daneben war er ein häufiger Gast auf den Pferderennplätzen. Bis zum heutigen Tage betreibt die Internationale Schlafwagengesellschaft durch mehrere Tochtergesellschaften die Büfetts und Bars in Chantilly, Longchamps und auf anderen französischen Rennplätzen.

1908 übertrug die russische Regierung den Betrieb sämtlicher Luxuszüge auf der Transsibirienbahn der Schlafwagengesellschaft. Nun kamen zu den bereits bestehenden CIWL-Werken in Charbin und Fokrowa (Moskau) weitere Werke in St. Petersburg und Wladiwostok. Für laufende Reparaturarbeiten wurde im Kursker Bahnhof in Moskau eine Werkstatt eingerichtet. Dieser Bahnhof war Ausgangspunkt und Endstation des Transsibirien-Expreß, obgleich Kurswagen bis nach Warschau fuhren. Der Luxuszug zwischen Moskau und Warschau hatte in Warschau Anschluß an den St. Petersburg-Cannes-Expreß und an den nach Berlin und Ostende fahrenden Nord-Expreß.

Dem Wagons-Lits-Führer von 1909 können wir entnehmen, daß man anderthalb Fahrkarten, einen Geschwindigkeitszuschlag und zwei Schlafwagenzuschlagskarten lösen mußte, um ein Zweibettabteil der ersten Klasse allein benutzen zu können. Für je zwei solche Abteile existierte ein Waschraum. Die zweite Klasse bestand aus einigen Zweibett- und hauptsächlich Vierbettabteilen. Die Wagen hatten elektrische Beleuchtung, und »im Winter wurde geheizt« (eine echte

Untertreibung der sibirischen Kälte!). Ein Wagenschaffner war Friseur, ein weiterer ausgebildeter Krankenpfleger; der Zug führte einen Arzneischrank mit, und an den wichtigeren Zwischenstationen konnte telegrafisch ein Arzt angefordert werden.

Das Frühstück wurde von 7 bis 9 Uhr serviert, das Mittagessen um 12 und das Abendessen um 18 Uhr. Zwei Menüs standen zur Auswahl; sie kosteten je nach Anzahl der Gänge 6 oder 9 Shilling. Man konnte auch nach der Karte speisen. Der Speisewagen war von 7 bis 23 Uhr »zur Einnahme von Erfrischungen, zum Rauchen usw.« geöffnet. Das Frühstück nahmen die Reisenden gewöhnlich in ihren Schlafwagenabteilen ein.

Schlafwagenplätze mußten acht Tage im voraus gebucht werden; die gleiche Frist galt für die Gepäckaufgabe nach Bestimmungsorten in China, Japan und auch in Amerika. New Yorker, die nach London wollten, fuhren über Chicago nach Westen bis San Francisco, von dort per Schiff nach Yokohama, wo verschiedene Möglichkeiten zur Weiterreise bestanden. Sie konnten auf der kürzesten Seeverbindung in nur elf Stunden nach Fu-san in Korea übersetzen und von dort mit dem Luxuszug der Chosen-Bahn bei »guter Unterkunft, bester Betreuung und mäßigen Preisen« nach dem zwischen Mukden und Charbin gelegenen Tschang-tschun fahren, wo sich seit Kriegsende die Netze verschiedener Spurweite trafen. Man konnte aber auch über Dairen nach Tschang-tschun gelangen oder mit einem russischen Dampfer nach Wladiwostok reisen, von wo aus ab 1914 der Transsibirien-Expreß endlich bis Moskau durchfuhr. Inzwischen war auch die Fahrzeit verkürzt worden. Man kam schneller voran als mit den P & O-Liniendampfern, die zwischen England und China verkehrten, obwohl P & O zur Abkürzung der Reise Sonderzüge aus Wagon-Lits-Wagen einsetzte, den Brindisi-Expreß und den Marseille-Expreß. Der erste durchgehende Transsibirien-Expreß trat am 13. Mai 1914 seine Jungfernfahrt an.

Das Zugpersonal bestand aus 17 Leuten. Dazu gehörten ein Mechaniker und ein Elektriker, die sich um die Lichtmaschine im Gepäckwagen zu kümmern hatten. Im Gepäckwagen konnten »Hunde mitgeführt werden, wenn sie ordentlich mit Maulkorb versehen und angekettet sind, aber die Gesellschaft lehnt jede Haftung ab, und jedes Tier muß von seinem Eigentümer gefüttert und versorgt werden«. Die einzige Abwechslung für die Tiere bestand darin, Reisende anzubellen, die das mit heißem und kaltem Wasser

44 Der Transmandschurei-Expreß im Bahnhof von Mandschuli (an der sowjetisch-chinesischen Grenze) kurz vor der Abfahrt nach Wladiwostok (1924). Die CIWL hatte sich inzwischen von der Transsibirischen Eisenbahn zurückziehen müssen

45 Der Transmandschurei-Expreß im Jahr 1923: Speisewagen der CIWL und chinesisches Personal

46 Der Transmandschurei-Expreß in Charbin mit CIWL-Personal (1923). Die chinesische Ostbahn setzte weiterhin russische 2C-Lokomotiven der Baureihe G ein

44

45

ausgestattete Bad benutzten, das wie das Zugführerabteil im Gepäckwagen untergebracht war. In diesem Abteil standen allerdings nur vier Betten, so daß sich das Zugpersonal während der neuntägigen Reise noch mit anderen Liegemöglichkeiten behelfen mußte. Die Aufenthalte auf den Bahnhöfen dauerten zwischen drei Minuten und einer Stunde. Die von und nach St. Petersburg fahrenden Wagen wurden in Tscheljabinsk an- bzw. abgehängt; Tscheljabinsk galt stets als westliche Endstation der Transsibirischen Bahn, obgleich die Stadt ziemlich weit östlich von Moskau liegt.

1914 kam der Zar zur Erkenntnis, daß man sich nicht auf eine Eisenbahnlinie verlassen kann, die durch fremdes Territorium führt. Also begann man mit dem Bau einer Bahnlinie zwischen Srjetensk und Chabarowsk, die 1917, beim Ausbruch der Oktoberrevolution, fertig wurde.

Der Transsibirien-Expreß in Regie der Internationalen Schlafwagengesellschaft war also eine kurzlebige Angelegenheit. Immerhin war der Zug einer der prunkvollsten Luxuszüge jener Zeit; die quastengezierten Schlafwagenabteile und die mit Seidendamast ausgestatteten Salonwagen standen den Privatzügen der Herrscherhäuser in nichts nach. Die »New York Times« belieferte die Reisenden sogar unterwegs mit den neuesten Nachrichten, die über den Telegrafendienst der russischen Staatsbahn durchgegeben wurden.

1919 forderte die Sowjetregierung die Schlafwagengesellschaft auf, das gesamte ausländische Personal zurückzurufen; 161 Wagen wurden entschädigungslos eingezogen. Ein Teil des russischen Wagenparks blieb in Lettland in Betrieb und wurde in den zwanziger Jahren durch einige neue Breitspurwagen verstärkt. Weitere Wagen verkehrten in China, wo die CIWL 1923 mit modernisierten Wagen der früheren Ussuribahn die Strecke von Mandschuli an der Westgrenze der Mandschurei bis Wladiwostok befahren konnte, aber wenig später nur noch bis Pogrognitschnaja an der chinesisch-russischen Grenze, westlich von Wladiwostok. Weitere Normalspurbahnen baute man von Tschang-tschun (oder Kwanchedzee, wie die Stadt auf alten Fahrplänen hieß) und Charbin aus, wo die Fernost-Abteilung der Internationalen Schlafwagengesellschaft ihren Sitz hatte. Dieser Zustand dauerte bis 1948. 1923 verfügte man über 67 Wagen, darunter Normalspurwagen, die 1910 von der chinesischen Eisenbahn übernommen worden waren.

Der chinesische Wagenpark wurde durch Wagen mit Teakaufbauten aus Europa verstärkt, die dort nicht mehr eingesetzt werden konnten, weil inzwischen Ganzmetall-Eisenbahnwagen vorgeschrieben waren. Unter ihnen waren einige Wagen der Baureihe, zu der auch Nr. 2419 gehörte, in dem der Waffenstillstand geschlossen worden war. Andere Wagen der Reihe gingen nach Finnland, wo die CIWL bis 1959 Speisewagen einsetzte.

In den dreißiger Jahren öffnete die Sowjetunion die Transsibirische Bahn wieder für Ausländer. Es gab drei Wagenklassen: »hart«, »weich« und »international«. Bei den Wagen der letztgenannten Klasse handelte es sich um Schlafwagen, die einst die CIWL betrieben hatte. Schaffner und Wagen wirkten wie Überbleibsel aus vorrevolutionären Tagen; laut »Baedeker« wurden sie sogar von Wagons-Lits als »Prowodniks« bezeichnet. In einem zeitgenössischen Bericht ist die Rede von »zwei opulenten schwarzen Flaschen mit einem unvorstellbaren Wein auf den Speisewagentischen, die nie geöffnet und nur selten abgestaubt werden und das Elixier des Lebens oder auch Tinte enthalten könnten«.

1934 überfielen Banditen den Transmandschurischen Expreßzug, wie der 1923 eingesetzte Breitspurzug offiziell hieß, und zündeten ihn an: Fünf Wagen wurden völlig zerstört. Mit der Errichtung des Staates Mandschuko durch die Japaner endete die gemeinsame russisch-chinesische Verwaltung der Chinesischen Ostbahn. Das russische Personal mußte in die Sowjetunion zurückkehren, wo ihm unter Stalin ein ungewisses Schicksal bevorstand. Die Schlafwagengesellschaft verzichtete auf den Betrieb der Breitspurwagen; einzelne CIWL-Wagen mit einem weißrussischen Schaffner, einem chinesischen Teekellner und einem Samowar befuhren bis zum Zweiten Weltkrieg weiterhin chinesische Strecken, etwa zwischen Peking und Schanghai. Auf dem Seeweg brachte man zwei Pullman-Wagen des »Flèche d'Or«, Nr. 4062 und 4065, nach Hongkong; sie sollten zwischen Hongkong und Kanton eingesetzt werden, aber dazu kam es nicht mehr, und als sich die Internationale Schlafwagengesellschaft nach dem Krieg aus Charbin (Pin-kiang) zurückzog, wurden die Wagen verkauft.

Heute verkehren auf der Transsibirischen Eisenbahn jeden Tag so viele Züge wie 1902 in einem Jahr. Alle zwanzig Minuten rollt ein Güterzug über die Geleise. Für den »Rußland-Expreß«, wie der Transsibirien-Expreß jetzt heißt, brauchte man auf der Strecke früher 18 Dampflokomotiven, doch seit einigen Jahren werden Diesellokomotiven eingesetzt. In den Bergen südlich des Baikalsees ziehen und schieben heute drei mächtige Diesellokomotiven den Zug bergan; früher waren hier – wie mancherorts in Südamerika – »Umkehrstationen«, die es ermöglichten, im Zickzack die Berghänge hochzuklettern. Inzwischen ist die ganze Strecke zweigleisig, und in Kürze werden die ganzen 9297 Kilometer mitsamt den 548 Bahnhöfen voll elektrifiziert sein. Heute hält der Expreßzug auf 91 Bahnhöfen; die von der Internationalen Schlafwagengesellschaft betriebenen Luxuszüge hielten auf 249 Stationen.

Die modernen Züge rollen noch leiser durch die Schneelandschaft als in der Frühzeit der Eisenbahnstrecke. Damals dämpfte der Schnee das Rattern der Schienenstöße, und der Dampf der Lokomotiven verwandelte sich sofort in Schneeflocken, die langsam zur Erde sanken. Inzwischen existieren nur noch Abteile mit Holzbänken und Abteile mit Polsterbänken, die sich in Schlafstellen verwandeln lassen. Vor dem Zweiten Weltkrieg hatten die Abteile im Fußboden eine Öffnung mit Deckel, durch die man beim Wagenreinigen den Schmutz kehren konnte. Die heute üblichen Elektrolokomotiven können auf langen Strecken eingesetzt werden. Durchgehend befahren werden kann die Transsibirische Eisenbahn nur von Mehrsystemlokomotiven, da die älteren Streckenabschnitte mit 3000-Volt-Gleichstrom und die neueren mit 25000-Volt-Wechselstrom elektrifiziert sind.

7. Züge der Könige – Könige der Züge

Il n'a pas abîmé son pyjama
C'est épatant, mais c'est comm' ça!
Il n'a pas abîmé son pyjama
Il est verni l'chef de l'Etat!
Lucien Boyer

Paul Deschanel, sicherlich der außergewöhnlichste aller französischen Präsidenten, brachte es doch am 23. Mai 1920 tatsächlich fertig, aus dem Fenster seines Sonderzuges zu fallen! Der Zug fuhr um 21.30 Uhr in der Gare de Lyon ab; der Staatspräsident war übermüdet und überreizt. Es war heiß, er öffnete weit das Fenster...

Der Führer eines Bahnbautrupps fand ihn zwischen Mignières-Gondreville und Corcy-Corbeille in der Nähe von Montargis, 110 Kilometer von Paris entfernt, und brachte ihn zu einem Schrankenwärterhaus. Das Gesicht des Präsidenten war so angeschwollen, daß man ihn nicht erkannte; sonst war ihm nicht viel passiert, denn zum Glück war er auf den weichen Erdboden gefallen, und der Zug war wegen Geleisereparaturen sehr langsam gefahren.

Der Arzt, den man im Bahnhof von Montargis geholt hatte, wollte zunächst die erstaunliche Geschichte nicht glauben, kam aber am nächsten Morgen wieder, um sich seinen Patienten noch einmal anzusehen. Inzwischen waren die Schwellungen abgeklungen, und man erkannte den Präsidenten. Daraufhin brachte ihn der Unterpräfekt von Montargis auf die Präfektur, und von dort aus fuhren ihn dessen Frau und der Ratspräsident, Alexandre Millerand, nach Paris zurück – diesmal im Auto.

Inzwischen brauste der Zug durch die Nacht weiter; unterwegs hielt er mehrmals kurz an, weil die Lokomotive Wasser tanken mußte. Zwei Minuten vor fünf Uhr morgens ließ der Bahnhofvorsteher von Moulins den für den Sonderzug verantwortlichen PLM-Ingenieur wecken, der ausgerechnet den Namen Prudent (»vorsichtig«) trug, um ihm mitzuteilen, jemand sei aus dem Wagen gefallen. Monsieur Prudent nahm die Meldung nicht ernst, sie war ihm zu unglaubhaft.

Etwa um 5.30 Uhr wartete im Bahnhof von Saint-Germain-des-Fosses eine ähnlich lautende Nachricht. Diesmal ließ Monsieur Prudent jedermann wecken – ausgenommen den Präsidenten, den er nicht behelligen wollte. Darauf fuhr der Zug mit den Senatoren und Pressevertretern weiter. Der Präsident hatte sich um 22 Uhr zurückgezogen und ausdrücklich gewünscht, nicht vor 7 Uhr geweckt zu werden, er fühle sich nicht wohl und hätte ein Schlafmittel genommen. Um 7.05 Uhr hielt der Zug in Roanne. Zum Schlafabteil des Präsidenten gelangte man durch einen Vorraum, in dem ein Kommandant untergebracht war; er schwor, daß niemand das Schlafabteil verlassen oder betreten habe. Das Fenster stand offen, die Vorhänge flatterten im Wind. Die ganze Präsidentensuite – Schlafabteil, Bad, Salon – war leer.

Also mußte man mit Paris telefonieren. Aber bekanntlich ist im französischen Telefondienst das 20. Jahrhundert erst in den siebziger Jahren angebrochen. Obendrein hatte die französische Regierung kurz vorher ein Gesetz erlassen, das an Sonn- und Feiertagen Ferngespräche verbot. In Kraft trat dieses Gesetz ausgerechnet an jenem 24. Mai 1920, einem Pfingstmontag. So mußte der mitfahrende Innenminister den Präsidenten bei den Feierlichkeiten in Montbrison vertreten.

Man sollte vielleicht mit Königen, Staatsoberhäuptern und Staatsvertretern auf offiziellen Reisen mehr Mitleid haben. Trotz aller Pracht sind diese Fahrten recht anstrengend. Wer zum Gefolge einer solchen hochgestellten Persönlichkeit gehört, kann plötzlich nur noch in der

NE PAS SE PENCHER AU DEHORS

NICHT HINAUSLEHNEN

È PERICOLOSO SPORGERSI

ΜΗ ΚΥΠΤΕΤΕ ΕΞΩ

A NU SE PLECA IN AFARA

NIE WYCHYLAĆ SIĘ

ES PELIGROSO ASOMARSE

НЕ НАГИЊИ СЕ КРОЗ ПРОЗОР

DANGEROUS TO LEAN OUT

É PERIGOSO DEBRUÇAR-SE

PENÇEREDEN SARKMAK YASAKTIR

НЕ СЕ НАВЕЖДАИТЕ НАВЪН!

NE IŠSILENKTI

NIETS BUITENSTEKEN

LÆN DEM IKKE UD

NENAHÝBEJTE SE Z OKEN

KIHAJOLNI VESZÉLYES

letzten Minute einsteigen. Bei normalen Zügen stellt sich dieses Problem nicht, die meisten Menschen sind auch weniger pünktlich.

Königin Viktoria ließ sich 1842 zu ihrer ersten Zugfahrt überreden: mit der Great Western Railway von Windsor nach London. Später reiste sie noch oft im Zug, hauptsächlich von der Isle of Wight nach Schottland. Louis Philippe dagegen durfte auf Anordnung der französischen Regierung den Zug nicht benutzen, weil man um seine Sicherheit fürchtete. Er reiste erstmals 1844 mit der Eisenbahn – anläßlich eines Staatsbesuches in Großbritannien, mit einem Sonderzug des englischen Königshauses!

Dem amerikanischen Präsidenten Abraham Lincoln wurde 1863 ein Salonwagen bewilligt; er hatte vierachsige Drehgestelle, wie Pullman sie später für seinen »Pioneer« kopierte. Aber die Arbeiten gingen so langsam voran, daß der Wagen erst für die letzte Reise des Präsidenten fertig war, für die Überführung seiner Leiche nach Springfield – eine Fahrt, bei der auch Pullmans »Pioneer« eingesetzt wurde.

Zu dieser Zeit verfügten bereits viele königliche Hoheiten über Salonwagen, einige gar über Salonzüge. Auch König Max von Bayern besaß einen solchen Zug, für den sein Nachfolger, Ludwig II., einen prächtigen Salonwagen bestellte, der sich heute im Nürnberger Museum befindet: Mit seinem ganz in Gold und Blau gehaltenen Dekor ist er der vielleicht prächtigste aller noch existierenden königlichen Eisenbahnwagen. Papst Pius IX. verfügte über einen Audienzwagen und einen Reisewagen, beides Zweiachser, um auf der Pio-Centrale-Bahn nach Civitavecchia zu fahren; dazu kam ein noch prunkvollerer Drehgestellwagen, 1858 von der Pio-Latina-Eisenbahn (Rom–Frascati) gebaut, dessen Aussichtsplattform vielleicht katholische Waggonbauer in den USA inspiriert hat. Als die Internationale Schlafwagengesellschaft gegründet wurde, hatten praktisch alle Herrscherhäuser ihre eigenen Züge, so daß der CIWL-Wagen Nr. 501, der ausschließlich von königlichen Hoheiten gemietet werden konnte, nur selten zum Einsatz kam.

Königin Victoria ließ sich von der London & North Western Railway zwei dreiachsige Salonwagen mit Faltenbalgverbindung bauen. Die Bälge mißfielen ihr allerdings, und sie weigerte sich, im fahrenden Zug von einem Wagen zum andern zu gehen. In Brüssel bestellte sie zwei ähnliche Wagen, die auch dort gewartet wurden, aber meist in Calais standen. Dies blieb so, obgleich die Königin in der Regel von Osborne auf der Isle of Wight mit ihrer Jacht nach Cherbourg überzusetzen pflegte, um ihre Staatsbesuche und Reisen auf dem Festland von dort aus anzutreten. 1897 wurden die beiden Wagen in England auf einen einzigen Untergestellrahmen mit Drehgestellen montiert; die in Calais stationierten Wagen blieben bis zur Reise nach Nizza unverändert, wurden aber dann ebenfalls auf einen gemeinsamen

47 Aufschriften »Nicht hinauslehnen« für die Schiebefenster in verschiedenen Sprachen: 1. französisch, 2. deutsch, 3. italienisch, 4. griechisch, 5. rumänisch, 6. polnisch, 7. spanisch, 8. serbisch, 9. englisch, 10. portugiesisch, 11. türkisch, 12. bulgarisch, 13. litauisch, 14. holländisch, 15. dänisch, 16. tschechisch, 17. ungarisch

Rahmen gesetzt. Eduard VII. ließ sich 1883 von Sir Edward Watkins Manchester Sheffield & Lincoln Railway (der späteren Great Central Railway) einen Salonwagen bauen, der aber an die South Eastern Railway übergeben und in Calais stationiert wurde. Eduard VII. reiste mit Wagons-Lits-Personal und auch mit Hofbediensteten. Als Prinz von Wales unternahm er mit dem Wagen zahlreiche Reisen. Wegen der geringen Nachfrage verkaufte die Internationale Schlafwagengesellschaft die zur Vermietung an königliche Hoheiten vorgesehenen Salonwagen Nr. 249, 269 und 501 an die sechs großen französischen Eisenbahngesellschaften, die sie 1896 als Präsidentenzug der französischen Regierung schenkten. Die Wagen tragen noch heute die Nummern PR I, PR II und PR III und werden stets mit nor-

48 Leopold II., König von Belgien und Großaktionär der CIWL, besucht ▷ mit einem Sonderzug der CIWL die Côte d'Azur

49 Der deutsche Kaiser trifft mit einem Sonderzug der Internationalen Schlafwagengesellschaft in Bari ein (1905). Beim Auto des Kaisers handelt es sich um einen Mercedes-Benz

malen Luxuswagen für die Reisebegleiter zusammengehängt; bis in die sechziger Jahre unseres Jahrhunderts hinein gehörte zum Sonderzug des Präsidenten stets auch ein CIWL-Speisewagen mit einer langen Tafel auf der Mittelachse, der als »Bankettsaal« diente.

Den kaiserlichen Sonderzug büßte Frankreich bereits 1871 ein. Er wurde mit anderer Habe Napoleons III. zwangsversteigert, von der russischen Regierung erworben und mit Breitspurdrehgestellen ausgerüstet. Auf einer Fahrt von der Krim nach Moskau kam Zar Alexander III. in diesem Zug nur knapp mit dem Leben davon. Um rascher über die südrussischen Berge zu gelangen, spannte man der verhältnismäßig kleinen 1B0-Lokomotive des kaiserlichen Zuges eine der vielseitigen 0D0-Lokomotiven vor, die sowohl für Güter- wie für Personenzüge eingesetzt wurden. Auf der Talfahrt ließ sich der Zug nicht mehr bremsen; die 0D0 entgleiste, und die Wagen wurden stark beschädigt. Es gab 22 Tote und über 30 Verletzte.

Mitteleuropäischer Hauptlieferant für Herrscherhäuser war die Firma Ringhoffer in Prag. Für den österreichischen Kaiser baute sie 1891 einen ganzen Zug, bestehend aus Gepäck-Generatorwagen, Speisewagen, Küchenwagen (auf Drehgestellen), kaiserlichem Salonwagen und Salonwagen für das Gefolge. Ungarn ließ sich nicht lumpen und stellten einen eigenen Salonwagen auf dreiachsigen Drehgestellen zur Verfügung. 1896 lieferte die Firma Ringhoffer einen Salonwagen für den König von Rumänien, 1897 einen Sonderzug für das bulgarische Königshaus (mit einem Dreiachser), 1908 einen Drehgestell-Salonwagen für König Ferdinand. Beim bulgarischen Zug waren Waschmöglichkeiten sicherlich wichtiger als bei anderen Zügen, denn sowohl König Ferdinand als auch sein Sohn Boris hielten sich während der Fahrten am liebsten auf dem Lokomotivführerstand auf. Heute ist es gekrönten Häuptern kaum je möglich, auf Dampflokomotiven zu fahren!

Aber auch Angehörige des englischen Königshauses, die sonst andere Hobbies haben, fuhren dann und wann auf Dampflokomotiven, beispielsweise Prinzessin Elisabeth während des Staatsbesuchs von König Georg VI. auf der Lokomotive des südafrikanischen »Weißen Zuges«.

Auch Kanada stellte den königlichen Besuchern bei Bedarf Sonderzüge zur Verfügung, so 1919 für den Prinzen von Wales, den späteren König Eduard VIII. und Herzog von Windsor, oder 1939 für König Georg VI., der das Land von Küste zu Küste bereiste. Führend waren natürlich die Vereinigten Staaten mit einem großen Fuhrpark von privaten Pullman-Schlaf-, -Speise- und -Salonwagen; die großen Hotels ließen Nebengeleise legen, auf denen man Sonderwagen abstellen konnte.

Die Präsidenten der Eisenbahngesellschaften konnten in ihren Privatwagen (sie hießen fast immer »Geschäftswagen«) kostenlos durchs Land reisen, auch auf Strecken und mit Zügen anderer Gesellschaften. Um die Jahrhundertwende war Florida ein beliebtes Reiseziel. Die Pullman-Gesellschaft verfügte über einen ganzen Fuhrpark von Privatwagen, die mieten konnte, wer sich nicht einen eigenen Privatwagen zulegen wollte.

Die sogenannten »whistle-stop tours« der amerikanischen Präsidentschaftskandidaten, Wahlkampfreisen mit der Bahn, mit Halt auf allen Stationen und einer kurzen Ansprache des Kandidaten von der hinteren Wagenplattform aus, machten die offenen Aussichtsplattformen ihrer Privatzüge weltbekannt. Zwar erreichte das Reisen in Privatwagen um die Jahrhundertwende seinen Höhepunkt, aber Privatwagen existierten noch bis in die sechziger Jahre unseres Jahrhunderts hinein. 1958 reiste General Eisenhower im »Sunset«, einem Privatwagen der Southern Pacific Railroads, nach Monterrey in Kalifornien, um im Del-Monte-Hotel Golf zu spielen; dieses Hotel ist in den Vereinigten Staaten wegen seiner Golfplätze so berühmt wie Gleneagles in Schottland. Beide Hotels wurden von Eisenbahngesellschaften errichtet, Gleneagles von der Caledonian Railway (heute wird es von British Rail betrieben). Den letzten Privatwagen, »Virginia City«, besaß der inzwischen verstorbene Lucius Beebe. Er pflegte zu sagen, der Wagen gehöre eigentlich seinem Bernhardiner!

1929, unmittelbar vor der Weltwirtschaftskrise, ehe wirtschaftliche Erwägungen wichtiger wurden als die Annehmlichkeiten für die Reisenden, erreichte der Bau eleganter Eisenbahnwagen einen erneuten Höhepunkt. Der von Fiat für König Viktor Emanuel III. gebaute Sonderzug in Gold und Rot, mit seiner Ausstattung in Samt und Seide, war ungemein prunkvoll. Er gehört heute den Italienischen Staatsbahnen.

Das englische Königshaus mußte sich lange mit älteren Wagen begnügen. Der königliche Sonderzug der London & North Western Railway war für Tagesausflüge zu lang und unhandlich. Gewöhnlich benutzte man für die Reisen nach Sandringham die vor 1923 von der North Eastern & Great Northern gebauten und von der London & North Eastern Railway betriebenen Salonwagen. Der einstige königliche Wartesaal auf dem Bahnhof Wolferton ist heute der Öffentlichkeit zugänglich; ein unternehmungsfreudiger Eisenbahner kaufte ihn, als die Strecke King's Lynn–Hunstenton geschlossen wurde. Da Vertreter des Königshauses manchmal Freunde auf dem Bahnhof zu begrüßen pflegten, ist auf dem zweiten Bahnsteig ein weiterer Wartesaal. Heute müssen die Hoheiten wie gewöhnliche Sterbliche in King's Lynn einsteigen.

In Südengland wurden für kurze Reisen häufig Pullman-Wagen eingesetzt, beispielsweise zum Derby in Epsom oder für Fahrten nach Portsmouth. Dort fuhren die königlichen Sonderzüge gewöhnlich von einer leichten, holzbeplankten Mole ab, so daß man leichte, vorsintflutliche Lokomotiven vorspannen mußte; die schweren modernen Maschinen, die königliche Sonderzüge nach dem Flughafen Gatwick oder zu den Kanalhäfen ziehen, wären durch die Planken gebrochen. Als König Georg VI. und Königin Elisabeth 1939 Paris einen Staatsbesuch abstatteten, reisten sie – abgesehen von der Kanalüberquerung – ausschließlich in Pullman-Wagen der Schlafwagengesellschaft,

50 Innenansicht des königlichen Salonwagens der London & North Western Railway, der 1869 für Königin Viktoria gebaut wurde

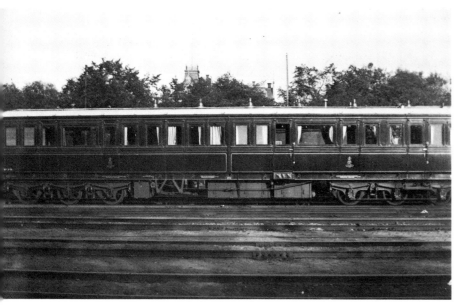

51

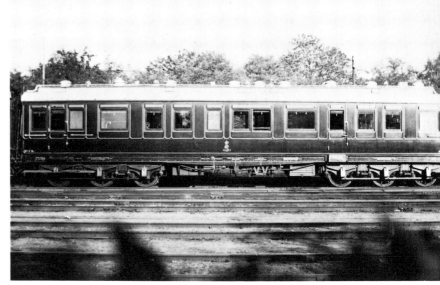

52

53

51 Diese seltene, 1911 in Wiesbaden aufgenommene Fotografie zeigt den Salonwagen König Eduards VII. von Großbritannien. Dieser 1883 gebaute Wagen gehörte zwar nominell der South Eastern Railway, war aber in Calais in einer eigenen Remise stationiert. Der König benutzte ihn häufig für Reisen auf dem europäischen Festland

52 Diese nicht minder seltene, ebenfalls 1911 in Wiesbaden aufgenommene Fotografie zeigt zwei auf dem europäischen Festland eingesetzte, auf einen Untergestellrahmen mit zwei Drehgestellen montierte Salons der englischen Königin Viktoria. Auch der Salonwagen Eduards VII. war auf ein solches Chassis montiert

53 Der Speisewagen des französischen Präsidentenzuges mit CIWL-Personal wartet auf Nikita Chruschtschow während dessen Staatsbesuch in Frankreich

also gleichsam in einem königlichen »Flèche d'Or«. Ein Plan des dabei eingesetzten Speisewagens Nr. 4144 ist in diesem Buch abgedruckt; erhalten ist auch eine Speisekarte. Nach dem Krieg wurde ein Restbestand des bei diesem Anlaß servierten Hine-Cognacs im (von Wagons-Lits oder einer Tochtergesellschaft betriebenen) Duty Free Shop des Flughafens Orly verkauft, aber da kaum einer der Flugpassagiere etwas von diesem Staatsbesuch wußte, glaubten die meisten, es handle sich um einen Reklamegag für Amerikaner, denen man auf diese Weise den Cognac als »königliches Getränk« schmackhafter machen wollte.

54 Marschall Foch und der Gouverneur des Bundesstaates Washington, ▷ Hart, im Pullman-Wagen »Olympian« (anläßlich eines Amerika-Besuches des Marschalls kurz nach dem Ersten Weltkrieg)

In den Niederlanden büßte das Königshaus seinen Sonderzug gegen Kriegsende ein: Er wurde von den Deutschen beschlagnahmt und so übel zugerichtet, daß er nach der Rückgabe verschrottet werden mußte. Eine Ironie des Schicksals war es, daß der 1926 gebaute Pullman-Wagen Nr. 2748, den das Königshaus von der Internationalen Schlafwagengesellschaft erwarb und bis 1959 als königlichen Salonwagen benutzte, ausgerechnet derselbe Wagen war, den der deutsche Militärbefehlshaber in den Niederlanden als offiziellen Sonderwagen hatte requirieren lassen!

Nachdem Großbritannien 1940 von einer deutschen Invasion verschont blieb, brauchte König Georg VI. dringend modernere Eisenbahnwagen, war er doch nun häufig unterwegs, um Truppen, zerbombte Städte usw. zu besuchen. Also baute man in Wolverton, in den früheren Waggonwerken der London & North Western Railway, zwei neue Salonwagen und modernisierte die übrigen. Der damaligen

Notzeit entsprechend waren die neuen Wagen sehr schlicht, doch wurde die Innenausstattung verbessert, als 1952 Königin Elisabeth II. ihrem Vater auf den Thron folgte. Ein neuer Salonwagen für die Kinder der Königin wurde 1955 in Betrieb genommen, Anfang 1956 ein Speisewagen und 1957 ein Salonwagen für den Privatsekretär Ihrer Majestät und das königliche Gefolge. Seit der Verstaatlichung rüstet British Rail seine Wagen langsam von Vakuumbremsen auf Druckluftbremsen um, wenngleich die elektrischen Triebwagenzüge schon seit langer Zeit mit Druckluftbremsen ausgerüstet sind. Einer der ersten englischen Expreßzüge mit Druckluftbremsen war nach der Elektrifizierung der Linie nach Dover der »Night Ferry«, denn die Schlafwagen der CIWL vom Typ F hatten seit jeher beide Systeme; in den sechziger Jahren wurden die Vakuumbremsen entfernt.

Seit dem Ende der Dampflokomotiven werden die Züge immer schneller, und mit dem neuen Hochgeschwindigkeitszug (s. Kapitel 8)

55 Präsident Truman und Sir Winston Churchill in einem Sonderzug der Baltimore & Ohio Railroads (kurz nach dem Zweiten Weltkrieg)

56 Königlicher Sonderzug kurz vor der Einfahrt in den Tunnel von Otira (Neuseeland). Lokomotiven der English Electric

können die Untertanen Ihrer Majestät doppelt so schnell reisen wie der königliche Zug. Diesellokomotiven zu entwickeln, die den königlichen Zug ziehen können und Vakuumbremsen und Dampfheizkessel enthalten, stellte für British Rail lange ein großes Problem dar. So wurden 1976 in Wolverton zwei Wagen vom Typ HST (erster und zweiter Klasse, 1972 von British Rail in Derby gebaut) umgebaut. Von außen sehen sie genau so aus wie der Typ Mark III (siehe Plan), mit dem einzigen Unterschied, daß Ihre Majestät über ein Abteil mit Doppeltüren verfügt, das einzige dieser Art im ganzen Wagenpark der British Rail. Diese Wagen sind mit Klimaanlage und elektrischer Heizung ausgerüstet und rollen auf Drehgestellen des Typs B 10 HST; die restliche Komposition verfügt über Drehgestelle B 5 oder B 4, was Geschwindigkeiten bis 160 km/h (statt 112 km/h) erlaubt.

57 Menü im Speisewagen während des Besuches von König Georg VI. in ▷ Paris (28. Juli 1928)

58 Sonderzug des englischen Hofes in Hackbridge, unterwegs zum Derby

VINS

—

Mumm Cordon Rouge 1928

Veuve Cliquot brut 1928

DÉJEUNER

——

Homard à la Française Sauce Tartare

Selle d'Agneau Renaissance

Fonds d'Artichauts Colbert

Poularde à la Gelée d'Estragon

Cœurs de Laitue Maison d'Or

Pêches à l'Impératrice

Petits Fours Glacés

Corbeille de Fruits

Der Wagen Ihrer Majestät enthält einen Salon, ein Schlafabteil, ein Bad, ein Schlafabteil mit Bad für die Kammerdame und ein weiteres Abteil. Ihre Majestät und Seine Königliche Hoheit, der Herzog von Edinburgh, haben selber die Möbel und die Ausstattung für diese Wagen ausgewählt, welche British Rail in Wolverton, ihre Abteilung für Industriedesign und Sir Hugh Casson, einer der führenden Architekten Englands, entwickelten.

Der Salon enthält einen schieferblauen Spannteppich, blau-weiße Vorhänge, einen blauen Divan und einen Fauteuil im gleichen Stil auf der einen Seite, auf der andern einen jasmingelben Fauteuil, der zum buchenen Bürostuhl paßt. Dazu kommen ein Schrank mit Radio, ein Tisch und ein Pult. Pult und Tisch sind in »Royal Silk« gehalten und passen zu den Seitenwänden. Der Raum wird mit gedämpften Wand- und Leselampen beleuchtet, genauso wie im Salon des Herzogs von Edinburgh; in den anderen Räumen hängen Deckenlampen. Einige Drucke von früheren königlichen Reisen schmücken die Wände.

Im Schlafzimmer steht ein ein Meter breites Bett. Die Kopfseite ist mit blau umrandeten weißen Seidenvorhängen bedeckt und enthält einen Nachttisch, Licht und Telephon. Dazu kommen ein eingebauter Schrank mit einem hohen Spiegel und eine Ankleidekommode mit einem dreiteiligen Spiegel und einer Lampe. Das Gepäck kann unter dem Bett verstaut werden. Das Bad ist im gleichen Stil mit »Royal Silk«-Plastik ausgestattet und enthält eine Standard-Badewanne und ein ebensolches Waschbecken.

Der Wagen wird von der elektrischen oder dieselelektrischen Lokomotive mit Strom versorgt, enthält aber auch Wechselstromgeneratoren, die die Batterien aufladen, welche Klimaanlage, Heizung, Warmwasser, Serviettenschienen und die Steckdosen speisen.

Der Salonwagen Seiner Königlichen Hoheit, des Herzogs von Edin-

59 Der Speisesalon im Zug des englischen Königshauses. Der 1956 gebaute Wagen enthält auch eine Küche

60 Der Salonwagen des Herzogs von Edinburgh, der 1977 anläßlich des 25. Jahrestages der Thronbesteigung von Königin Elisabeth II. gebaut wurde

61 Innenansicht des königlichen Salonwagens, eingesetzt anläßlich des 25. Jahrestages der Thronbesteigung der englischen Königin

59

60

burgh, ist ähnlich. Er enthält Vorraum, Salon, Schlafzimmer, Bad, ein Schlafzimmer mit Bad für den Kammerdiener und eine Küche mit genügend Platz für die Belegschaft, für den Fall, daß der Salonwagen unabhängig vom Königlichen Zug eingesetzt wird. Die Küche kann bis zehn Personen verpflegen. Der lederfarbene Eßtisch ist ausziehbar, und darum herum stehen fünf Chromstühle. Wegen der Küche ist der Salon des Herzogs von Edinburgh kleiner als der der Königin. In seinem Badezimmer steht eine Dusche mit einer speziellen Pumpe, damit das Wasser genügend Druck aufweist.

Die Vorhänge seines Schlafzimmers sind weiß getönt. Das Bett ist dasselbe wie im Schlafzimmer der Königin. Der Teppich des Salons ist braun mit gelbem Rand. Der Wagen enthält auch zwei Wechselstromgeneratoren, der zweite versorgt die Küche.

Der Königliche Zug besteht aus zwei weiteren Wagen, unter anderem mit einem Abteil für den Zugführer. Der eine enthält einen 475 PS-Motor, um den Zug auch dann mit Strom zu versorgen, wenn die Lokomotive abgehängt ist (während der Zwischenhalte und nachts), der andere ist mit einem Réchaud für kleinere Imbisse ausgestattet. Diese beiden Wagen enthalten Schlafabteile mit je vier Betten, wovon die beiden oberen zurückklappbar sind. Für das Personal stehen ein gewöhnlicher Schlafwagen und ein gewöhnlicher Speisewagen zur Verfügung, zusätzlich der Salonwagen des ehemaligen Präsidenten der LNWR, der 1967 auf ein neues Untergestell montiert wurde.

Die erste Reise mit dem neuen königlichen Zug fand am 16.–17. Mai 1977 statt (von Euston nach Glasgow). Sie leitete die Feierlichkeiten zum 25jährigen Thronjubiläum der Königin ein und führte über die Strecke der Westküste entlang, die 1966 auf 25000-Volt-Wechselstrom elektrifiziert worden war.

8. Das Leben in den rollenden Palästen

Der »Flying Scotsman« und der »Queen of Scots« Pullman

Jeden Morgen, pünktlich um 10.00 Uhr, fährt der »Flying Scotsman« (Fliegender Schotte) von Kings Cross Station in London nach Edinburgh (an Sonntagen ohne Namensschilder bis Aberdeen). Dies ist seit 115 Jahren so, zu keiner Zeit mußte man für diesen Zug einen Zuschlag entrichten, und nie führte er Pullman-Wagen mit, so daß eigentlich von einem Luxuszug gar nicht die Rede sein kann. Anderseits ist die Zahl der Reisenden seit jeher auf die Zahl der Sitzplätze beschränkt, und eine Zeitlang entsprach der Komfort durchaus dem eines Luxuszuges.

Erstmals eingesetzt wurde der Zug 1862 als »Special Scotch Express« auf dem Streckennetz der Great Northern Railway bis kurz vor York, auf dem der North Eastern bis zur schottischen Grenze und auf dem der North British von Berwick-upon-Tweed bis Edinburgh.

Die eigentliche Konkurrenzstrecke führte von London (Euston Station) bis Carlisle und gehörte der London & North Western Railway, die es ablehnte, auf ihrem Streckennetz Pullman-Wagen verkehren zu lassen. Die Strecke von Carlisle nach Glasgow wurde von der Caledonian Railway befahren (Caledonia war der römische Name für Schottland); in Carstairs zweigte eine Nebenlinie nach Edinburgh (Prince's Street) ab. Von einem weiteren Konkurrenten, der Midland Railway, war bereits im ersten Kapitel die Rede.

Alle diese Eisenbahngesellschaften, die North British ausgenommen, schlossen sich 1923 zur London Midland & Scottish Railway zusammen, die wie die LNWR Pullman-Wagen ablehnte. Dennoch hatte die Pullman Car Company in Glasgow ein Depot und stellte von dort aus der Caledonian, der Glasgow & South Western und der Highland Railway zuschlagsfreie Speisewagen zur Verfügung, die auch von der Nachfolgegesellschaft beibehalten wurden, bis 1934 die Verträge erloschen. Vor dem Ersten Weltkrieg setzte die Pullman-Gesellschaft überdies auf der Strecke Glasgow–Oban der Caledonian Railway den zuschlagspflichtigen Aussichtswagen »Maid of Morven« ein.

1888 verschärfte sich der Wettbewerb zwischen den Rivalen an der Ost- und Westküste. Man beschleunigte die Züge (daher die Bezeichnung »Fliegender Schotte«) und verkürzte die bisherige Fahrzeit von 9 auf 7¼ Stunden. Erschreckende Berichte über die gefährliche Raserei gelangten bis vor das Parlament, und die beiden Konkurrenten kamen schließlich überein, die Fahrzeit nur auf 8¼ Stunden zu verringern. Diese Beschränkung galt 44 Jahre lang. Im Zuge des Konkurrenzkampfes verbesserte sich auch der Reisekomfort in verschiedener Hinsicht.

Die Great Northern Railway führte als erste schon 1879 einen Speisewagenservice zwischen London und Leeds ein (den Pullman-Wagen »Prince of Wales«); der »Flying Scotsman« hingegen führte bis 1900 keinen Speisewagen mit. Der North Eastern Railway kam vermutlich der für das Mittagessen eingeplante lange Aufenthalt in ihrer Yorker Zentrale recht gelegen, verpflegte doch der dortige Restaurationsbetrieb dieser Gesellschaft jedermann, auch die Reisenden, die sich keine Mahlzeit im Speisewagen leisten konnten. Seit 1887 führte der »Flying Scotsman« auch Wagen dritter Klasse.

Als 1900 endlich ein Speisewagen angehängt wurde, verschwanden die dreiachsigen Reisewagen. Die 2A1-»Stirling Single«-Lokomotiven der Great Northern mußten den von Ivatt gebauten 2B1-»Atlantic«-Lokomotiven weichen, diese wiederum der ab 1923 von Sir Nigel Gresley für die LNER gebauten »Pacific«-Serie. Auch die North Eastern ersetzte vor dem Zusammenschluß ihre 2B0-Lokomotiven durch den Typus 2B1 und später durch 2C1-Lokomotiven. Viele Jahre lang zogen ihre Maschinen den »Flying Scotsman« auch über das Netz der North British bis nach Edinburgh.

Am berühmtesten unter den zahlreichen von Gresley gebauten »Pacific«-Lokomotiven waren diejenigen der Serie A1 (später A3); die Nr. 4472 aus dieser Serie wurde nach dem Zug »Flying Scotsman« getauft. Sie steht jetzt in einem Museum. Diese Lokomotiven vermochten schwerere Wagen zu ziehen, darunter eine dreiteilige Speisewagengruppe mit einem auf den Drehgestellen der Speisesalonwagen aufsitzenden mittleren Küchenwagen.

Damals waren für den Erster-Klasse-Speisewagen des »Flying Scotsman« die ganze Fahrt gültige Platzkarten erhältlich, genauso hielt es die Konkurrenz auf dem »Royal Scot«. Ab 1928 verkehrte der «Flying Scotsman» auf der Strecke London–Edinburgh ohne Zwischenhalt; mit 392,5 Meilen (632 Kilometer) war dies die längste Nonstop-Strecke der Welt. Auf halber Strecke wurden Lokomotivführer und Heizer durch einen sonst nirgendwo zu findenden Durchgang im Tender ausgewechselt; für sie stand im ersten Wagen des Zuges ein eigenes Abteil zur Verfügung, in dem sie die eine Hälfte der

Fahrt verbrachten. Wasserbehälter zum Auftanken während der Fahrt waren in Großbritannien nichts Außergewöhnliches; auf dem Kontinent wurden sie fast nur von der Französischen Staatsbahn eingesetzt, um auf der Strecke Paris–Bordeaux der Paris-Orléans-Bahn Konkurrenz zu machen.

Ab 1930 enthielt der »Flying Scotsman« auch einen Salon für die Damen und einen Frisiersalon. 1932 beschloß die LNER, die Geschwindigkeitsbeschränkung aufzuheben, und 1937 dauerte die Fahrt nur noch sieben Stunden. Inzwischen hatte der Friseur einer einfachen Zugbetreuerin weichen müssen. Zudem war der »Flying Scotsman« durch den ersten stromlinienförmigen Zug in Großbritannien, den 1935 erstmals eingesetzten »Silver Jubilee«, ziemlich in den Schatten gestellt worden. Für diesen zwischen London und Newcastle

62   Der Pullman-Zug »West Riding« unterwegs nach London, gezogen von der 2B1-Lokomotive Nr. 3284 der London & North Eastern Railway (1932). Der Luxuszug hat soeben den Tunnel von Stoke passiert. Das Signal ist typisch für die Great Northern Railway

verkehrenden Zug mußte man einen Zuschlag von 5 Shilling in der ersten bzw. 3 Shilling in der dritten Klasse entrichten, wodurch sich der Zug innert zwei Jahren amortisierte. Erstmals konnten Geschäftsleute aus dem Norden in einem Tag nach London und zurück fahren und hatten zwei Stunden Zeit, um sich in der Hauptstadt ihren Geschäften zu widmen.

Zu Beginn des Zweiten Weltkriegs wurde dieser Stromlinienzug eingestellt, nicht aber der »Flying Scotsman«. Unter diesem Namen verkehrten jetzt zwei Züge; sie beförderten hauptsächlich Soldaten, die in Schottland Urlaub machten. Manchmal bestand ein Zug aus 23 Wagen; vorgespannt wurden stromlinienförmige 2C1-Lokomotiven, und man hielt auf vielen Stationen. Zwar wurde 1948 die Nonstop-

63 Die 2C1-Gresley-Lokomotive Nr. 4476 der Baureihe A3 (»Royal Lancer«) an der Spitze des »Flying Scotsman« (um 1927)

64 Die stromlinienförmig verkleidete 2C1-Gresley-Lokomotive Nr. 4492 (»Dominion of New Zealand«) der Baureihe A4 zwischen Edinburgh und London bei Grantham (1937)

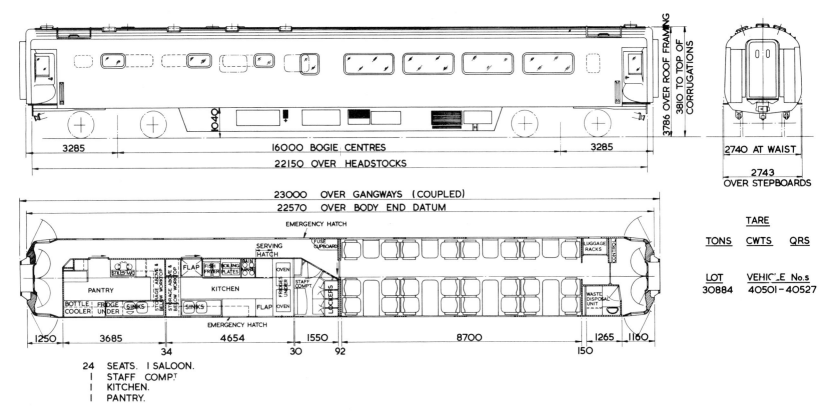

Speisewagen mit Klimaanlage, 1. und 2. Klasse, verkehrt in einigen der neuen englischen Hochgeschwindigkeitszüge

Verbindung wiederhergestellt, aber bereits 1949 erneut abgeschafft, bestand doch nun ein neuer durchgehender Expreßzug, der »Capitals Limited« der British Rail.

Seit 1962 ziehen Diesellokomotiven der Deltic-Klasse den »Flying Scotsman«, wodurch sich die Fahrzeit schlagartig auf sechs Stunden verringerte. Inzwischen gibt es nur noch einen einzigen Speisewagen und ein Mini-Büfett. Die Platzzahl ist begrenzt: in der Regel werden zwölf Wagen eingesetzt, die 108 Reisende erster Klasse und 370 Reisende zweiter Klasse befördern können (1956 wurde aus der dritten die zweite Klasse). Heute dauert die Fahrt von London nach Edinburgh mit einem Zwischenhalt in Newcastle 5 Stunden und 43 Minuten.

British Rail beabsichtigt, ab Ende 1977 auch auf der Strecke längs der Ostküste Hochgeschwindigkeitszüge einzusetzen. Solche modernen, nicht zuschlagpflichtigen Züge verkehren bereits zwischen London und Bristol und zwischen der Hauptstadt und Cardiff. Durch diese Umstellung wird auch der »Flying Scotsman« beträchtlich schneller werden und ein ganz neues Gesicht bekommen.

Nach der Gründung der London & North Eastern Railway ging der gesamte Pullman-Wagenpark der Great Eastern Railway – die zwischen London und Harwich verkehrenden Schiffszüge ausgenommen – an die neu eingegliederte Great Northern Railway. Die Pullman-Wagen fuhren fortan von London nach Leeds und Harrogate, einem Spa des Nordens. 1928 lieferte Metro-Cammell in Birmingham neue Ganzmetall-Pullman-Wagen erster und dritter Klasse, und nun fuhr der London-Harrogate-Expreß Montag bis Freitag nach Schottland weiter. Bedingt durch den Umweg über Leeds, war die Strecke 451 Meilen (726 km), also erheblich länger als die vom »Flying Scotsman« befahrene, durch York führende Direktverbindung, und obendrein hieß die Endstation des Pullman-Zuges nicht Edinburgh, sondern Glasgow.

Eingesetzt wurden zwei aus je zehn Wagen zusammengestellte Züge, aber in Leeds hängte man zwei Wagen vom Londoner Zug ab, die dann noch am gleichen Tag mit dem aus Glasgow kommenden zweiten Zug nach London zurückfuhren. Der Zuschlag von London nach Leeds betrug 7 Shilling 6 Pence in der ersten und 4 Shilling in der dritten Klasse, nach Newcastle 10 Shilling bzw. 5 Shilling 6 Pence (weit mehr als für den »Silver Jubilee«) und nach Schottland 12 bzw. 7 Shilling. Der Zug hielt in Leeds, Harrogate, Darlington, Newcastle, Drem, Edinburgh und Falkirk (auf der Rückfahrt von Glasgow in Polmont). Während der neun Stunden dauernden Fahrt waren Lunch, Tee, Dinner und Erfrischungen erhältlich, verproviantiert wurde der Zug in London und Glasgow.

Obgleich dieser Zug die bei weitem längste Strecke in Großbritannien befuhr, brauchte er kaum Reklame. Viele Reisende benutzten ihn regelmäßig, Adelige ebenso wie Großgrundbesitzer, Geschäftsleute,

Kurgäste von Harrogate und Leute, die in den Yorkshire Moors und in den schottischen Lowlands auf die Jagd gehen wollten; für die letzteren war der Zwischenhalt in Drem gedacht. Das Zugpersonal kannte die Wünsche und Bedürfnisse vieler dieser regelmäßigen Kunden. Für Reisende, die an LEMR-Bahnhöfen Fahrkarten nach Europa gelöst hatten, stand an der Kings Cross Station in London ein Kleinbus bereit, der sie zur Victoria Station brachte. Gezogen wurde der Zug in der Regel von einer 2C1-«Pacific»; in Leeds wechselte man die Lokomotive. Besonders angenehm war die Fahrt im Winter, wenn man es sich bei Regen und Schnee in den angenehmen warmen Wagen bequem machen konnte.

Im Zug ging es recht gesetzt zu. Bar- oder Klubwagen existierte keiner, viele der älteren Reisenden bezeichneten damals eine Bar noch als »American Bar« – etwas Unenglisches. Die regelmäßigen Zugbenutzer kannten einander meist, und besonders gefragt waren die Einzelabteile am Wagenende, in denen man ungestört Geschäfte besprechen und abwickeln konnte. Die Speisen waren eindeutig »nördlich«. Man konnte »Yorkshire Pudding« bestellen (Gebäck zu »Roast Beef« aus dünnem geschlagenem Eierteig); aus der Käseplatte

auf anderen Pullman-Speisekarten war ein »English County Cheese Tray« geworden.

Nicht jedermann befuhr die ganze Strecke. In Schottland waren die Zuschläge niedrig (1 s. 6 d. bzw. 1 s. von Edinburgh nach Glasgow). Wer auf kürzeren Reisen statt des Dinners den typisch »nördlichen« »High Tea« wünschte, konnte sich an »Grilled Royal Kippers« laben. Im Zweiten Weltkrieg wurden die Pullman-Wagen außer Dienst gestellt und zahlreiche Wagen dritter Klasse neu gestrichen und als normale LMER-Wagen eingesetzt. Nach Kriegsende dauerte es deshalb einige Zeit, bis man diese Zugverbindung wieder aufnehmen konnte; mitschuldig war freilich auch ein Streik im Birminghamer Werk, das die Wagen überholte.

Während der alte »Silver Jubilee« und der »Coronation« endgültig abgesetzt sind, sah sich British Rail gezwungen, den Vertrag mit der Pullman-Gesellschaft zu erfüllen und die Pullmanzüge der Vorkriegszeit wieder einzusetzen. Als 1928 der zwischen London und Harrogate verkehrende Pullmanzug bis nach Schottland fuhr, änderte man den Fahrplan eines zweiten London-Leeds-Pullmanzuges dahingehend, daß er am Morgen von London nach Leeds und am Abend wieder zurückfuhr. Dieser Zug hieß »West Riding Pullman« und später »Yorkshire Pullman«.

Zum Andenken an das 25jährige Jubiläum der Thronbesteigung von Elisabeth II. verkehrt seit Mai 1977 zwischen London und Edinburgh (mit Halt in Newcastle) ein neuer Expreßzug mit dem Namen »Silver Jubilee«.

Streckenführung und Fahrplan des Pullmanzuges »Queen of Scots« wurden beibehalten, Reisende und Service waren so ziemlich gleich exklusiv wie zuvor. Das dauerte so lange, bis 1962 der Vertrag der Pullman Car Company auslief. Zwar existierte der Zug noch bis 1964, aber dann war endgültig Schluß.

Heute noch fahren an Werktagen Pullman-Wagen mit dem »Yorkshire Pullman« von Harrogate über Leeds nach London und zurück; zum Zug gehören jetzt neben einem Speisewagen normale Wagen zweiter Klasse. British Rail schätzt exklusive zuschlagspflichtige Züge nicht und läßt die neuen Hochgeschwindigkeitszüge ohne Zuschlag verkehren, bis jetzt hat allerdings noch kein einziger dieser Züge Kings Cross Station verlassen.

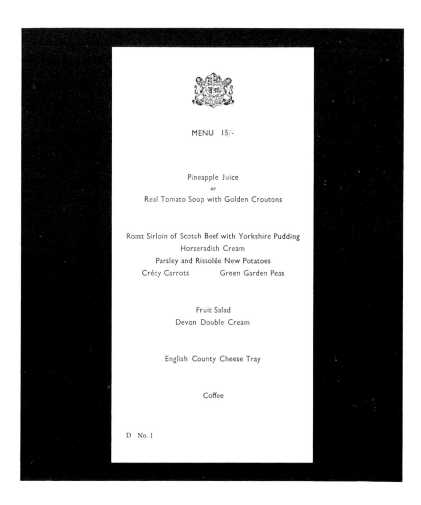

MENU 15/-

Pineapple Juice
or
Real Tomato Soup with Golden Croutons

Roast Sirloin of Scotch Beef with Yorkshire Pudding
Horseradish Cream
Parsley and Rissolée New Potatoes
Crécy Carrots   Green Garden Peas

Fruit Salad
Devon Double Cream

English County Cheese Tray

Coffee

D No. 1

65   Menü in der »Queen of Scots« 1959

Der »Twentieth Century Limited«

This is the edict above the law,
Without exception, beyond appeal;
The general manager stands in awe
Of the ukase cast from vanadium steel;
In terminal and in wayside station,
Transcending all that the sages knew,
This is the ranking regulation:
"The 20th Century" must go through!

Faint the marker and iced the rail,
This is the writing writ in fire:
Hold the "Vanderbilt", stab the "Mail",
Annul the "Limited", flag "The Flyer",
Leave "The Iroquois" in a fix;
This is the Word, revealed and true:
Give green to twenty-five and -six;
"The 20th Century" must go through!

Envoi
So, Prince of the Pearly Signal Tower,
Line the celestial interlocking,
On the minute and on the hour,
To keep "The Century" on its clocking
In Heaven or Albany, THIS MEANS YOU!
"The 20th Century" must go through!

Lucius Beebe

Man nannte ihn den großartigsten Zug der Welt. Auf dem Schienennetz der New York Central Railway und anderer den Vanderbilts angeschlossener Eisenbahngesellschaften verkehrte er fast 70 Jahre lang (1902–1970) zwischen New York und Chicago. Er ersetzte einen 1897 eingesetzten Luxuszug, den »Lake Shore Limited« (diesen Namen führt heute der Amtrak-Nachtzug zwischen New York und Chicago). Die Pennsylvania Railroad betrieb eine Konkurrenzstrecke, bis 1899 existierte ja auch mehr als ein Lieferant von Luxuszügen. In jenem Jahr schluckte Pullman die Wagner Palace Car Company. Da nun George H. Daniels, von 1889 bis 1907 Direktor für Personenverkehr der NYC, schon einmal wie die Konkurrenz Pullman-Wagen einsetzen mußte, entschloß er sich gleich zu einem ganzen Zug, den er in genialer Voraussicht »The Twentieth Century« nannte. Das Wort »Limited« kam einige Monate später dazu.

42 Reisende hätten an der Jungfernfahrt teilnehmen können, aber nur 27 waren daran interessiert. Der Zug bestand aus zwei Schlafwagen, einem Speisewagen, einem Büfettwagen mit Bibliothek und natürlich einem Aussichtswagen. 1547 Kilometer in 20 Stunden war für die damalige Zeit eine erstaunliche Leistung, wobei nicht zu vergessen ist, daß der Zug durch Syracuse fahren mußte, das wegen seiner mitten auf die Straße verlegten Schienen berüchtigt war, was den »Twentieth Century« jahrzehntelang beträchtlich aufhielt. Für den Verkehr in solchen Städten und auf den Bahnhöfen hatten sämtliche amerikanischen Lokomotiven nicht nur Pfeifen, sondern auch Glocken.

1903 wurde neues Wagenmaterial eingesetzt. Nun existierten vier Aussichtswagen; der Zug verkehrte ja gewöhnlich in zwei Teilen. Um anzuzeigen, daß noch ein zweiter Zug folgte, war auf der Lokomotive zu beiden Seiten des Schornsteins je eine grüne Flagge aufgepflanzt. Die ältesten Wagen hatten noch eine richtige breite Aussichtsplattform; sie wurde dann immer kleiner und schließlich auf den halbrunden Abschluß des Aussichtsabteils reduziert. Da in den Vereinigten Staaten normalerweise die Züge in die Kopfbahnhöfe hineingeschoben werden, sieht der Reisende auf dem Bahnsteig zunächst die Aussichtsplattform oder die Rückseite des Aussichtsabteils. Am Messinggeländer der Plattform oder in der Mitte zwischen den Rückfenstern kündete ein beleuchtetes Schild den Namen des Zuges an. In New York und Chicago wurde auf dem Bahnhof ein besonderer roter Teppich ausgerollt, um die Exklusivität des Zuges zu unterstreichen.

Bevor die ganze Strecke der New York Central gehörte, setzte die Gesellschaft auf ihrem Streckenabschnitt 2B1-Lokomotiven und Lokomotiven der assoziierten Lake Shore & Michigan Southern Railway ein, ziemlich unansehnliche, aber sehr schnelle 1C1-Maschinen der »Prairie«-Klasse. Sie mußten dann den 2C1-Lokomotiven der »Pacific«-Klassen K2 und K3 weichen.

Zwischen 1910 und 1912 ging man zu Ganzmetallwagen über, die 25 Tonnen schwerer waren als die alten Wagen mit hölzernen Aufbauten. Zum Teil mußte man das Metall so bearbeiten, daß das Äußere der Wagen aussah wie aus Brettern gefügt, denn viele Reisende hatten Angst davor, in Ganzmetallwagen bei Gewittern einen tödlichen Stromschlag zu bekommen. Stürme können auf der Strecke durch Buffalo schrecklich sein.

Bis Albany, wo die aus Boston kommenden Wagen der Boston and Albany Railway angehängt wurden, hieß die Strecke »Water Level Route«, weil sie dem Hudson folgte. Von da aus setzte der »Twentieth Century« seine Fahrt durch Utica, Syracuse, Buffalo, Cleveland, Toledo und Elkhart nach Chicago fort.

Um 14.45 Uhr verließ der Zug den New Yorker Hauptbahnhof. Bis Harmon war eine elektrische Lokomotive vorgespannt, die den Strom von der Mittelschiene abnahm. Auf der übrigen Strecke setzte man Dampflokomotiven ein. Der Erste Weltkrieg, der für die Vereinigten Staaten ja nicht lange dauerte, scheint sich auf den »Twentieth Century« kaum ausgewirkt zu haben.

In den zwanziger Jahren wuchs der Bedarf auf so viele Teile des

66 Eines der berühmten Wettrennen zwischen dem »Broadway Limited« (links) und dem »Twentieth Century Limited« auf Parallelgeleisen nach dem Verlassen des Bahnhofs von Chicago (um 1930)

67 Der »Twentieth Century Limited« in voller Fahrt entlang des Hudson, nach dem die 2C2-Lokomotiven benannt sind – nicht nur die Lokomotiven der New York Central, sondern Lokomotiven mit dieser Achsenfolge in der ganzen Welt

»Limited« an, daß man schließlich einen neuen Luxuszug zusammenstellte, den »Advance Twentieth Century Limited«, der an jeder Endstation eine Stunde früher abfuhr, also um 13.45 Uhr in New York und um 11.40 Uhr im La-Salle-Street-Bahnhof in Chicago, wo das Abfahrtsignal für den »Twentieth Century Limited« um 12.40 Uhr ertönte. Entsprechend servierte man im »Advance« auf der Fahrt von New York nach Chicago einen Lunch, während im Hauptzug à la Carte gespeist wurde.

Wenn von den Dampflokomotiven des »Century« die Rede ist, denkt man hauptsächlich an die Weiterentwicklung der »Pacific«, die »Hudson«-Lokomotive (Achsenfolge 2C2), die den Namen »Hudson« bei Eisenbahnfreunden auf der ganzen Welt bekannt machte. Obgleich jede Lokomotive von Harmon bis Chicago durchfuhr, benötigte der »Century« 24 Lokomotiven, da er schlußendlich in so vielen Teilen verkehrte. Erstmals eingesetzt wurden diese Lokomotiven im Jahr 1930.

In der Regel reichten drei Teile. Jeder bestand aus einem Clubwagen mit einem Gepäckabteil und einem Schlafraum mit 18 Betten für das Zugpersonal, acht Schlafwagen (vom im ersten Kapitel geschilderten

alten Pullman-Typ mit unterteiltem Großabteil), einem Speisewagen und einem Aussichtswagen. Einem Teilzug war der Postwagen angehängt; manchmal führten auch mehrere Teilzüge einen Postwagen.

Vor der Prohibition wurden Getränke und Speisen teils von den Eisenbahngesellschaften, teils von der Pullman-Gesellschaft geliefert und serviert. Die Pullman-Gesellschaft soll die Cocktails aus Flaschen serviert haben, während die NYC-Kellner sie ordnungsgemäß mixten. (Welch ein Gegensatz zur »Queen of Scots«, wo man hauptsächlich Whisky trank, ungeachtet der Aufforderung auf der Speisekarte: »Trinken Sie lieber Martini sweet oder dry«, ein echt amerikanischer Gag, der für einen Pullman paßte – auch für einen englischen!)

In jedem Teilzug des »Twentieth Century« war ein Barbier, der bei Reisegeschwindigkeiten von 110 km/h und mehr seine Kunden rasierte. Für alle Teilzüge kurzfristig das erforderliche Personal anzu-

68 Eröffnungsfahrt Chicago–New York des neuen stromlinienförmigen »Twentieth Century Limited« (entworfen von Henry Dreyfuss): Abfahrt im Chicagoer La-Salle-Street-Bahnhof am 15. Juni 1938

69 General Eisenhower, die Schauspielerin Beatrice Lillie und der New Yorker Oberbürgermeister O'Dwyer weihen den neuen »Twentieth Century Limited« ein (1948)

70 Der »Twentieth Century Limited« 1948 entlang des Hudson. Interessant ist die vollständig geschlossene Aussichtsplattform

stellen, war manchmal nicht einfach. Aus dem Pullman-Wagenpark durften nur von der NYC genehmigte und auf den Pullman-Listen mit einem Sternchen versehene Wagen eingesetzt werden. Damals zirkulierten in den gesamten Vereinigten Staaten fast 9000 Pullman-Wagen. Der »Twentieth Century Limited« hatte keine eigenen Postwagen, aber wenn der »Rail Post Office Car« nicht ausreichte, wurden weitere Postsäcke im Gepäckabteil des nächsten Clubwagens untergebracht. Zwischen Boston und Albany verkehrten allerdings manchmal eigene Postwagen.

Die Tische zu beiden Seiten des breiten Mittelgangs im Speisewagen hatten auf der einen Seite zwei, auf der anderen vier Sitzplätze. Eingetopftes Farnkraut als Tischschmuck war etwas, das man in europäischen Speisewagen nicht kannte.

In all den Jahren, in denen der »Century« verkehrte, konkurrierte die Pennsylvania Railroad mit dem »Broadway Limited«, was dem »Century« den nötigen Schwung gab. Beide Züge fuhren zur gleichen Zeit, in Chicago auch im gleichen Bahnhof ab und veranstalteten auf Parallelgeleisen über mehrere Kilometer regelrechte Zugrennen. Allerdings war der »Century« weit beliebter: Oft mußte er in drei Teilzügen fahren, während beim »Broadway Limited«, der ungefähr den gleichen Komfort bot, ein Zug genügte.

Erleichtert wurden die Aufteilung des »Century« in Teilzüge dadurch, daß der NYC von Collinwood (unmittelbar hinter New York) bis kurz vor Cleveland vier 474 Meilen (758 Kilometer) lange Parallelgeleise zur Verfügung standen. Von Zeit zu Zeit wechselte man das Lokomotivpersonal aus, und an bestimmten Punkten wurden die

Lokomotiven über Schütten an Laufkränen mit Kohle versorgt. Um die Mitte der dreißiger Jahre schien der NYC eine Modernisierung des Zuges angebracht, und am 15. Juni 1948 wurde ein neuer Wagenpark in Betrieb genommen.

Es handelte sich dabei um 62 nigelnagelneue Leichtmetallwagen, zwar ohne Aussichtsplattform, aber dafür mit äußerst luxuriösen Salons in den Aussichtswagen. Der »Twentieth Century« konnte sich rühmen, der erste amerikanische Zug zu sein, dessen sämtliche Wagen aus einem Raum bestanden, die alten Pullman-Großabteile verschwanden. NYC setzte auch zehn stromlinienförmige »Hudson«-Lokomotiven ein. Der Design für alles, von den Lokomotiven bis zu den Kaffeetassen, stammte von Henry Dreyfuss. Bald reichten die 2C2-Lokomotiven nicht mehr aus, und man baute Niagara-»Mohawks« der Achsenfolge 2D1. Offiziell hieß dieser Typ »Mountain«, aber da man den Namen allgemein mit der durchs Gebirge führenden Pennsylvania Railroad in Verbindung brachte, wählte die NYC die Bezeichnung »Mohawk«.

Um 1945 stellte man auf Diesellokomotiven um, und 1948 feierte General Eisenhower zusammen mit der englischen Schauspielerin Beatrice Lillie durch eine Zugtaufe den Neubeginn des »Twentieth Century«. Die Schauspielerin ließ am Aussichtswagen eine Champagnerflasche zerschellen, die natürlich Wasser aus dem Hudson und den Seen enthielt. In den folgenden zehn Jahren geriet der Zug in immer größere Schwierigkeiten. Mehr und mehr Leute zogen das Flugzeug vor, und dazu kam, daß die 59 Eisenbahngesellschaften (darunter die NYC), die 1947 die Pullman-Gesellschaft übernommen

hatten, fortan den Betrieb der Pullman-Wagen voll und ganz selber finanzieren mußten. Alle möglichen Sanierungsvorschläge machten die Runde, man sprach beispielsweise von einer Zusammenlegung mit dem »Super Chief« der Santa Fe, um einen den ganzen Kontinent durchquerenden Kurszug anzubieten; bislang waren nur gelegentlich Schlafwagen vom »Twentieth Century« an den »Super Chief« (und umgekehrt) angehängt worden. Private Pullman-Wagen zog ein so exklusiver Expreß wie der »Twentieth Century« unter gar keinen Umständen.

Am 28. April 1958 machte die NYC den fatalen Fehler, eine zweite Klasse einzuführen, für die kein Sonderzuschlag (zum je nach gewünschtem Komfort unterschiedlichen Schlafwagenzuschlag) mehr zu bezahlen war. Das veranlaßte sehr viele Reisenden, zum »Broadway« der Konkurrenz abzuwandern, der seine Exklusivität wahrte.

Also stellte man 1962, zum 60. Geburtstag des Luxuszuges, neues Rollmaterial in Dienst und leitete eine große Werbekampagne ein, um den Luxus ohne Sonderzuschlag populär zu machen: Orchideen für die Damen, Knopflochsträußchen für die Herren, bessere Speisen, neues Geschirr, individuelle Betreuung, kostenlose Schreibmaschinen- und Elektrorasiererbenutzung, kostenlose Morgenzeitung. Aber es half alles nichts. Die breite Masse wünscht zwar niedrige Fahrpreise. Wer aber Luxus haben möchte, will auch Exklusivität und ist bereit, dafür zu zahlen.

Einige der älteren und luxuriöseren NYC-Wagen des »Century« wurden nach Mexiko verkauft, aber das gewaltige Anschwellen des Luftverkehrs brachte den Eisenbahnen so enorme Einbußen, daß man bald fast auf jeden Luxus verzichten mußte. Ende 1968 war auch der »Twentieth Century« wegen der Abnahme der Zugpassagiere schwer angeschlagen.

1947 wurde die Pullman-Gesellschaft durch die Antitrust-Gesetze dazu gezwungen, ihre Betriebsrechte an die 59 Eisenbahngesellschaften zu verkaufen, doch die Öffentlichkeit merkte kaum etwas davon: Nach wie vor bot man die Dienstleistungen unter dem berühmten Namen »Pullman« an, bei Zügen wie dem »Twentieth Century Limited« blieben Pullman-Schaffner und Pullman-Zugführer. Ende 1968 wurde Pullman endgültig aufgelöst und der Schlafwagenbetrieb voll von den Eisenbahngesellschaften übernommen. Etwas Ähnliches bahnt sich auch in Europa an: Den Anfang machte 1977 British Rail, indem sie das Wagons-Lits-Personal des »Night Ferry« entließ und eigenes Personal einsetzte, angeblich aus Gründen der Rentabilität.

Der »Twentieth Century« konnte sich noch zwei Jahre halten. Viele Eisenbahngesellschaften kamen in große finanzielle Schwierigkeiten; die Pennsylvania mußte sich mit ihrer Konkurrenz zusammentun. 1970 gründete die amerikanische Regierung die damals »Railpax« genannte »Amtrak«, um ab 1971 eigene Züge mit eigenem Fuhrpark einzusetzen. Wagen und Lokomotiven wurden von den Eisenbahngesellschaften gekauft, ausgeliehen oder neu erworben. Auch wenn sich alte, eingefleischte Eisenbahner noch so sehr über diese Geschichte ärgern: es war vermutlich die einzige Lösung.

Anders ist die Lage in Mexiko. Dort fahren weniger Autos, lange Zeit standen auch keine richtigen Autostraßen zur Verfügung, und in manchen Landesteilen waren Flugzeug und Zug die einzigen Ver-

72   Der 1897 für die American Tourist Association gebaute und in Mexiko eingesetzte offene Aussichtswagen »Chililitli«

kehrsmittel. Früh schon übernahm die mexikanische Regierung die Kontrolle über die Eisenbahn, die hauptsächlich mit amerikanischem Kapital auf- und ausgebaut wurde. Zahlreiche Kurszüge verkehrten zwischen den Vereinigten Staaten und Mexiko.
1892 wurde erstmals der »Pennsylvania Tour« eingesetzt, der den gleichen Komfort bot wie der »Pennsylvania Limited« (Vorläufer des »Broadway Limited«, der aber auch nach dessen Inbetriebnahme die Strecke New York–Chicago befuhr). Schon 1889 verband der »Montezuma Special« New Orleans und Mexico City: Mexican Central, Mexican International, Southern Pacific Railroads und Pullman betrieben den Zug gemeinsam. Damals waren die mexikanischen Eisenbahnen noch nicht verstaatlicht.
Mit dem Bau des Panamakanals wurde zu Beginn unseres Jahrhunderts Mittelamerika für die USA immer interessanter. Ab 1911 verkehrte ein Luxuszug zwischen Chicago und New Orleans, der »Panama Limited«, dessen Speisewagen mit 23 Vorspeisen auf der Speisekarte als einer der schönsten Eisenbahnwagen aller Zeiten in die Geschichte eingegangen ist. Eine richtige Verbindung zwischen den Vereinigten Staaten und Mexiko bildete erst der »Sunshine Special«, als 1915 wegen der deutschen Unterseeboote die Überquerung des Atlantiks gefährlich wurde und man die damals noch friedlich neutrale mittelamerikanische Küste der europäischen Riviera vorzog.
Seine erste Fahrt unternahm dieser Luxuszug oder besser Trén de

Lujo am 5. Dezember 1915 von St. Louis und Memphis aus. Zunächst fuhr er über das Streckennetz der Missouri Pacific, deren Speisewagen mit amerikanischem und mexikanischem Personal die ganze Reise mitmachten, während die übrigen Wagen in Little Rock ausgewechselt wurden. Es folgten die Strecken der Texas Pacific, der Southern Pacific und der Nacional de Mexico. Grenzbahnhöfe waren Laredo/Nuevo Laredo, für »Montezuma« El Paso/Ciudad Juarez.
1937 folgte der »City of Mexico«, ein einmal wöchentlich verkehrender Touristen-Luxuszug, der als der schönste internationale Zug der Welt galt; er benötigte 7¹/₂ Stunden von St. Louis bis Mexico City. Im Juli 1946 beabsichtigte man, den »Sunshine Special« unter dem Namen »Sunshine Eagle« bis New York zu führen, mußte aber diesen Plan im letzten Augenblick aufgeben, da die Nacional de Mexico die für den gemeinsamen Betrieb notwendigen Pullman-Aktien nicht kaufen wollte. Also taufte man den Zug eiligst in »Texas Eagle« um und setzte erst 1962, nach zwanzigjähriger Unterbrechung, wieder durchgehende Schlafwagen ein. Der Direktor der Missouri Pacific erhielt 1948 den Aztekenadlerorden, die höchste mexikanische Auszeichnung für Ausländer, und ab 1953 verkehrte ein Zug mit dem Namen »Aztekenadler« zwischen Mexico City und Nuevo Laredo. Man begann mit drei neuen Zügen, die die Zürcher Firma Schindler lieferte. Gebrauchte amerikanische Pullman-Wagen ergänzten den Wagenpark. Da die schweizerischen Drehgestelle recht reparaturanfällig waren, tauschte man sie gegen amerikanische aus. Der »Aguila Azteca«, wie die Mexikaner den Zug nannten, führte ab 1962 Pullman-Kurswagen zwischen St. Louis und Mexico City, aber seit der Gründung von Amtrak muß man in Laredo umsteigen. Die Mexikanischen Staatsbahnen werden vom Staat stark unterstützt, deshalb ist in diesem Land das Reisen mit der Eisenbahn billig.

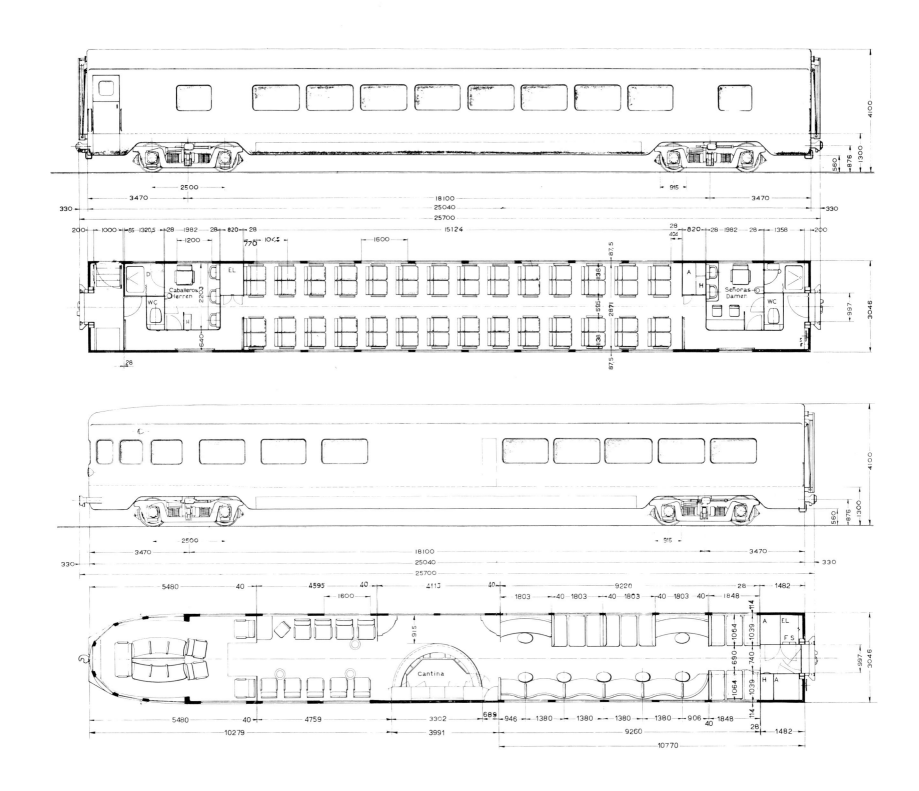

Wagen des »Aztec Eagle«. Oben: Wagen erster Klasse. Unten: Aussichtswagen

Zwischen den Vereinigten Staaten und Europa besteht insofern ein Unterschied, als amerikanische Zugreisende eine Art von Zusammengehörigkeitsgefühl entwickelt haben. Um den »Twentieth Century Limited«, dessen Passagierlisten (amerikanisch »sailing-lists«) mit denen von Luxusdampfern wie der »Queen Elizabeth« oder der »Mauretania« der Cunard Linie verglichen wurden, ranken sich zahllose Geschichten. Obgleich der »Broadway Limited« ebenso komfortabel ausgestattet war, gehörte es zum guten Ton, mit der NYC zu reisen. Wer um des Vergnügens willen nach Albany und zurück fuhr, bezeichnete sich als »Twentieth Century Limited Associate«, und wer etwas war, fuhr mit diesem Zug. Die beiden berühmten Speisewagenkellner Tommy O'Grady und Tommy Walsh kannten die Wünsche prominenter Gäste genau. Das Pullman-Personal stand größtenteils seit 30, oft sogar 45 Jahren im Dienste dieser Gesellschaft und wußte, wie wichtig Freundlichkeit, tadelloser Service und das Beachten von Kleinigkeiten sind. Hosen aufbügeln war selbstverständlich; dazu existiert eine herrliche Geschichte: Einem Botschafter kam seine Hose abhanden, weil beim Umrangieren in Albany der Dienstleistungswagen seines Teilzugs an den nächsten angehängt worden war. Auf die erste Bestürzung folgten Telegramme, und schließlich wurde der vordere Teilzug in Harmon angehalten, um auf den nachfolgenden zu warten. Als dieser einlief, schwenkte man im ersten Wagen (mit Friseursalon und Service) schon die Hose, die ein Pullman-Steward des ersten Teilzugs, in dem der Botschafter in der Unterwäsche vor sich hin zitterte, unverzüglich in Empfang nahm.

Wohl niemand hat mehr zum Ruf der Luxuszüge beigetragen als der verstorbene Lucius Beebe. Sein Name wird für alle Zeiten mit den amerikanischen Luxuszügen verbunden bleiben, war er doch nicht nur ein Eisenbahnnarr, eine Autorität für Mode und Benehmen, sondern auch ein ausgezeichneter Journalist, der für die »New York Times«, für »Holiday«, »The San Francisco Chronicle« und viele andere Zeitungen schrieb. Ihm und seinem Partner, Charles Clegg, gehörte der letzte Pullman-Wagen in Privatbesitz.

Der »Sunshine Express«

Eigentlich wäre »Le Sunshine Express« am Platz, obgleich dieser Zug nie den französischen Namen »L'Express de Soleil« trug, verkehrte er doch weder in Großbritannien noch in Frankreich, weder in Europa noch in Amerika. Wie so viele Luxuszüge war er ein ganz aus Pullman-Wagen zusammengestellter Wagons-Lits-Zug, der am 1. November 1929 seine Jungfernfahrt unternahm und zehn Jahre lang im Betrieb blieb; aber seine Pullman-Wagen überstanden den Zweiten Weltkrieg und wurden erneut eingesetzt: wieder entlang des Nils.

Frequentiert wurde der Zug von reichen Leuten, die die Sehenswürdigkeiten von Luxor besichtigen wollten, aber entweder keine Zeit oder keine Lust hatten, mit Cooks Nilschiffen zu fahren (die Firma gehörte damals ebenfalls der Internationalen Schlafwagen-

73 Der 1908 von Ringhoffer gebaute Speisewagen Nr. 1859. Man bediente sich hier desselben einfachen Lüftungssystems mittels Glasscheiben wie bei den Speisewagen Nr. 763–765

74 Hier trügt der Schein: Dieser Pullman-Wagen »Rainbow« mit dem stolzen Pullman-Emblem wurde überhaupt nie von der Pullman-Gesellschaft betrieben, sondern als Nr. 58 an die Internationale Schlafwagengesellschaft verkauft

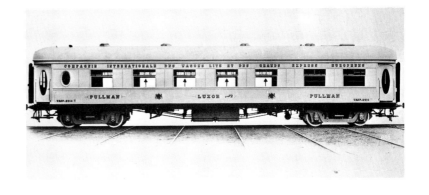

75 Dieser Pullman-Wagen mit einem doppelten Dach (Nr. 2914: »Luxor«) wurde 1926 für den Einsatz in Ägypten gebaut

76 Die Holztäfelung wurde durch Spiegel, der Stoff durch Leder ersetzt, aber davon abgesehen sieht der »Luxor« innen fast gleich aus wie die europäischen Pullman-Wagen

77 Der »Star of Egypt« bei der Ankunft in Assuan. Wenn die Fenster während der Fahrt so geöffnet waren, stahlen Diebe mit langen Haken von auf den Parallelgeleisen fahrenden Wagen aus Kleidung und Gepäck der Reisenden. Dabei entwickelten sie eine erstaunliche Geschicklichkeit

gesellschaft); viele Reisenden legten den einen Weg mit dem Schiff und den anderen mit dem Zug zurück. Die Passagiere waren hauptsächlich Engländer und Amerikaner; deshalb erhielten die Pullman-Wagen Namen, wie es diese Reisenden von ihrer Heimat her gewöhnt waren, altägyptische Namen in diesem speziellen Fall oder diejenigen wohlbekannter Orte oder weniger bekannter Oasen, von denen aus etliche Jahre später die englische Long Range Desert Group in amerikanischen Jeeps aufbrechen sollte, um weit hinter der Front Rommels Afrikakorps arg zuzusetzen.

Die im Zug servierten Speisen waren europäisch und ebenso tadellos wie alle anderen Dienstleistungen der Schlafwagengesellschaft; das Zugpersonal stammte aus dem östlichen Mittelmeergebiet, aus Malta oder auch aus Westeuropa und sprach englisch und französisch, obgleich man sich in der Küche vermutlich auf Arabisch unterhielt. Die Reisenden genossen ein Herrenleben in den blitzsauberen europäischen Pullman-Wagen, von denen aus sie sehen konnten, wie die andere Hälfte der Menschheit lebt, ohne daß Schmutz und Lärm ihnen zu nahe kamen. Nur das fürchterliche Schlingern, wenn sich beim Anfahren die Zugkupplungen spannten, erinnerte daran, daß die Kamele, Esel und Bettler vor den Fenstern durchaus echt waren und nicht nur ein ergötzliches Diorama wie vor den Fenstern des Transsibirischen Zuges bei der Pariser Weltausstellung! Verblüffend war, daß die Kellner nie etwas verschütteten, obwohl das mächtige Schlingern stets völlig unerwartet und nie unmittelbar bei

der Abfahrt einsetzte. In den dreißiger Jahren verfügte die Ägyptische Staatsbahn (ESR, seit der Gründung der Republik ERR) noch nicht über geeignete Lokomotiven für einen so schweren Zug – daher das Rütteln beim Anfahren. Pullman-Wagen der Internationalen Schlafwagengesellschaft fuhren auch nach Port Said und Alexandria.

Die Gesellschaft faßte 1894 in Kairo Fuß. Vier Jahre später verkehrten ihre ersten Wagen auf dem Streckennetz der ESR. Nagelmackers kümmerte sich zuallererst um geeignete Hotels und darum, den damaligen Rivalen Cook auszustechen, der in Ägypten schon gut eingeführt war.

Thomas Cooks berühmtestes Unternehmen in Ägypten war der Einsatz seiner Nilschiffe zur Befreiung von Khartum. Als in Ägypten britische Truppen stationiert wurden, fehlten Hotels. Die Internationale Schlafwagengesellschaft übernahm den früheren Palast des Khediven und richtete darin mit den vorhandenen massiven Möbeln ein Hotel ein, beraten von der Firma Maple & Co, die sonst hauptsächlich Neubauten der CIWL ausstattete. Das Ghezireh Palace Hotel wurde mit der Zeit *das* Hotel für westliche Besucher, aber damals existierte in Ägypten seit mehr als 40 Jahren ein anderes berühmtes Hotel,

78 Plakat für das Ghezireh-Fest (1896 in Kairo veranstaltet), das mehr als 2000 Pfund kostete; dargestellt wurde der Einzug Ramses' I. in Theben. Interessant der Fahrplan für Luxuszüge nach Triest, von wo aus die Schiffe des Österreichischen Lloyd nach Alexandria fuhren

»Shepheards« das der Engländer Shepheard errichtet, aber 1860 an einen gewissen Zech verkauft hatte. Dessen Geschäftsführer, Luigi Steinschneider, scheint der führende Hotelier jener Zeit gewesen zu sein. Wagons-Lits konnte ihn veranlassen, das Ghezireh zu übernehmen, und damit war der Konkurrenzkampf gegen Shepheards entfesselt. Nachdem Wagons-Lits auch die Cook-Touristen betreute, wurden diese beim Erzrivalen einquartiert.

Nagelmackers stellte dem Kairoer Festkomitee, das im Ghezireh Sporting Club als historisches Schauspiel den Einzug Ramses' I. in Theben aufführte – mit Kamelen, Musikgruppen und Hunderten von Ägyptern in altägyptischer Kriegertracht –, viele Tausend Pfund zur Verfügung.

Gegen diese massive internationale Publicity konnte sich Zech schließlich nicht mehr halten. Er verkaufte Shepheards an Wagons-Lits, die es mit einem neuen Schweizer Geschäftsführer, Charles Baehler, weiterführte. Shepheards war ein wohletabliertes Luxushotel; die Angestellten waren bedingungslos ehrlich und von weit dunklerer Hautfarbe als die Ägypter in Kairo, in der Regel alles andere als vertrauenswürdig. Diese Kundenschlepper, Dolmetscher usw. lungerten vor dem Hoteleingang herum; die Treppe durften sie nicht betreten. Der Unterschied zwischen den beiden Menschengruppen war augenfällig. Obgleich die Internationale Schlafwagengesellschaft bei diesem Hotel draufzahlte und es schließlich an Baehler verkaufte, blieb es bis in die fünfziger Jahre erhalten. Heute steht an anderer Stelle ein Hotel gleichen Namens.

Der Ghezireh Sporting Club mit seinen dort tätigen »Madonnas des Sleepings« war (obwohl längst nicht mehr im Besitz der Internationalen Schlafwagengesellschaft) bei den britischen Offizieren der ägyptischen Garnison und später der Achten Armee wohlbekannt. Im Zweiten Weltkrieg arbeiteten so viele der »Damen« für die Deutschen (Ägypten war neutral, aber auch britische Armeebasis), daß der Club beim Generalstab sehr verrufen war.

Nachdem die Gesellschaft 1898 die beiden Hotels unter ihre Kontrolle gebracht hatte, bestellte sie besondere Wagons-Lits-Wagen mit Doppeldach und Jalousien an den Fenstern. Die ersten beiden, Nr. 592 und 593, lieferte die Compagnie Générale de Construction in Saint-Denis, Nr. 613 und 614 ebenfalls, während drei Speisewagen,

Nr. 763–765, von Ringhoffer kamen. Sie verfügten über eine mit Eisblöcken betriebene Klimaanlage. Mit Hilfe von 300 Pfund Eis konnte man bei Außentemperaturen von 35° C eine Innentemperatur von 25° C halten. Aus diesen Wagen setzte sich der Kairo-Luxor-Expreß zusammen, der später in »Star of Egypt« umbenannt wurde, nur noch Schlaf- und Speisewagen führte und über Luxor und Assuan hinaus bis nach El Shallal unmittelbar am Nil weiterfuhr. Von hier aus gelangte man mit dem Schiff bis Wadi Halfa, der Endstation der sudanesischen Schmalspurbahn. Der Plan, einen durchgehenden Zug mit austauschbaren Drehgestellen einzusetzen, wurde wieder fallengelassen.

Die für Afrika bestimmten Wagen waren alle weiß bemalt. 1902 setzte die Internationale Schlafwagengesellschaft einen zwischen Tunis und Oran verkehrenden Expreßzug mit älteren dreiachsigen Schlafwagen ein (die Geleise konnten die schwereren modernen Wagen nicht tragen). Man bot eine Fahrt von Paris über Palermo, Nordafrika und Algeciras zurück nach Paris an, aber die Schiffe waren sehr unzuverlässig, und so mußte dieser Luxuszug 1903 wieder abgesetzt werden. Die Gesellschaft betrieb zahlreiche weitere Bahnverbindungen und Hotels in Afrika und stellt noch heute für einige Schlafwagen der Marokkanischen Eisenbahn zwischen Casablanca und Oudjda das Personal.

Die meisten Pullman-Wagen und die späteren Ganzmetall-Schlafwagen für Ägypten wurden von der Birmingham Railway Carriage & Wagon Co. gebaut und direkt von England nach Ägypten verschifft. Zwei kamen aus Italien; sie gehörten zu einer aus zehn Wagen bestehenden Lieferung an die British Pullman Car Company, wurden aber der Schlafwagengesellschaft bis zur Fertigstellung ihrer eigenen Ganzmetall-Schlafwagen überlassen, worauf die übrigen acht nach England zurückkehrten. Beide wurden 1937 verschrottet; dafür kam ein Ganzmetallwagen (Nr. 4088) aus Frankreich neu hinzu.

Nach dem Zweiten Weltkrieg wurde der »Star of Egypt« wieder eingesetzt. 1950 verzichtete die Internationale Schlafwagengesellschaft auf den Betrieb von Pullman-Wagen und Speisewagen in Ägypten, aber Schlafwagen der Gesellschaft verkehrten bis 1963. Im Museum von Kairo steht ein steinernes Modell eines Pullman-Wagens.

DAS GOLDENE ZEITALTER DER LUXUSZÜGE

9. Ein Aristokrat: »Le Train Bleu«

However dark the times may be,
I oft times in a mirage see
The sleek blue coaches of the Wagons-Lits
That greet the traveller, on Calais quay.
                                        Kenneth Brown

Der »Train Bleu« ist ein einzigartiger Zug. Der Reisende nähert sich ihm voller Erwartung, auch etwas ehrfürchtig, und dann steht er plötzlich vor ihm, höflich, herzlich, einladend und verschmäht es, die Passagiere über Lautsprecher zu begrüßen, wie es in manchen modernen Zügen langsam üblich wird. Trotzdem gehört sein Wagenmaterial zum modernsten in Europa. Man stolpert nicht, wie zuweilen im Orient-Expreß, über landflüchtige Armenier und ihren in Decken eingerollten Nachwuchs. Die unergründlichen Nonnen und majestätischen päpstlichen Nuntien des Rom-Expreß fehlen. Es herrscht ein reizvoller, verhaltener *élan*, denn dies ist nicht irgendein alter Schlafwagenzug, sondern eben der »Train Bleu«, ein interessanter, schicker, verlockender Luxuszug, den es jedoch nicht zu berühren scheint, ob die Leute auf den Bahnsteigen dies auch bemerken.

In jüngster Zeit hat er sich etwas verändert. Vor allem existiert seine berühmte Bar nicht mehr, und heute führt er Liegewagen mit. Äußerlich wirkt er nicht mehr so einheitlich und »geschliffen«, um mit Kenneth Brown zu sprechen, der in den zwanziger und dreißiger Jahren Präsident des Railway Club of Great Britain war; aber dennoch ist der »Train Bleu« etwas Besonderes, der einzige Luxuszug mit Schlaf- und Speisewagen der CIWL, der nach 55 Jahren im Dienst der »habitués de la Côte« immer noch verkehrt. Er ist heute genauso erhaben wie 1922.

Seit etwa zehn Jahren ist der »Train Bleu« ausschließlich und makellos französisch. Man muß nicht Franzose sein, um die Ausstrahlung dieses Zuges zu fühlen, und seine Reisenden waren ja stets Kosmopoliten, obgleich man in den letzten Jahren der Bar – sie galt als eleganter als die des Ritz – irgendwie erleichtert zu sein schien, daß der letzte noch übrige Schlafwagen an den »Flandern-Riviera-Expreß« angehängt wurde, der nie ein Luxuszug war. Die Voiture-Salon-Bar mit ihrem Côte-d'Azur-Pullman-Dekor war nämlich so elegant, daß nur hineingehörte und zur Eleganz beitrug, wer in der Pariser Gesellschaft jemand war.

Ganzmetallschlafwagen waren keineswegs eine Erfindung der Nachkriegszeit. Schon 1913 hatte die Schlafwagengesellschaft bei Pullman in Chicago einen solchen Wagen (Typ X, Nr. 2700) bestellt, aber infolge der Kriegsereignisse konnten die (erhalten gebliebenen) technischen Spezifikationen nicht erreicht werden. Nach dem Krieg baute die Leeds Forge Company Ganzmetallwagen; in England leistete sie auf diesem Gebiet Pionierarbeit. Weitere 40 Wagen der S-Baureihe (S steht für Stahlschlafwagen) wurden vom Münchener Waggonwerk der Schlafwagengesellschaft gebaut, das wegen geringer Ausbesserungsarbeiten nicht ausgelastet war. Diese Wagen hatten Teakholzaufbauten. Man beließ jedoch die Farbe des (lackierten) Teakholzes nicht, sondern strich sie im wohlbekannten Dunkelblau mit Goldeinfassung, den Farben von Colonel Manns Wagen.

Es war schwierig, die englischen Wagen über den Kanal zu bringen, weil der während des Krieges ständig ausgebaggerte Fluß bei Rich-

79 Für englische Reisende bestimmtes Plakat für den »Train Bleu« (um 1929). Oben links die Abkürzung CIWL mit einem großen »C« als Hinweis auf den Aufkauf von Thomas Cook

SUMMER ON THE FRENCH RIVIERA
BY THE BLUE TRAIN

80 Ganzstahlschlafwagen vom Typ »S« im Montagewerk Immingham. Es fehlen die Trittbretter, die wegen der englischen Maßvorschriften entfallen mußten. Die Wagen wurden gestrichen, ehe sie per Schiff nach Calais verfrachtet wurden. Das Bild zeigt den Wagen Nr. 2641, den ersten Ganzstahlwagen der CIWL

borough Port inzwischen völlig versandet war, so daß die dortige Rampe für die Eisenbahnfähre nicht benutzt werden konnte. Man wich deshalb auf Immingham bei Grimsby an der englischen Nordostküste aus. Dort rüstete Leeds Forge die Schlafwagen in einer speziellen Werkhalle aus und verlud sie dann mit Hilfe eines von der Flut unabhängigen Schwimmdocks auf die Eisenbahnfähre. Ausgeladen wurden die Wagen in Calais, nicht in Zeebrugge, wo erst später ein entsprechender Landesteg entstand. In Calais war noch vom Krieg her eine Laderampe erhalten. Die Great Eastern Railway sah ein enormes Anwachsen des kanalüberquerenden Zugverkehrs voraus und richtete wenig später die Verbindung zwischen Harwich und Zeebrugge ein, wo die Belgisch-englische Fährschiffgesellschaft gegründet wurde.

Am 9. Dezember 1922 stand der neue Zug bereit. Die Gepäckwagen waren in Teak gehalten, die Speisewagen entsprechend gestrichen. Lord Dalziel, der Präsident des Wagons-Lits-Direktionskomitees, René Nagelmackers, Georges Sohn, inzwischen Generaldirektor der Gesellschaft, und die Eisenbahngesellschaften luden 150 Gäste ein, darunter Vertreter von 23 amerikanischen und englischen Zeitungen und etwa 20 französische Pressevertreter. Einer der Züge fuhr von Calais, der andere von Paris aus. Sie kamen um 11.30 bzw. 11.45 Uhr in Nizza an, wo sie vom Bürgermeister begrüßt wurden; auch der schwedische Kronprinz gehörte zum Empfangskomitee. Monsieur Margot, der Generaldirektor der PLM, pries die Wagen als »äußerst

81 Ein Schlafwagenabteil des »Train Bleu« während des Tages. Man beachte die Täfelung, die Lüftung am Fenster, den Spucknapf und das abgedeckte Waschbecken. In einem Schränkchen darunter, dessen Tür deutlich sichtbar ist, befindet sich der Nachttopf

82 Dieser sehr formschöne Wagen fuhr im ursprünglichen »Train Bleu«. Wagen Nr. 2644 ist anders als Wagen Nr. 2641. Übrigens sind hier die Trittbretter vorhanden

komfortabel und höchst luxuriös« (»Le luxe de bon aloi«), was sicherlich stimmte, denn noch 44 Jahre später fuhr man in ihnen ungemein bequem. Federung und Waschgelegenheiten waren im abgelegenen Gebiet, in das man sie inzwischen verbannt hatte (Istanbul–Kars »Dogu«-Expreß nach der Osttürkei), etwas höchst Außergewöhnliches.

Bereits nach sieben Jahren mußte der Wagenpark modernisiert werden. Die Schlafwagen der S-Klasse verkehrten nun mit dem Simplon-Orient-Expreß. Lord Dalziel bestellte noch kurz vor seinem Tod 30 Lx-(Luxus-) Schlafwagen mit je zehn Einzelabteilen (Singles) bei Metro-Cammell in Birmingham und 60 weitere bei Entreprise Industriel Charentais, Aytré.

Dieser Auftrag sorgte mitten in der Weltwirtschaftskrise für reichlich Arbeit, aber wegen der Finanzierung bei Wagons-Lits auch für ziemliche Kopfschmerzen. Etwa 25 der in Frankreich bestellten Wagen wurden von einer französischen Finanzierungsgesellschaft und angeblich auch mit Zuschüssen der französischen Regierung bezahlt; jedenfalls durften diese 25 Wagen aus »finanziellen Gründen« unter keinen Umständen in Belgien eingesetzt werden. Dementsprechend mußte der bis nach Riga in Lettland fahrende Lx-Wagen einer der nicht auf diese Weise finanzierten Wagen sein.

Drei Jahrzehnte lang fuhren diese Schlafwagen im »Train Bleu« und danach bis in die Mitte der siebziger Jahre in den Entlastungs-»Trains Bleus«; in Stoßzeiten wie zu den Osterfeiertagen und zu Beginn der Ferienzeit verkehrten manchmal bis drei solcher Entlastungszüge. Um die mit Mahagoni verkleideten Waschbecken waren bis fast zum Boden reichende Spiegel angeordnet, so daß sich die Damen vergewissern konnten, daß ihre Garderobe tatsächlich der neuesten Mode entsprach.

Der rote Teppich war nicht mehr nötig, die bessere Gesellschaft floh auch ohne vor den kalten Kanalnebeln oder dem grauen, fröstelnden, reizlosen winterlichen Paris, bestieg den »Train Bleu« und war am nächsten Morgen unter Palmen und zwischen Mimosen am einladend funkelnden, blauen, warmen, sonnigen Meer. Etwas freilich hat sich in der zweiten Hälfte unseres Jahrhunderts geändert: Heute ist es weit kühler als früher, wenn man im Februar über die Promenade des Anglais schlendert.

Die amerikanische Pullman Company Inc. sandte jemanden auf den Alten Kontinent, um sich die Sache einmal anzusehen. Dieser fuhr mit verschiedenen Zügen der Internationalen Schlafwagengesellschaft, kam aber zum Schluß, das blaue Licht in den Schlafwagenabteilen (das an- und abgeschaltet werden kann, also nicht, wie in manchen englischen Schlafwagen, ständig brennt) sei das einzige, was die Pullman-Wagen nicht aufwiesen. Kein Pullman-Zug konnte sich jedoch rühmen, daß ihm zu Ehren ein Ballett komponiert wurde; lediglich über den »Twentieth Century Limited« entstand eine Boulevardkomödie, die aber angeblich am Broadway nicht ankam.

Zwar war das fragliche Ballett nicht eben ein unsterbliches Meisterwerk, aber welcher andere Zug hatte soviel Atmosphäre, daß man nach ihm ein Ballett benannte? Und wie der »Train Bleu« nie ein ganz gewöhnlicher Schlafwagenzug war, so führte auch nicht irgendeine Balletttruppe dieses Werk auf, sondern das berühmte Ensemble von Diaghilew; die Musik stammte von Darius Milhaud und die Bühnenbilder einschließlich des Prospektes von keinem anderen als Picasso.

Leider wurde auch der »Train Bleu« durch die Weltwirtschaftskrise hart getroffen. Statt zweier getrennter, von Calais respektive Paris aus eingesetzter Expreßzüge zum Mittelmeer brauchte man in den dreißiger Jahren nur noch einen einzigen. Die beiden von Calais kommenden Wagen, der eine nach San Remo, der andere nach Ventimiglia an der italienischen Grenze, wurden kurzerhand an den »Flèche d'Or« angehängt und mußten in der Pariser Gare de Lyon fast anderthalb Stunden warten, bis sie dem Luxuszug Paris–Ventimiglia vorgespannt wurden.

Dieser fuhr um 20.00 Uhr in Paris ab und kam am nächsten Morgen

83 Für den Tag hergerichtetes Abteil in einem Schlafwagen des Typs ▷ »Lx 10«. Man beachte die Kopfstütze, die Wandleuchte und den Spiegel

84 Das gleiche Abteil, für die Nacht hergerichtet. Das Bett ist breiter, das ▷▷ Waschabteil mit Spiegeln verkleidet

um 7.00 in Marseille an. Dort hatte er fünf Minuten Aufenthalt in der Gare St-Charles, konnte also sowohl von Geschäftsleuten als auch von Urlaubern benutzt werden. Darauf fuhr er mit ziemlicher Geschwindigkeit nach Toulon und St-Raphaël weiter, hielt aber danach auf fast jedem Bahnhof, um Reisende aussteigen zu lassen. Kurz von 10 Uhr langte er in Cannes an, eine halbe Stunde später in Nizza, eine weitere halbe Stunde später in Monte Carlo, und um 11.29 lief er in der Endstation ein. Damals galt in Frankreich im Winter die Greenwich-Zeit (WEZ), in Italien hingegen die Mitteleuropäische (MEZ). Der Calais-San Remo-Wagen verließ gerade den Bahnhof von Ventimiglia, wenn der dreimal wöchentlich verkehrende Zug Wien–Cannes–Wien von Cannes kommend dort eintraf; am nächsten Morgen um 9.50 Uhr war er wieder in Wien.

Seinen Namen verdankt der »Train Bleu« der Tatsache, daß er zu einer Zeit, wo gefirnißtes Teakholz die Standardfarbe war, als einzi-ger aller von Calais aus verkehrenden Luxuszüge blau gestrichene Wagen hatte. Zwar stand auf den Routentafeln, die so viele Schriftsteller und Journalisten inspiriert haben, immer noch »Calais-Méditerannée-Express«, aber sogar Wagons-Lits bezeichnete ihn in den Werbebroschüren als »Le Train Bleu«. Während der düsteren Zeit des »Blitz« erinnerten sich nur noch wenige Leute an den »Train Bleu«. Aber in einem Gedicht heißt es:

When at last, I reached Algiers,
I was almost moved to tears!
Wasted as a transit camp,
In the sidings, cold and damp,
That I came so far to see –
Rows and rows of Wagons-Lits!
Now I fear, I never shall

Sally forth to El Shallal –
Dim terminus, beyond Aswan
From Cairo, going to Sudan –
Blue Train! O symbol of the war,
That no one here is fighting for,
What's the good, when Hitler's dead,
If you stay "Mitropa" Red?

Eighth Army, 1943

85   Die SNCF-Lokomotiven 241 P bleiben irgendwie mit dem »Train Bleu« verbunden, auch wenn die Reisenden sie wegen der Elektrifizierung nur für kurze Zeit zu sehen bekamen

86   Weinetiketten: das perforierte »O« steht für die Kellereien von Saint-Ouen, die Etiketten mit »B« und »S« (Bordeaux und Straßburg) existieren heute nicht mehr. Man beachte die Etikette der CIWL Belgien ▷

87 Der »Train Bleu« in San Remo (1967) mit einem Schlafwagen von Calais, einem FS-Wagen und der FS-Diesellokomotive Nr. 2016 der Baureihe 341. Die Lokomotive hat den Zug abgestellt und kehrt nach Ventimiglia zurück – auch das Schlußlicht ist schon angebracht

Hauptsächlich dank des Einsatzes von Generaldirektor René Margot-Noblemaire (dem Sohn von André Noblemaire) blieben die Wagen unversehrt. 1949 wurde der »Train Bleu« neu zusammengestellt und erhielt endlich auch offiziell diesen Namen. Die einzigen anderen Züge aus dem Wagenpark der Internationalen Schlafwagengesellschaft waren damals der Rom-Mailand-Schlafwagenzug ohne Speisewagen und der Ankara-Expreß, ein außereuropäischer Zug.

Der »Train Bleu« nahm also seine Fahrt wieder auf. Gezogen wurde er jetzt von den starken 231P-Lokomotiven, an die man stets denkt, wenn von diesem Zug die Rede ist. Allerdings begann die SNCF unmittelbar darauf mit der Elektrifizierung der »Ligne Impériale« (so benannt, weil sie Paris mit Marseille, dem Tor nach Afrika, verbindet). Die Fahrdrähte drängten die mächtigen Lokomotiven immer weiter nach Süden ab, und schließlich mußten sie die Strecke ganz räumen.

Für englische Reisende existierte immer noch der »Flèche d'Or«, an den die Schlafwagen in Calais angehängt wurden. Vorgespannt war nach wie vor die Chapelon-231E-Pacific; sie fuhr zuerst bis Paris durch, später aber nur noch bis nach Amiens, wo die elektrifizierte Strecke begann. In Paris wurde der Train de Jonction jetzt von einer mächtigen E-TQ-Nord-Tenderlokomotive gezogen. Dieser Typus war eigentlich für die Kohlenzüge aus Lille gebaut worden, aber die Elektrifizierung und die Einführung der Dieseltraktion hatten ihn dort verdrängt. Auf der Ceinture setzte man ihn ein, weil die Diesel-

lokomotiven die Dampfheizung der üblichen Reisezugwagen nicht speisen konnten. Die Wagen der Internationalen Schlafwagengesellschaft hatten zwar stets ihre eigene Dampfheizung, sie war allerdings der Fluch der Schaffner, schwierig zu bedienen und in Betrieb zu halten, und wenn die Kessel wegen Wassermangel defekt wurden (die Manometer waren damals recht unzulänglich), konnte es in den zwanziger Jahren vorkommen, daß ein Schaffner einen ganzen Jahreslohn opfern mußte, um den Schaden zu bezahlen.

Die E-TQ war die einzige Dampflokomotive, die man damals in der Gare de Lyon noch zu sehen bekam, und obgleich sie sich nur kurz im Bahnhof aufhielt, war sie doch ebenso eindrucksvoll wie der »Train Bleu« selbst, an den die aus Calais gekommenen Schlafwagen durch ältere Elektro-Rangierlokomotiven angespannt wurden.

»Passez un moment agréable dans la Voiture Salon Bar; rendez-vous des habitués de la Côte«, hieß es in der Reklame. Der »Train Bleu« fuhr um 19.30 Uhr ab. Um 20.00 Uhr wurde das Diner serviert. Da der Speisewagen nur 42 Sessel (statt der üblichen weniger bequemen 56) enthielt, wurde im Salon-Bar-Wagen ein zusätzlicher Salon eingerichtet. Nach der halben Stunde, in der sich die Leute von Rang und Namen trafen, pflegten sich die »habitués« in den Speisewagen zu begeben und überließen den Uneingeweihten die Entdeckung, daß der »moment agréable« bis Dijon dauerte und erst um 22 Uhr das zweite Abendessen serviert wurde. Nun ja, für Erfahrungen muß man sein Lehrgeld zahlen. Aber wenn man dann den Speisewagen betrat, in dem auf jedem Tisch frische Schnittblumen eine Vorahnung der prächtigen Nelkenbeete in Ventimiglia vermittelten, mit weißem statt blauem Geschirr und einem goldenen statt dunkelblauen WL-Signet, hatte sich das lange Warten schließlich doch gelohnt.

Die von Hand geschriebene Speisekarte konnte lauten:

> Consommé Madrilène
> Filets de soles Dugléré
> Poulet cocotte Grand-mère
> Petits pois à la française
> Salade de saison
> Fromages variés
> Boule de neige
> Corbeille de fruits

Auf der Rückfahrt nach Paris wurde das Diner nach Nizza serviert. Einer der Barkellner war ein regelrechter Künstler; zweifellos inspirierten ihn der Lalique-Dekor und selbstverständlich die herrliche Aussicht bei Sonnenuntergang. Vom Zug aus genießt man den bei weitem schönsten Blick auf die Riviera, abgesehen von den Tunnels, in denen die Wagen von gräßlichem schwarzem Rauch eingehüllt wurden, weil die SNCF auf dieser Strecke viel zu lange die mit Öl betriebenen 141R-Lokomotiven einsetzte. Diese berühmten, in Amerika und Kanada gebauten »Mikados« waren eigens nach den Wünschen der französischen Eisenbahn konstruiert worden. Man setzte sie dreißig Jahre lang im ganzen Land ein; sie zogen alle möglichen Züge, vom »Train Bleu« bis zum bescheidensten Güterzug.

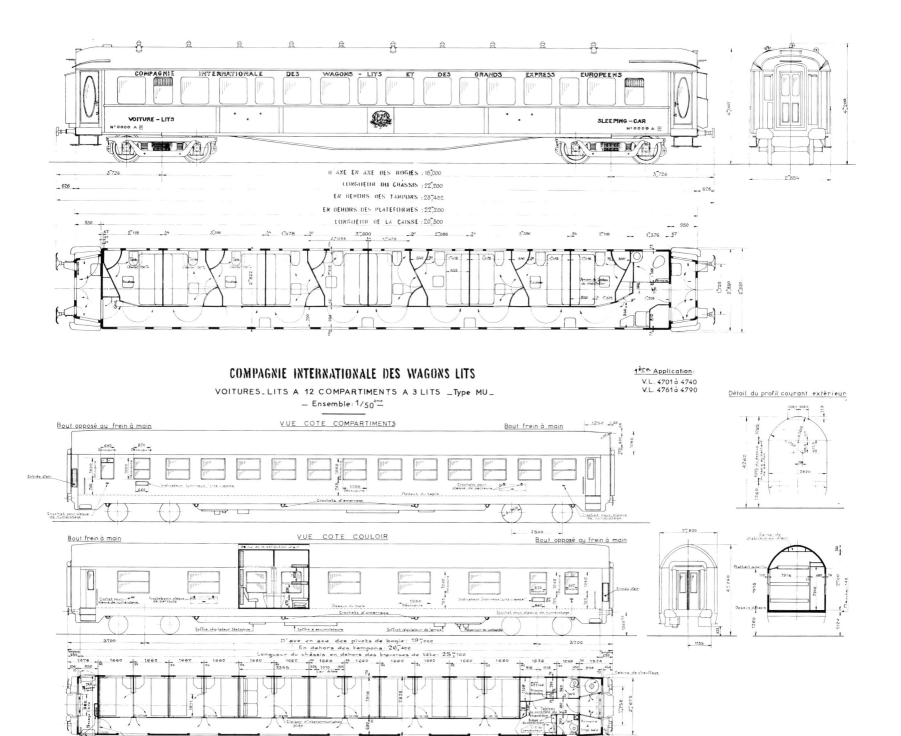

Oben: Schlafwagen Typ »Lx 10«. Unten: Schlafwagen Typ »MU«

88 Für den »Train Bleu« werden heute in der Hauptsache Schlafwagen vom Typ »MU« eingesetzt

Ab 1962 führte der »Train Bleu« auch eine Touristenklasse. Die ersten Schlafwagen der »Spezialklasse« mit Aluminiumaufbauten (statt der traditionellen blauen Stahlaufbauten) wurden 1956 eingesetzt. Dadurch büßte der Zug viel von seinem eleganten Aussehen ein. An die Stelle des Barwagens traten obendrein Liegewagen. Seit der Elektrifizierung fährt der Zug nicht mehr um 19.30 Uhr, sondern erst um 20.45 Uhr in Paris ab, aber die Reisenden können dennoch im Zug das Abendessen einnehmen; bis Dijon fährt ein Speisewagen mit, und entgegen der allgemeinen Praxis wird das Essen schon vor der Abfahrt des Zuges serviert. Wenn Sitzplätze frei sind, kann man mit Freunden einen Abschiedstrunk zu sich nehmen. Heute findet nur noch ein Lokomotivwechsel statt, in Marseille-Blancarde, wo die in Paris vorgespannte 3500-Volt-CoCo gegen eine Mehrsystem-25000-Volt-BoBo ausgetauscht wird, denn ab Marseille sind die Fahrleitungen der Riviera-Strecke mit 25000-Volt-Wechselstrom gespeist.

Auch heute noch benutzt die Prominenz den »Train Bleu«. Fürst Rainier von Monaco und Fürstin Gracia Patricia fahren oft in ihm nach Monaco und steigen auf dem schönen neuen Bahnhof mit seinem Fürsten-Wartesaal aus. Die frühere Eisenbahnlinie, die den größten Teil des Fürstentums durchquerte, ist durch eine neue Strecke ersetzt worden, die fast ganz durch Tunnels führt.

Nach dem »Train Bleu« wurde ein von Picot in England hergestelltes Parfüm benannt. Das Büfett in der Gare de Lyon, das den Namen des Zuges trägt, ist nicht nur eines der besten Restaurants in ganz Paris, sondern auch eine Art Nationaldenkmal, steht doch das Gebäude, in dem es sich befindet, inzwischen unter Denkmalschutz.

Der »Train Bleu« wird zwar noch einige Jahre weiterbestehen, aber seine Tage sind gezählt. Man hat beschlossen, zwischen Paris und Lyon eine neue Direktverbindung ausschließlich für den Personen-Schnellverkehr zu schaffen. Auf dieser Strecke ist nur noch ein Zwischenhalt vorgesehen; ein Teil soll auch von Zügen von und nach der Schweiz und Italien befahren werden. Auf dem Reißbrett sind schon entsprechende Züge mit elektrischem Antrieb fertig.

10. Tanzwagen, Radio, Telefon, Badewagen

Luxuszüge hat man stets mit Amerika und natürlich mit amerikanischem Jazz in Verbindung gebracht. Wie in *Hof Steam* erläutert wurde, besteht eine enge Verbindung zwischen der Begeisterung für Dampflokomotiven und dampfbetriebene Züge einerseits und der Begeisterung für Tanz, Jazz, Rock, Swing anderseits.

Wann genau in den Vereinigten Staaten erstmals Tanzwagen eingesetzt wurden, läßt sich schwer sagen; in den dreißiger Jahren waren sie jedenfalls große Mode. Vielleicht hat die Prohibition (Alkoholverbot) einiges dazu beigetragen. Die Chicago, Milwaukee, St. Paul & Pacific benutzte einen Tanzwagen, in dem während der Pausen der Kapelle ein Plattenspieler eingesetzt werden konnte.

Das erste Grammophon in einem Speisewagen der Internationalen Schlafwagengesellschaft war am 22. April 1929 auf der Strecke Paris–La Rochelle zu hören. Danach wurden Tanzmöglichkeiten im Simplon-Orient-Expreß und vor allem im Côte-d'Azur-Pullman geschaffen. Aber der erste Tanzwagen überhaupt verkehrte im Orient-Expreß, von Szegedin aus, wo Onady Kahniar und seine elf Zigeuner an der ersten Reise dieses Zuges teilnahmen.

Rundfunklautsprecher scheint man schon sehr früh eingebaut zu haben. Im »Broadway Limited« wurden 1922 erste Experimente angestellt. Die Chicago, Milwaukee, St. Paul & Pacific stellte für Reisende, die Radio hören wollten, Kopfhörer zur Verfügung. Heute kann man in vielen modernen Luxuszügen Radio hören, beispielsweise in Indien und Australien; in Europa wird darauf weniger Wert gelegt. Viele Journalisten, die die Annehmlichkeiten einer Fahrt mit dem Simplon-Orient-Expreß priesen, betonten auch, wie schön sie es fanden, kein Telefon, keine Verpflichtungen zu haben und nichts von der Welt hören zu müssen. Auf europäischen Bahnhöfen kann sich jederzeit eine Zeitung kaufen, wer auf Neuigkeiten erpicht ist; auf anderen Kontinenten ist das keineswegs selbstverständlich.

Im »Twentieth Century Limited« installierte man Telefone für Geschäftsleute. Die Gespräche wurden per Funk in nahegelegene Telefonzentralen übertragen. Viele Zugtelefone konnten nur während der Aufenthalte in Bahnhöfen benutzt werden. Nach dem Zweiten Weltkrieg wurde der Funkfernsprechverkehr ausgebaut; entsprechende Einrichtungen existieren in mehreren deutschen Luxuszügen.

Die ersten Badewagen erschienen bereits vor dem Ersten Weltkrieg in den Vereinigten Staaten. Führend war hier wiederum die Chicago, Milwaukee Railroad. In Europa waren Einzel- oder Gemeinschaftstoiletten und große Waschräume üblich. In normalen Schlafwagen ließ die Internationale Schlafwagengesellschaft niemals Badewannen oder Duschen installieren; die einzige Ausnahme bildete der Lx-Schlafwagen Nr. 3538, den man dem Herzog von Windsor und seiner Gemahlin zur Verfügung stellte, nachdem er (der vormalige König Eduard VIII.) hatte abdanken und außer Landes gehen müssen.

In den Fourgons (Gepäckwagen) Nr. 1277-1296 installierte man Duschen in entsprechenden Abteilen. Solche Wagen verkehrten im Sommer im Simplon-Orient-Expreß und im Rom-Expreß. Das Duschabteil war recht klein, waren doch die Wagen in erster Linie für die Gepäck-, Brief- und Paketpostbeförderung bestimmt.

Es existiert übrigens eine Geschichte von einer Dame, die in Italien in einem solchen Wagen beinahe abgehängt wurde, der Autor hat sie 1934 aus erster Hand gehört. Man wies die besagte Dame auf die Möglichkeit hin, im Gepäckwagen zu duschen. Glücklicherweise wartete sie mit ihrem Vorhaben noch eine halbe Stunde ab. Als sie dann im Bademantel den Seitengang betrat, sah sie durch das Rückfenster des Wagens nicht etwa den Gepäckwagen, sondern die Schienen: eine Achsbox des Duschwagens war heißgelaufen, und so hatte man den Wagen abgehängt. Hätte sie gleich geduscht, wäre sie vermutlich in diesem Wagen zurückgeblieben – eine unangenehme

89　Erster Radioempfang im »Pioneer Limited« der Chicago, Milwaukee &
St Paul Railway (um 1925)

90　Die amerikanischen Eisenbahngesellschaften führten in ihren Luxuszügen sehr früh Duschkabinen ein. Diese Aufnahme von 1912 zeigt die
Duschkabinen des »Olympian«, eines zwischen Chicago und Seattle verkehrenden transkontinentalen Zuges der Chicago, Milwaukee & St Paul Railway

91　Diese elegante Badekabine befindet sich im türkischen Präsidentenzug,
den Linke Hofmann Busch für Kemal Atatürk baute

92　Plakat von Pierre Fixmasseau für den »Côte-d'Azur-Pullman«, in dem
auch ein Tanzwagen mitfuhr. Das preisgekrönte Plakat wurde einer Generation von Kunststudenten in der ganzen Welt als Vorbild hingestellt

89

90

91

Situation auch deshalb, weil damals Mussolinis Polizisten beim geringsten Anlaß Leute aus den Zügen zu holen pflegten, beispielsweise unter dem Vorwand, die Fahrkarten seien nicht in Ordnung, und ihre Kollegen von der Milizia hatten die üble Gewohnheit, das Gepäck der unseligen Reisenden zu »verlieren«.

In anderen Zügen sind Duschen durchaus normal und gehören zur Ausstattung der teureren Schlafwagen. Die DSG, die nach Kriegsende fortschrittlichere Schlafwagen baute als die Internationale Schlafwagengesellschaft, setzt eine ganze Reihe von Wagen mit Duschen und Klimaanlagen ein. Das ist sicher der Grund dafür, daß der über München nach Athen fahrende Tauern-Orient-Expreß von der DSG betrieben wird.

Duschen wurden vor einigen Jahren im Pullman-Wagen Nr. 4013 installiert, der vorher als Tanzwagen diente. Der Wagen erfreut sich großer Beliebtheit und zählt zu den wenigen, die nicht an die eine oder andere Eisenbahngesellschaft ausgeliehen, sondern nur an Privatleute vermietet werden. 1976 fuhr er im Arlberg-Orient-Expreß, von dem noch die Rede sein wird.

Heute existieren Tanzwagen in großer Zahl, gewöhnlich gehört eine Bar dazu: offenbar haben solche Wagen eine sichere Zukunft. Die SNCF setzt an Wochentagen einen modernen Liegewagenzug mit Tanzwagen und Hostessen ein; mit ihm gelangt man zu verhältnismäßig günstigen Preisen an die Riviera. Bezeichnenderweise heißt der Zug »Azur 2000«.

11. Die deutsche Konkurrenz: die Mitropa

Der erste Schlafwagen der Preußischen Staatsbahnen, der »Bromberger«, wurde 1880 zwischen Kreuz und Thorn auf der preußischen Ostbahn eingesetzt; er beförderte Reisende der ersten und zweiten Klasse. Der Abschnitt Berlin–Köln des Wagons-Lits-Zuges Berlin–Ostende ließ erkennen, welche Möglichkeiten sich hier auftaten, und so trat Preußen (wie schon im 6. Kapitel erwähnt) 1885 von seinen Verträgen mit der Internationalen Schlafwagengesellschaft zurück.

Dies zwang die CIWL dazu, Einschränkungen ihrer Exklusivrechte bei den süddeutschen Eisenbahnen hinzunehmen, mußte sie doch zugestehen, daß ihre Verbindungen nach Berlin durch Schlafwagen der Preußischen Staatsbahnen wahrgenommen wurden, konnte jedoch ihre in West-Ost-Richtung verkehrenden Luxuszüge weiter betreiben, so den Orient-Expreß, dem jetzt in den Pariser Außenbezirken der Schlafwagen Calais–Wien angehängt wurde, da die bisherige Streckenführung in Calais–Köln und Mainz–Wien aufgeteilt worden war. Schlafwagen der Preußischen Staatsbahnen fuhren auch von Berlin über Straßburg und das vom Reichseisenbahnamt in Berlin verwaltete elsässisch-lothringische Eisenbahnnetz nach Basel.

Schon vor 1882 entstanden in Deutschland Speisewagengesellschaften, die den Speisewagen der CIWL Konkurrenz machten und die Zahl ihrer Wagen in Deutschland einschränkten. Als erste Gesellschaft dieser Art entstand die Riffelmann Speisewagen-Gesellschaft, wenig später die G. Kromey & Sohn OHG und die Nordwestdeutsche Speisewagen-Gesellschaft, die in Nordwestdeutschland auch Bahnhofrestaurants betrieb. Diese Büfetts lieferten vollständige Mahlzeiten in Körben und waren schon als solche für die Speisewagen eine ernsthafte Konkurrenz.

1898 gründete die Internationale Schlafwagengesellschaft die Deutsche Eisenbahn-Speisewagen-Gesellschaft (DSG, nicht DESG, wie man heute oft schreibt; auch die Internationale Eisenbahn-Schlafwagen-Gesellschaft wurde ja stets mit ISG abgekürzt, lange bevor Wagons-Lits auf das »Eisenbahn« im Namen verzichtete). Diese DSG ist nicht mit der heutigen gleich abgekürzten Gesellschaft zu verwechseln, die erst etwa 30 Jahre nach Auflösung der ursprünglichen DSG entstand.

Als Preußen unter dem Druck europäischer Herrscherhäuser 1896 endlich den Nord-Expreß zuließ, konnte die Internationale Schlafwagengesellschaft auch den Nord-Süd-Brenner-Expreß einsetzen. Er fuhr von Berlin über München nach Verona, und von da aus bald über Mailand nach Cannes. Zu jener Zeit betrieb die Gesellschaft bereits in Cimiez ihr Riviera Palace Hotel, und aus allen Richtungen rollten Züge an die Riviera. Engländer und Franzosen benutzten den Mittelmeer-Expreß, Russen und Österreicher die Verbindung St. Petersburg–Wien–Cannes, Italiener den Rom-Cannes-Expreß. Gleichsam geadelt wurde das Hotel 1902, als Königin Viktoria Nizza besuchte und nicht eine Villa bezog, sondern sich im Hotel einquartierte.

Monte Carlo galt bis dahin wegen der vielen Selbstmorde von bankrotten Spielern als nicht ganz fein. Trotzdem baute die Internationale Schlafwagengesellschaft dort ein zweites Riviera Palace Hotel; Geschäftsführer wurde Luigi Steinschneider vom Ghezireh Palace Hotel in Kairo. Zu diesem Hotel führte eine eigene elektrische Straßenbahn; man benutzte dazu die Strecke der La Turbie-Zahnradbahn und verlegte die Straßenbahnschienen innerhalb dieses Schienenstrangs. Die Endstation lag auf französischem Gebiet, unmittelbar neben der Hotelterrasse, hoch über Monte Carlo, auf halbem Weg nach La Turbie, dessen Zahnradbahn die Internationale Schlafwagengesellschaft übrigens mit übernahm.

Die Riviera erfreute sich bald so großer Beliebtheit, daß Berlin eine kürzere Verbindung als die Brenner-Route wünschte. Also erteilte man der Internationalen Schlafwagengesellschaft die Konzession für den Riviera-Expreß von Berlin über Frankfurt/M., Straßburg und Besançon nach Lyon. Von dort fuhr ein Salonwagen über Marseille, Cannes und Nizza nach Ventimiglia weiter. Bald wurde der Nord-Süd-Expreß nach Rom, Neapel und Palermo verlängert. Eine Eisenbahnfähre verband das Festland mit Messina in Sizilien, wo der Schlafwagen nach Siracusa abgehängt wurde.

Weitere Luxuszüge folgten, 1908 der Lloyd-Expreß von Hamburg und Berlin (mit Wagen aus Amsterdam) über Frankfurt/M., Basel und durch den St. Gotthard für Schiffpassagiere von Genua aus und wenig später auf der gleichen Strecke der Gotthard-Expreß für Italienreisende allgemein. Der Berlin-Karlsbad-Expreß mit Anschluß an den Wien-Karlsbad-Expreß verkehrte tagsüber und bestand im Gegensatz zum aus Schlafwagen zusammengestellten Pariser Karlsbad-Expreß aus Salonwagen.

Eisenbahnfähren überquerten auch die Ostsee. Die Schwedische Staatsbahn hatte ein eigenes Schlafwagennetz aufgebaut, und vor dem Ersten Weltkrieg betrieb sie eine Schlafwagenverbindung Stockholm–Berlin über Malmö. In Dänemark hatte die Internationale Schlafwagengesellschaft mit den Dänischen Staatsbahnen einen Exklusivvertrag abgeschlossen. Da allerdings die Mecklenburgischen Staatsbahnen (wie Preußen) auf ihrem Streckennetz keine CIWL-Wagen zuließen, bestand der 1907 eingesetzte Schlafwagenzug Hamburg–Kopenhagen aus von den Mecklenburgischen Staatsbahnen gekauften CIWL-Wagen mit Wagons-Lits-Personal.

Als der Erste Weltkrieg ausbrach, wurden in Deutschland alle Wagen der Internationalen Schlafwagengesellschaft aus dem Verkehr gezogen und 1915 beschlagnahmt. Aber erst im November 1916 entstand mit Hilfe von Bankgeldern die Mitteleuropäische Schlafwagengesellschaft (MSG), die in Deutschland und Österreich–Ungarn operieren sollte und ihren Betrieb am 1. Januar 1917 aufnahm. Bereits vorher jedoch verkehrte zwischen Berlin und Konstantinopel der bekannte »Balkanzug«, ein Militärzug, der den 1902 eingerichteten Wagons-Lits-Zug ersetzte. Von Berlin nach Budapest fuhr er wechselweise über Breslau und über Dresden. »Mitteleuropäische« wurde zu »Mitropa« verkürzt – und so nannte sich nun die Gesellschaft.

Die Mitropa übernahm entschädigungslos die 116 Speisewagen der DSG und von der Internationalen Schlafwagengesellschaft 64 Speisewagen und 35 Schlafwagen. Der aus 187 Wagen bestehende Speisewagenpark der Mitropa bestand also aus Wagen anderer Gesellschaften. Die Schlafwagen stammten größtenteils von den Preußischen Staatsbahnen und von anderen deutschen Eisenbahnen. Die Direktoren kamen von Hapag Lloyd, dem Norddeutschen Lloyd und der Deutschen Bank. Die Mitropa richtete mehrere Verbindungen ein, Ziel waren die neutralen Länder an der deutschen Ostgrenze, aber diese Verbindungen konnten nicht mehr vor der Unterzeichnung des Waffenstillstands (im CIWL-Speisewagen Nr. 2419) in Betrieb genommen werden.

Nach Kriegsende erhielt die Internationale Schlafwagengesellschaft ihre 35 Schlafwagen zurück – freilich in schlechtem Zustand –, aber 39 der 64 Speisewagen wurden nicht zurückgegeben, und für einige erhielt die CIWL obendrein keine Entschädigung. Auch die 116 Speisewagen der deutschen Tochtergesellschaft blieben verschwunden, ohne daß dafür je auch nur eine Mark bezahlt wurde.

Eine Klausel des Versailler Vertrags zwang Deutschland, für Militärpersonen der Siegermächte einen Luxuszug der Internationalen Schlafwagengesellschaft von Paris nach Wien und Warschau zuzulassen. Er sollte aus sechs Schlafwagen und einem Speisewagen bestehen. Die deutsche Eisenbahnverwaltung weigerte sich jedoch, den Speisewagen mitzuführen, und hängte statt dessen einen Mitropa-Wagen an. Damals gehörten die meisten der 14 Schlafwagen und 83 Speisewagen der Mitropa den Preußischen Staatsbahnen, die sich am 1. April 1921 mit den anderen Staatsbahnen zur Deutschen Reichsbahn zusammenschlossen. Die DR wollte die Mitropa auf jeden Fall am Leben erhalten, auch wenn sie das österreichische Eisenbahnnetz nicht mehr benutzen durfte. Statt dessen übernahm die Mitropa die Passagierbetreuung auf den zwischen Wien und Passau verkehrenden Donauschiffen; vom April 1921 bis um 1930 wurde das österreichische Mitropa-Personal so beschäftigt.

Die Internationale Schlafwagengesellschaft scheint sich der Illusion hingegeben zu haben, die Mitropa würde durch den Versailler Vertrag gezwungen, sich ihr anzuschließen. Man begann über einen neuen Konzern zu verhandeln, der die Mitropa übernehmen sollte. Die DR unterwarf sich den Bedingungen des Friedensvertrages und erlaubte die Wiedereinsetzung des Nord-Expreß mit CIWL-Wagen; gleichzeitig bot sie der CIWL eine zwanzigprozentige Kapitalbeteiligung an. Die Schlafwagengesellschaft wollte jedoch 51 Prozent und ließ die Verhandlungen platzen, in der Hoffnung, daß nun die Mitropa in Konkurs gehen werde. Aber sie hatte die Rechnung ohne Renaud, den Gründer und ersten Direktor der Mitropa, gemacht. Zusammen mit der englischen Great Eastern Railway und der Canadian Pacific Railway wurde in Genf die Société Anonyme Transcontinent gegründet. Die Mitropa tauschte 40 Prozent ihres Kapitals gegen eine zwanzigprozentige Beteiligung an der Transcontinent ein. Damit war unversehens die Gesellschaft mit den roten Schlafwagen nicht mehr ausschließlich in deutschem Besitz und von ausländischen Eisenbahngesellschaften kontrolliert. Am 1. Mai 1921 wurde der Paris-Wien-Luxuszug der Internationalen Schlafwagengesellschaft wieder in Orient-Expreß umbenannt.

Als Frankreich zwei Jahre später das Rheinland besetzte, weigerte sich die Reichsbahn unter dem Vorwand, man habe keine Kohle mehr, den Orient-Expreß zu ziehen. Die CIWL besaß jetzt keine Möglichkeit mehr, auf die Mitropa Druck auszuüben. Im letzten Augenblick war die Schweiz bereit, den Orient-Expreß über schweizerisches Gebiet fahren zu lassen (s. Kapitel 12). Um die gleiche Zeit schloß sich die Great Eastern Railway mit der London and North Eastern Railway zusammen.

Der Generaldirektor der Great Eastern, ein Amerikaner, bestellte für

93 Der Hofzug des deutschen Kaisers wurde zum letztenmal im kaiserlichen Dienst eingesetzt, als Wilhelm II. nach seiner Abdankung ins niederländische Exil fuhr. Später wurde er als Berlin-London-Expreß (Berlin–Hoek van Holland) der erste Luxuszug der Mitropa. Die Aufnahme stammt aus der Zeit zwischen 1892 und 1900

die Schiffszüge zwischen Harwich und London gebrauchte Pullman-Wagen, erhielt aber neue, die am 11. November 1920 eingesetzten »Cambria« und »Catania«. Damals hielt die Internationale Schlafwagengesellschaft die Tatsache, daß sie die Pullman Car Company übernommen hatte, noch streng geheim, aber der Nord-Expreß der CIWL fuhr bis Ostende, und von dort aus wurden Reisende, die nach London wollten, nach Dover übergesetzt und fuhren mit der konkurrierenden South Eastern und Chatham Railway weiter. Die Nachfolgegesellschaft der Great Eastern stellte sich auf die Seite von »Transcontinent«, was bald zum ersten Mitropa-Luxuszug führen sollte. Zunächst mußte Renaud dafür sorgen, daß sich seine Gesellschaft über die Grenzen Deutschlands ausbreiten konnte.

Diesen Preis mußte die Internationale Schlafwagengesellschaft trotz des Versailler Vertrags dafür bezahlen, daß der Orient-Expreß 1924 wieder verkehren durfte. Die Mitropa erhielt die Betriebserlaubnis für die Niederlande, Skandinavien und Danzig und nach einzelnen Orten in der Schweiz, in Österreich und der Tschechoslowakei. Neue, 1926 getroffene Abmachungen mit den Schweizerischen Bundesbahnen (SBB) und der Bern-Lötschberg-Simplon-Bahn (BLS) ermöglichten es der Mitropa, ihre Schlafwagen bis Chur, Lugano, Genf und Interlaken einzusetzen; Speisewagen mußten jedoch in Basel zurückbleiben, weil schon 1903 die CIWL zusammen mit der SBB eine Speisewagen-Tochtergesellschaft gegründet hatte, die heutige Schweizerische Speisewagen-Gesellschaft (SSG).

1923 erwarb die Mitropa 23 neue Schlafwagen. Die ersten beiden trugen den Übernamen »Schwedenwagen«, weil sie bis Malmö verkehrten. Die Mitropa hatte auch den Sonderzug des Kaisers übernommen, dessen Wagen Linke Hofmann in Salonwagen umgestaltete. Sie fuhren im ersten Mitropa-Luxuszug, dem Berlin-London-Expreß, der dreimal wöchentlich zwischen Berlin und Hoek van Holland verkehrte und Anschluß an das Kanalschiff der LNER hatte. Die Salon- und Speisewagen der Internationalen Schlafwagengesellschaft waren erheblich älter als die umgebauten Wagen des Kaiserzuges und keineswegs luxuriöser. Die einzige Möglichkeit, der Konkurrenz zu begegnen, bestand darin, an allen Sitzplätzen Mahlzeiten zu servieren und die Züge als Pullman-Züge zu bezeichnen, um amerikanische Besucher anzulocken, was die im 13. Kapitel geschilderte Flut von Pullman-Zügen erklärt. Auf die Berlin-London-Verbindung der Mitropa folgte 1924 der Skandinavien-Schweiz-Expreß, ein aus Schlafwagen zusammengestellter Luxuszug, der zwischen Warnemünde bzw. Saßnitz und Basel verkehrte.

Im November 1925 starb Renaud. Sein Nachfolger, Dr. Kieschke, kam von der Deutschen Reichsbahn und war womöglich noch dynamischer. Ein deutscher Autor schrieb einmal, die Mitropa liege ihm so am Herzen, daß er praktisch mit ihr verheiratet sei.

Zunächst einmal richtete er auf dem Schlesischen Bahnhof in Berlin und auf dem Bahnhof Hamburg-Altona Verpflegungsdepots ein. Dann baute er das Zentrale Getränkelager auf dem Görlitzer Bahnhof in Berlin aus. 1927 erwarb die Mitropa die Weinkellerei Franz Klein in Traben-Trarbach. Nun hatten die Schlaf- und Speisewagen der Mitropa etwas zu bieten, mit dem die Internationale Schlafwagengesellschaft nicht konkurrieren konnte.

In jener Zeit setzte man in Europa plötzlich mit aller Gewalt Pullman-

94 Dieser restaurierte Zug des Rheingold-Expreß gehört dem Kölner »Freudeskreis Eisenbahn«. Aufnahme vom Mai 1971. Gezogen wird er von einer DB-1E-Lokomotive (Nr. 050 001-7)

95 Innenansicht eines Wagens zweiter Klasse des »Rheingold« kurz vor dem Zweiten Weltkrieg

Wagen ein und lieh sie sogar in Großbritannien aus. Dies erklärt sich aus der 1925 gemachten Entdeckung, daß sich nur noch drei Prozent des Kapitals der Transcontinent in schweizerischen Händen befand und daß die Reichsbahn inzwischen 80 Prozent übernommen hatte, was laut Reichsbahn den 40 Prozent des 1921 zugeschossenen Mitropa-Kapitals entsprach.

Als 1926 die Internationale Schlafwagengesellschaft zum Goldenen Jubiläum den »Flèche d'Or« ins Leben rief, hoffte man, sich auf den ausgezeichneten Ruf von Tausenden von Pullman-Wagen in den Vereinigten Staaten stützen zu können. Dr. Kieschke beschloß, die Konkurrenz mit einem an die Nachtfähre angeschlossenen Tages-Luxuszug in die Schweiz zu übertrumpfen. Natürlich konnten Mitropa-Reisende in allen von der Gesellschaft bewirtschafteten Wagen Mitropa-Gold-, Silber- oder Kupferverschluß-Rheinwein trinken, der nach der Lagerung in Görlitz und in den Kellereien in halben oder eindrucksvollen ganzen Flaschen serviert wurde. Aber wo ließ sich Mitropa-Rheinwein besser genießen als längs des Rheines? Für einen Salonspeisewagenzug auf dieser Strecke kam nur ein Name in Frage, der dann auch in goldenen Lettern auf den Wagen prangte: »Rheingold« – seit 1876 durch die gleichnamige Wagner-Oper weltberühmt.

Der Zug war von Anfang an ein Riesenerfolg. Vielleicht am beliebtesten war er bei den englischen Touristen, die das Festland besuchten. Für sie begann die Reise in der Liverpool Street Station im Nordosten der City (mehrere Meilen vom West End entfernt): Dort

bestiegen sie den »Hook Continental«, der ab 1924 neben einem exklusiven Pullman-Wagen erster Klasse auch zuschlagsfreie Speisewagen mitführte. Man übernachtete auf dem Schiff, in dem ein Bett weit weniger kostete als im Schlafwagen, und früh am nächsten Morgen lief das Schiff in die Rheinmündung ein. Auf dem Kai stand unmittelbar neben der Gangway auf dem einzigen Schienenstrang zwischen der Kaimauer und dem Bahnhof der Zug. Wer zum »Rheingold« wollte, brauchte bloß einige Schritte auf holländischem Boden zu tun und gelangte dann in die geheizten Salonwagen. Damit war man eigentlich schon in Deutschland, und nur der Schaffner in seiner holländischen Uniform erinnerte daran, daß man sich geographisch noch in Holland befand.

Die Zollkontrolle erfolgte im Zug, zu dem ein Gepäckwagen, ein Salonwagen erster Klasse mit Küche und ein Salonspeisewagen zweiter Klasse ohne Küche gehörten. Die zweite Klasse, für die der Zuschlag zwei statt drei Mark betrug, gehörte von Anfang an dazu.

In bequemen preußischblau bezogenen Polsterstühlen saß man vor den Tischen, auf denen ein Essig-und-Öl-Ständer und ein Topf mit englischer Marmelade stand. Während das Wagons-Lits-Personal auf internationalen Strecken französisch sprach und bestenfalls einige stark akzentgefärbte englische Brocken hervorbrachte, wurde man hier in perfektem Englisch nach seinen Wünschen gefragt, während

96 Der »Rheingold« am Rhein, gezogen von einer bayerischen 2C1-Lokomotive Nr. 18529 vom Typ S 3/6

107

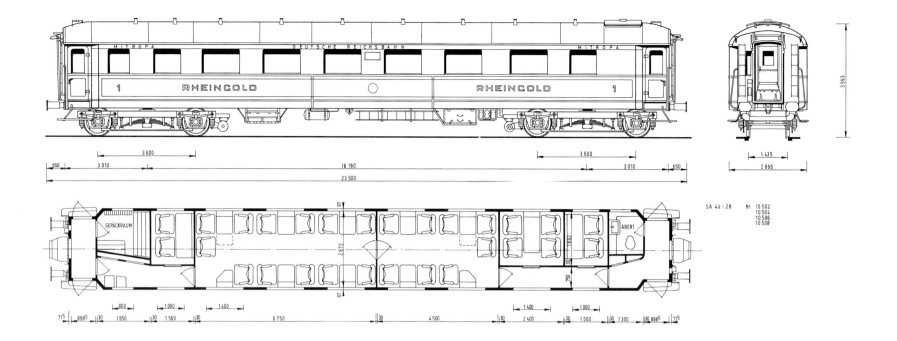

der Zug kaum merklich vom Kai in Richtung der Rotterdamer Vororte davonglitt. Als Bestimmungsort war Mailand angegeben; erst später fügte man die italienische Form Milano hinzu. Im ersten Jahr freilich durfte der Zug im Sommer nur bis Luzern und im Winter gar nur bis Basel fahren, genau wie der »Edelweiß«, von dem wir im 13. Kapitel sprechen werden, der einen Monat nach dem »Rheingold« als Konkurrenz eingesetzt wurde.

Hinter Utrecht kontrollierten die holländischen Zollbeamten den Zug, an den inzwischen die Kurswagen aus Amsterdam angehängt worden waren: ein Salonwagen zweiter Klasse mit Küche, ein Salonwagen erster Klasse ohne Küche, eine Erster-Klasse-Wagen mit Küche und ein Zweiter-Klasse-Wagen ohne Küche.

Hinter Arnhem wurden damals in Zevenaar die Lokomotiven gewechselt. Die Reichsbahn spannte eine bayerische S 3/6 Pacific vor, besser bekannt als 2C1 der Baureihe 18. Sie zog den Zug über fast 450 Kilometer nach Mannheim, wo für die 280 Kilometer bis Basel eine andere Lokomotive derselben Baureihe angehängt wurde. Über die gemeinsame deutsch-schweizerische Eisenbahnlinie gelangte der Zug über den Rhein nach Basel SBB, wo die deutschen Dampflokomotiven gewöhnlich in einer Ecke neben dem Hauptbahnsteig 1 abgestellt wurden. Auf diesem Bahnsteig konnte man damals zum französischen Teil am anderen Ende gelangen, wenn Zöllner und Grenzpolizei nicht einschritten.

In den Augen von Dr. Kieschke war ein Salonspeisewagen etwas anderes als ein Speisewagen, der gemäß Vertrag mit der SBB nicht über Arth-Goldau hinaus fahren durfte. Die violett-weißen Wagen des »Rheingold«, die größten in Deutschland, gelangten durch den

»Rheingold«-Wagen erster Klasse, erbaut 1928

St. Gotthard nach Italien, aber vorsichtshalber in einem gewöhnlichen Zug. Damit waren für Dr. Kieschke die Möglichkeiten in der Schweiz aber noch nicht erschöpft. Im Vertrag stand nichts über Schmalspur-Speisewagen. Also verkehrten plötzlich auf dem Netz der Rhätischen Bahn zwischen Chur und St. Moritz in der Schweiz hergestellte Mitropa-Speisewagen. Sie beförderten Wagons-Lits-Reisende, die mit dem Engadin-Luxuszug von Calais und Paris gekommen waren, nach Maloja, wo die Internationale Schlafwagengesellschaft vor dem Krieg einen ganzen Ferienort mit Chalets, Kursaal, Kirche und allem Zubehör eingerichtet hatte und zu dem man damals mit einer Wagons-Lits-Pferdepost über den Julierpaß gelangte. Als nächstes einigte sich die Mitropa mit der bis zum Zweiten Weltkrieg von der Rhätischen Bahn unabhängigen Bernina-Bahn darauf, auch auf dieser so spektakulären Linie Speisewagen einzusetzen. Als nach der Fertigstellung der Strecke Brig–Visp der Visp-Zermatt-Bahn (1930) im Sommer der Gletscher-Expreß zwischen St. Moritz und Zermatt verkehren konnte, rüstete man einen der auf der Rhätischen Bahn eingesetzten Speisewagen für die Zahnstangenstrecke zwischen Disentis und Oberalpsee der Furka-Oberalp-Bahn mit einem Zahnrad aus. Da man nur einen Speisewagen so ausbaute und sich die beiden Expreßzüge in dieser luftigen Höhe kreuzten, wurde der Speisewagen an diesem Punkt feierlich ausgetauscht und kehrte nach St. Moritz zurück.

97 Ein in Tarnfarben gestrichener Speisewagen wird 1945 der CIWL zurückgegeben. Aufgenommen im Ausbesserungswerk St-Denis. Die CIWL erhielt nach dem Krieg zahlreiche Wagen nicht mehr zurück

98 Essen in einem Speisewagen der DSG in den fünfziger Jahren

Damals entstand der »Fliegende Hamburger«, ein Dieselzug mit einem Mitropa-Küchenwagen und einem kleinen Salonspeisewagen, der bei weitem schnellste Zug Europas, wenn nicht der Welt. Ein Achtzylinder-Dieselmotor trieb einen Propeller an der Rückseite. Ähnlich ausgestattet war der »Fliegende Kölner«. Diese Schnelltriebwagen erreichten auf der Fahrt zwischen Berlin und Köln auf der Strecke Hannover–Hamm 1938 die für die damalige Zeit sensationelle Geschwindigkeit von 131 km/h.

Mit der politischen Entwicklung Deutschlands entwickelte sich auch die Mitropa weiter. Der »Anschluß« bedeutete das Ende für die BB Österreich, wie die Österreichische Bundesbahn damals genannt wurde, aber auch für den Vertrag der CIWL mit der BBÖ. Mit der Reichsbahn war schon vorher vereinbart worden, daß alle innerhalb der deutschen Reichsgrenzen verkehrenden Speisewagen nur von der Mitropa betrieben werden durften. Diese Vereinbarung wurde nun auf Österreich ausgedehnt, doch daraufhin änderte die Internationale Schlafwagengesellschaft die Route des einzigen von ihr in Österreich betriebenen Schlafwagenzuges, des Wien-Bregenz-Expreß, der fortan von Feldkirch nach Zürich fuhr.

Nach Ausbruch des Zweiten Weltkriegs übernahm die Mitropa 113 Wagen der CIWL, aber weit mehr noch wurden von anderen deutschen Stellen beschlagnahmt. Um zu verhindern, daß italienische Wagons-Lits-Wagen auf deutschem Gebiet konfisziert wurden, ließ man in großen Lettern »Deutsch-Italien-Dienst« aufmalen; diese Wagen fuhren jedoch nicht in Luxuszügen mit. 1945 bis 1948 setzten

die Russen einen aus blauen CIWL-Schlafwagen und roten Mitropa-Speisewagen zusammengesetzten »Blauen Zug« ein, der zwischen Berlin und dem Endpunkt des Normalspur-Schienennetzes in Brest-Litowsk verkehrte.

1949 beschränkte sich die Mitropa auf die Deutsche Demokratische Republik und ließ nur wenige Kurswagen in die Bundesrepublik Deutschland durchlaufen. Dort wurde aus der früheren Mitropa die Deutsche Schlaf- und Speisewagengesellschaft. Der Adler, das Symbol der neuen Gesellschaft, sieht mit seinen gespreizten Flügeln fast wie ein »M« aus.

Heute betreut die DSG die Intercity-Züge der Deutschen Bundesbahn. Diese sind die direkten Nachfolger der schnellen, damals noch dampfbetriebenen Henschel-Wegmann-Züge der Vorkriegszeit, die täglich von und nach Berlin verkehrten und von der Mitropa bewirtschaftet wurden.

Die DSG stellt auch das Personal für eine Reihe von TEE-Zügen; dazu gab es bis in die sechziger Jahre hinein den zwischen Hamburg und Zürich verkehrenden Schlafwagen-Nachtschnellzug »Helvetia«. 1954 verbündeten sich die Internationale Schlafwagengesellschaft und die DSG, um der wachsenden Konkurrenz des Luftverkehrs entgegenzutreten. Seit 1971 werden Schlaf- und Speisewagen kommerziell von den Eisenbahnverwaltungen betrieben; die DSG stellt den größten Teil des Personals und kümmert sich um die – meist vollklimatisierten – Wagen in Westdeutschland, aber auch auf internationalen Strecken wie München–Athen.

In Osteuropa besteht kaum Bedarf nach Luxuszügen. Die Mitropa betreut den zuschlagspflichtigen »Vindobona«-Expreß, der zwischen Berlin und Wien verkehrt.

Der nach dem Zweiten Weltkrieg wieder eingesetzte »Rheingold« war zunächst ein gewöhnlicher Schnellzug, der zwischen Hoek van Holland und Basel einen Speisewagen der niederländischen CIWL mitführte. Heute ist er wieder ein Luxuszug und der vielleicht bekannteste aller TEE-Züge (s. Kapitel 15).

99   Der von der DSG bewirtschaftete TEE »Rheingold« über einem der vom »Freundeskreis Eisenbahn« in Köln restaurierten alten »Rheingold«-Wagen, Aufnahme von 1972

12. Der Luxuszug der Diplomaten: der Simplon-Orient-Expreß und die türkischen Luxuszüge

Der Simplon-Orient-Expreß entstand durch den Versailler Vertrag. Dabei wurden die Eisenbahngesellschaften und -verwaltungen überhaupt nicht konsultiert; man befahl ihnen einfach, die erforderlichen Lokomotiven zu stellen. Sogar die Streckenführung war vorgeschrieben, nachdem man die Grenzen entsprechend »bereinigt« hatte. Die Internationale Schlafwagengesellschaft wurde aufgefordert, die Wagen und das Personal zu stellen und den kommerziellen Betrieb zu organisieren.

Alle bis hierhin beschriebenen Luxuszüge entstanden auf die Initiative der Internationalen Schlafwagengesellschaft oder der Pullman-Gesellschaft; manchmal gab auch der Wunsch einer der vom Streckennetz her beteiligten Eisenbahngesellschaften den Ausschlag, aber noch nie war ein Luxuszug gegen den Willen der CIWL oder der Pullman-Gesellschaft entstanden.

Der Simplon-Orient-Expreß, vielleicht der bekannteste aller Luxuszüge, unternahm seine Jungfernfahrt am 11. April 1919. Er bestand aus drei Teilen, die von Calais bis Vinkovci, einem nordwestlich von Belgrad gelegenen Bahnknotenpunkt im neugegründeten Königreich Jugoslawien, zusammenblieben. Dort wurden die beiden nach Bukarest weiterfahrenden Schlafwagen abgehängt, während die restlichen drei Schlafwagen, der Speise- und der Gepäckwagen ihre Fahrt nach Belgrad fortsetzten. In der jugoslawischen Hauptstadt wurden von 1932 bis 1939/1940 je nach Wochentag weitere Wagen aus Berlin, Ostende, Amsterdam, Wien oder Prag angehängt, so daß täglich zwei zusätzliche Schlafwagen nach Istanbul und einer nach Athen verfügbar waren. Die sechs Schlafwagen und der Speisewagen fuhren weiter nach Niš, wo die beiden für Athen bestimmten Schlafwagen zurückblieben, und dann nach Sofia und Svilengrad an der bulgarisch-griechischen Grenze. Dort hängte man den von Lausanne kommenden Speisewagen, dessen Personal in Triest ausgetauscht worden war,

wieder ab. Bis 1933 bestand ein von Paris bis Istanbul durchfahrender Speisewagen, aber auch damals wechselte in Triest das Personal.

Wegen der neuen Grenzen auf dem Balkan konnte der Simplon-Orient-Expreß von London und Paris nach Rumänien gelangen, ohne Österreich oder Ungarn zu berühren (beide Länder hatten große Gebiete verloren). Weniger günstig war die neue Grenze zwischen der Türkei und Griechenland. Die vom »Türkenhirsch« gebaute alte Orientbahn (CO) bot die einzige Verbindung zwischen Plowdiw in Bulgarien und Istanbul, nämlich die Nebenstrecke Pithyon–Alexandrupolis (früher Dede Agatsch), die jetzt über griechisches Territorium führte. Von Plowdiw aus erreichte man hinter Svilengrad griechischen Boden und hinter Edirne, dessen Bahnhof mehrere Kilometer außerhalb der Stadt lag, die Türkei, dann bei Neas Orestias wieder Griechenland, fuhr bis Pithyon und gelangte schließlich bei Üzünköprü endgültig in die Türkei.

Erst in den siebziger Jahren baute die Türkei eine neue Eisenbahnlinie am Ostufer des Ebros, der die Grenze zu Griechenland bildet. Von nun an fuhr man bei Kapikule über die türkische Grenze, von dort nach Edirne, der zweitgrößten Stadt im europäischen Teil der Türkei, wo man inzwischen weniger weit von der Stadt entfernt einen neuen Bahnhof gebaut hatte, stieß dann bei Pehlivankoy auf die alte Eisenbahnlinie und gelangte auf dieser nach Istanbul. Dadurch wurde die Reise um viele Kilometer und mehrere Stunden verkürzt.

Inzwischen war der Simplon-Orient-Expreß – seit dem Zweiten Weltkrieg kein Luxuszug mehr – eingestellt worden. An seine Stelle traten 1962 bis Belgrad der Direkt-Orient-Expreß und östlich davon der Marmara- und der Athen-Expreß; beide befahren bis Niš die gleiche Strecke.

Da der Simplon-Orient-Expreß das türkische Gebiet in der Nacht durchquerte, war kein Speisewagen nötig. Der Zug führte jedoch

einen Fourgon-Cuisine der CIWL mit, einen Gepäckwagen mit Küche, so daß die Wagons-Lits-Schaffner in den Abteilen Frühstück servieren konnten.

Ab Niš bestand der Zug nach Athen aus zwei Schlafwagen, von denen je nach Wochentag einer aus Paris (Est) und der andere aus Berlin oder einer aus Paris und einer aus Wien kamen; sie waren an einen

100 Der Schlafwagen Calais–Istanbul des Simplon-Orient-Expreß neben dem Postdampfer in Calais. Die Träger und Schlafwagenhilfsschaffner trugen das Gepäck mit Hilfe von Gurten vom Schiff zum Zug. Heute muß der Reisende sein Gepäck selbst tragen, und durchgehende Schlafwagen nach Istanbul existieren auch nicht mehr

101 Von einer Ae 4/7-Lokomotive der SBB gezogen, fährt der Simplon-Orient-Expreß 1927 am Schloß Chillon am Ufer des Genfersees vorbei. Noch fünfzig Jahre später werden nostalgische Orient-Expresse von den gleichen Lokomotiven gezogen

102 Schlafwagenkarten aus den sechziger Jahren. Diejenigen aus Bulgarien und Schweden sind selten. Diese Karten wurden 1971 abgeschafft

100

101

Compagnie Internationale des
WAGONS-LITS NL N° 24517
et des Grands Express Européens
« Spécial »

0 3 / 5 6
LISSONE - LINDEMAN

Bed(den) Lit(s)	W	Rijtuig n° Voiture no	5.

Van : De : Utrecht

Naar : A : Bellinzona.

Op : Le : 14 juin 19 61
dag - jour mois (en lettres)
(Nacht van : 14/6 op 15/6
(Nuit du : au

Uur : Heure : 20.37 Trein Train 100

Datum van uitgifte
Date d'émission

Bedrag per plaats
Montant par place

Aantal plaatsen
Nombre de places perçues

(Te zamen)
(Produits)

TOTAAL
TOTAL

Naa
Nom

R. V.

Het bedie
Le droit d

Compagnie Internationale des
WAGONS-LITS N° 49439
et des Grands Express Européens
« Touriste » G.B.

03/01/06

Berth Nos	3 GENT.	Car No	2.

From : PARIS/NORD)

To : STOCKHOLM(c)

NM. 27 APR 1961

	Fare (including Location Fee)	Service fee
Date of issue 27/4/61		
Fare per berth	£4 15 2 7 4	
Number of supplements collected	X 1	
Totals	£4 15 2 7 4	
TOTAL	£5 2 6	

Internationale Schlafwagen Gesellschaft
WAGONS - LITS D N° 119907
« Touriste »
PROLONGATION MILAN - ROME

Bett(en) n° Lit(s) MODIFICATION 14 2	Wagen N° Voiture No VII

Von : De : KÖLN

Nach : A : Milano

Am : Le : 4 19 61
Tag - jour mois (en lettres)
(Nacht von : bis
(Nuit du : 3.5.61)

Uhr : Heure : 20 Zug Train D64

Compagnie Internationale des
WAGONS-LITS F N° 736433
et des Grands Express Européens
R. C. Seine 55 B 9927
« Double »

04/00
PARIS-CAPUCINES

Lit(s) N° 19 Mons	Voiture N° I

De : Paris/Nord

Date d'émission 7/4/60	Suppléments locations et taxes diverses	Droit de service
Montant par place	37,30 3,00	
Nombre de places perçues	X ny	
(Produits)		
Total		
Timbre quittance (payé sur état)	40,30 +0,25	
TOTAL GÉNÉRAL	40,55	

Compagnie Internationale des
WAGONS-LITS 49012
et des Grands Express Européens
R. C. B. 5202 - H. R. B. 5202 Y

Krevet (i) Br. Lit(s) №	Kola Br. Voiture №

Od De Sofia do à Istanbul

Dana - Le : Mesec (slovima)
Dan — Jour Mois (en lettres) 19
(Noć od — Nuit du): do — au

Voz Train Sat Heure

Gospodin — Monsieur
Dama — Dame
Grupa — Groupe

Le droit de service est compris dans le supplément
Servis gradana (voir condition au verso)

Primerak „Putnik"
Souche «Voyageur»

Datum izdavanja
Date d'Emission

AGENCIJA IZDAVALAC
AGENCE EMETTRICE
Pečat
Code

Classe	
SINGLE	
SPÉCIAL	
DOUBLE	
TOURISTE	
Broj mesta Nombre de places	

'Zag datuma
Cachet dateur

UKUPAN IZNOS
TOTAL GÉNÉRAL

R. V.

Det Internationella Sovvagns-Bolaget
WAGONS-LITS S N° 112720
„TOURISTE"

27/79

Bädd(ar) nr. Lit(s) No 20 Mons	Vagn nr. Voiture n° 3

Från de Copenhagen

Till à Köln

Den le 7/5 Maj 19 61
Månad (med bokstäver) mois (en lettres)

Natten mellan den och
Nuit du au

Kl. h. 18.00 Tåg nr. Train n° SPE

Namn Nom Behrend

Utfärdad den Date d'émission 5/5	Sovvagns- och beställningsavgift och div. skatter Suppléments, locations et taxes diverses	Betjäningsavgift Droit de service
Avgift per plats Montant par place	25,80	2,50
Antal platser Nombre de places	X	
SUMMA KR. Produits		
TOTALT Montant total	28,30	

Thos COOK & Son AB
WAGONS-LITS
5 MAJ 1961
Stockholm

AVB. D
RV.
Betjäningsavgift erlagd
Le droit de service EST PERÇU

SE BAKSIDAN
Avis officiel au verso

Den resandes talong
Souche voyageur

103 Ein Zug des Simplon-Orient-Expreß im CIWL-Werk Athen (Neos Iannos). Auf dem Schlafwagen Nr. 2804 und dem Speisewagen Nr. 4107 (einem früheren Pullman-Speisewagen) sind die Inschriften in Griechisch angebracht

104 Der Simplon-Orient-Expreß an der türkischen Grenze. Der Schlafwagen Nr. 3322 vom robusten Typ »Z« ist seit vierzig Jahren im Dienst

CIWL-Teak-Speisewagen angehängt, und den Abschluß bildeten normale Wagen. Der jugoslawische Speisewagen fuhr über die Grenze bis nach Saloniki; dieser Teil von Türkenhirschs Orientbahn gehörte jetzt der jugoslawischen JDŽ (nach 1945 JŽ) bzw. der griechischen Staatsbahn (CEH oder CH). Die Eisenbahnverbindung zwischen Saloniki und Athen war während des Ersten Weltkrieges (1917) größtenteils von in Saloniki stationierten britischen Pionieren gebaut worden.
Für die Nachtfahrt von Saloniki aus wurden zwei weitere Teak-Schlafwagen – einer mit Dreibett-Abteilen dritter Klasse, beide mit der Aufschrift CIWL in griechischen Buchstaben – an den Simplon-Orient-Expreß angehängt; in Amfiklia kam ein »Frühstückswagen« der CIWL dazu, der in der Nacht vorher mit dem Simplon-Orient-Expreß die Fahrt vom Piräus nach Amfiklia mitgemacht hatte. Eingesetzt wurden auf dieser Strecke JDZ-Lokomotiven der Baureihe 01 Prairie mit der Achsenfolge 1C1. Sie hatten spitz zulaufende Rauchkammertüren und eigenartige Schornsteine und wirkten im Vergleich mit den großen 05-Pacifics der Achsenfolge 2C1, die den Simplon-Orient-Expreß von Belgrad nach Tsaribrod (heute Dimitrovgrad) an der bulgarischen Grenze zogen, ausgesprochen kümmerlich und schwach. Die in Griechenland eingesetzten österreichischen E-Lokomotiven der Baureihe KB waren dagegen massige Riesen, aber auch nicht besonders schnell, denn in Griechenland weisen die Eisenbahnstrecken wegen der vielen Gebirge zahlreiche Steigungen und Kurven auf.
Endstation des Simplon-Orient-Expreß war der Hafen von Piräus, wo

man auf die Linienschiffe umsteigen konnte. In Athen hatte der Zug einen längeren Aufenthalt. Hier wurden die Wagen gereinigt und erst am nächsten Abend wieder vom Zugpersonal übernommen. Griechisches und türkisches Zugpersonal arbeitete an sechs Tagen in der Woche durch, war also sechs Nächte lang im Zug und hatte nur einen Tag frei. Gewöhnlich war es in Paris stationiert.
Auf dem türkischen Streckennetz wurden die aus Frankreich stammenden alten Lokomotiven CO 140 der Orientbahn (mit besonders geringem Achsengewicht) ab 1937 nach und nach durch deutsche 2D-Lokomotiven ersetzt, zunächst auf dem Netz der Anatolischen Eisenbahn, die einst in deutschem Besitz war. In Bulgarien, wo König Boris als begeisterter Freund der Dampflokomotiven oft mit dem Simplon-Orient-Expreß gefahren sein soll, verfügte man über Lokomotiven, die eines Königs würdig waren: die in der Schweiz (SLM in Winterthur) gebauten Mikados mit der Achsenfolge 1D1.
Der rumänische Teil des Zuges fuhr von Vinkovci über Subotica, wo für den Rest der Reise der Bukarester Speisewagen angehängt wurde, gelangte hinter Velika Kikinda über die rumänische Grenze und fuhr

105 Plakat von 1930 für den Simplon-Orient-Expreß und den Taurus-Expreß

106 Pullman-Wagen Nr. 4158 für den 1976 anläßlich der Hundertjahrfeier des CIWL-Simplon-Orient-Expreß eingesetzten Sonderzug. Man beachte die Lalique-Glasscheiben

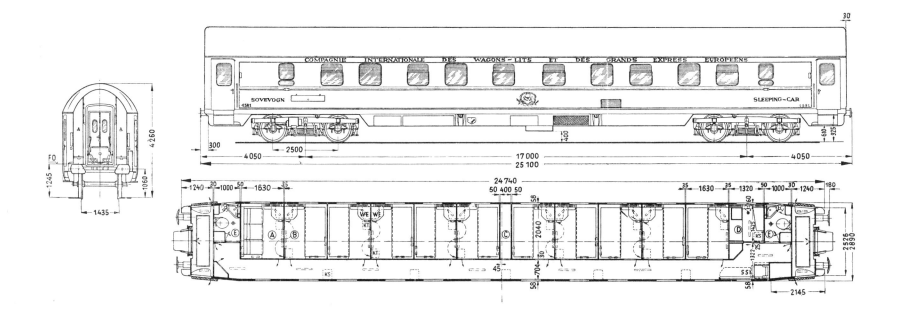

COMPAGNIE INTERNATIONALE DES WAGONS-LITS ET DES GRANDS EXPRESS EUROPEENS

SOVEVOGN

SLEEPING-CAR

auf der ursprünglichen Strecke des Orient-Expreß über Orsova und das Eiserne Tor nach Bukarest. Auf dieser Strecke setzte man mächtige, sehr hohe und großrädrige Golsdorf-Lokomotiven der Achsenfolge 1D2 ein; sie glichen den Lokomotiven, die auf der Strecke Salzburg–Wien der Österreichischen Bundesbahnen den Arlberg-Orient-Expreß und den Orient-Expreß zogen.

Wer mit diesem Zug fuhr, konnte nie genau wissen, was passieren würde. Mussolinis Polizisten etwa pflegten mit dem Revolver auf jeden anzulegen, der so unklug war, sich an Grenzstationen wie Domodossola aus dem Fenster zu lehnen, so daß die Warnung »E pericoloso sporgersi« (Es ist gefährlich, hinauszulehnen) an den Fensterrahmen des Expreßzuges ihre volle Berechtigung hatte. Zum letzten Mal schossen 1961 Räuber auf den Zug (in der Türkei). Diese Ungewißheit trug natürlich zum Reiz des Zuges bei, genauso wie das Halbdutzend Sprachen, die Verwendung fanden.

Ausgangspunkt des Simplon-Orient-Expreß war Paris. Dort wurden zwei aus Calais kommende Schlafwagen (nach Istanbul bzw. Bukarest) an die drei Schlafwagen des Zuges angehängt. Zunächst folgte man der Strecke des Simplon-Luxuszuges, den die Internationale Schlafwagengesellschaft 1907, kurz nach der Eröffnung des Simplon-Tunnels, eingesetzt hatte, über Lausanne, Mailand nach Venedig, und mit österreichischer Erlaubnis seit 1912 bis Triest. Weiter durfte der Zug nicht verkehren, weil er nicht über Wien fuhr. Allerdings hatte Österreich im Gegensatz zu Preußen gegen Wagons-Lits-Dienste keine prinzipiellen Einwände, und als im gleichen Jahr die Canadian Pacific Railway zwischen Triest und Wien eigene Salonwagen mit Anschluß an die aus Kanada kommenden Linienschiffe einsetzte, wurden diese Wagen von der CIWL bewirtschaftet (was die bisherige Literatur nicht erwähnt).

Schlafwagen Typ »U«, der CIWL als Reparationsleistung übergeben

Die Wagen der CP wurden teils in Wien, teils in Prag gebaut. Die drei ersten, »Canada«, »Europa« und »America«, kamen am 15. Januar 1912 zum ersten Einsatz; fünf weitere, »Austria«, »Africa«, »Britannia«, »Australia« und »Asia«, standen im März 1913 bereit. Die Verbindung bestand nicht lange: nach Ausbruch des Ersten Weltkriegs wurde sie eingestellt, und einige Wagen gelangten nach Italien. Sie hatten die in Österreich üblichen Vakuumbremsen; aber einige verfügten obendrein über Druckluftbremsen wie die meisten CIWL-Wagen, da sie für den Einsatz auf der Strecke Triest–Franzensfeste–Brenner–Innsbruck–Arlberg–Zürich vorgesehen waren. Sie kamen dann allerdings auf der Strecke Wien–Innsbruck–Bregenz zum Einsatz, fuhren also nicht in die Schweiz.

Nach dem Ersten Weltkrieg befuhr der aus CIWL-Schlafwagen zusammengestellte Militär-Luxuszug, der Paris mit Warschau, der Hauptstadt des befreiten, wieder selbständig gewordenen Polens, verband, die Strecke über Basel–Zürich–Buchs–Feldkirch–Arlberg–Wien. Ab Februar 1920 durften auch Zivilisten diesen Schweiz-Arlberg-Wien-Expreß benutzen. In Linz wurde ein Schlafwagen nach Prag abgehängt. Auch die kürzere, durch Deutschland führende Strecke zwischen Paris und Wien, die der Orient-Expreß vor dem Krieg befahren hatte, wurde wieder in Betrieb genommen, doch der ab 1921 erneut unter dem Namen Orient-Expreß laufende Zug fiel oft aus »technischen Gründen« aus und konnte auch nicht über Wien hinaus fahren, da die Ungarn es ablehnten, Lokomotiven dafür bereitzustellen. Nach der Besetzung des Rheinlands durch französi-

107 Der Simplon-Orient-Expreß und der Ostende-Wien-Orient-Expreß 1937 in Dragoman (Bulgarien). Mit einem Automobil der Marke Humber Snipe veranstaltete der Publizist Dudley Noble kurz vor Eröffnung des Londoner Automobilsalons eine Wettfahrt mit dem Ostende-Wien-Orient-Expreß – und er gewann das Rennen

sche Truppen verkehrte 1923 und 1924 nur noch der Schweiz-Arlberg-Wien-Expreß (SAWE) zwischen Paris und Wien. Als dann der Orient-Expreß wieder ordnungsgemäß existierte, blieben viele Leute dem SAWE treu, deshalb wurde er auch beibehalten; besonders praktisch war er für Reisen zum Völkerbund nach Genf, konnte man doch in Zürich in Schnellzüge der SBB umsteigen.

Von Paris nach Warschau brauchte man nicht über Wien zu fahren, sondern konnte den 1921 wieder eingesetzten Nord-Expreß benutzen. Der Zug führte auch einen Schlafwagen von Ostende nach Bukarest mit; dieser fuhr über Krakau, Lemberg und Snjatin an der damaligen polnisch-rumänischen Grenze, umging also Ungarn im Norden.

1932 erhielten der Ostende-Wien-Expreß, der Orient-Expreß und der in Arlberg-Orient-Expreß umgetaufte SAWE von Budapest bis Belgrad durchlaufende Schlafwagen, die in der jugoslawischen Hauptstadt Anschluß an den Simplon-Orient-Expreß hatten. Der Orient-Expreß fuhr über Lokoshaza, der Arlberg-Orient-Expreß von Budapest über Cluj nach Bukarest, der Speisewagen des Ostende-Wien-Orient-Expreß von Ostende bis Lokoshaza. Man vergißt heute leicht, wie wichtig diese Züge damals waren, als der Linien-Luftverkehr noch in den Kinderschuhen steckte, beförderten doch die CIWL-Gepäckwagen nicht nur Briefpost, sondern auch Pakete, was besonders für den Automobil-Ersatzteilnachschub praktisch war. In

jenen Tagen waren die Straßen auf dem Balkan in einem trostlosen Zustand; man konnte in Jugoslawien einen ganzen Tag lang mit dem Simplon-Orient-Expreß unterwegs sein, ohne mehr als drei Autos zu begegnen. Die internationalen Luxuszüge waren bequem und sicher, für Botschafter ebenso wie für gekrönte Häupter, die gelegentlich von der CIWL einen Sonderwagen mieteten, der an den Zug angehängt wurde. Selbst Könige mußten bei einspurigen Strecken auf Warteschleifen ausharren, bis der Gegenzug vorbeigefahren war – das schmälerte den Ruhm des Simplon-Orient-Expreß in keiner Weise. Die Produzenten des Humber-Automobils (die Firma gehört heute zu Chrysler England) ließen sich als Werbegag eine Wettfahrt ihres neuen Autos mit dem Ostende-Wien-Orient-Expreß einfallen, die auf der ganzen Strecke von Istanbul bis Ostende ausgetragen wurde. Sieger blieb das Auto.

In den zahlreichen Büchern über den Orient-Expreß wird Istanbul stets als Endstation bezeichnet. In Wirklichkeit wurde diese Stadt auch zu einem neuen Ausgangspunkt. Atatürk mißfiel es, daß die Hafenstadt so anziehend und von außen her so leicht zugänglich war. Nachdem er den Sultan abgesetzt und die nach dem Ersten Weltkrieg einen Großteil des Landes besetzt haltenden europäischen Mächte zum Abzug bewogen hatte, verlegte er die Hauptstadt nach Ankara, damals noch ein abgelegenes, unwirtliches Nest. Der englische Botschafter, der sein prächtiges Botschaftsgebäude in Istanbul hatte aufgeben müssen, verbrachte eine volle Woche in einem CIWL-Sonderzug, ehe er Ankara betrat. Damals gab es in der asiatischen Türkei ganze sechs CIWL-Wagen, doch 1926 konnte die Internationale Schlafwagengesellschaft einen Vertrag mit einer Laufzeit von 40 Jahren abschließen.

Der erste daraufhin eingesetzte Luxuszug war der Anatolien-Expreß

108 Der nach dem Beispiel des »Train Bleu« ausschließlich aus Schlafwagen und einem CIWL-Speisewagen zusammengestellte Ankara-Expreß fuhr bis 1966. Die von Henschel gebaute 1D1-Lokomotive der Baureihe 46 TCDD fährt 1957 an der Spitze des aus Schlafwagen des Typs »Y« (vgl. Abb. 154) bestehenden Zuges in den Bahnhof von Istanbul ein

109 Eine Erinnerung an die sechziger Jahre, als die CIWL nicht nur die Strecke Paris–Wien, sondern auch Wien–Istanbul, Haydarpasa–Ankara und Ankara–Kars betreute

zwischen Istanbul und Ankara. Ausgangsstation war Haydarpasa, auf der anderen Seite des Bosporus, gegenüber dem Sirkeci-Bahnhof, der Endstation des Simplon-Orient-Expreß. 1930 folgte der Taurus-Expreß, der zunächst über Konya mit seinen tanzenden Derwischen auf die Paßhöhe nach Ulukisla fuhr, von wo aus die Eisenbahnlinie aus einer Höhe von 1400 Meter fast wieder auf Meereshöhe gelangt (bei Adna), und die sich anschließenden Gebirge bedingen weitere große Höhenunterschiede. In Meydan Ekbez bei Aleppo erreichte der Zug syrisches Territorium. Hier wurde der »Toros Ekpresi«, wie man ihn auf türkisch nannte, geteilt. Die eine Hälfte (später mit einem durchlaufenden Speisewagen, der allerdings 1938 in Aleppo wieder abgehängt wurde) fuhr bei Choban Bey in die Türkei zurück, überquerte bei Nusaybin erneut die syrische Grenze und erreichte bei Tel Kotchek, wo die Internationale Schlafwagengesellschaft ein Rasthaus betrieb, die irakische Grenze. Diese Strecke gehörte zu der in deutschem Besitz befindlichen Bagdadbahn. In den späten dreißiger Jahren, nachdem die Eisenbahnverbindung zwischen der neuen Hauptstadt und Ulukisla fertiggestellt war, fuhr der Zug über Ankara. Mit Autos mußten die Reisenden zur irakischen Schmalspurbahn nach Kirkuk gebracht werden, aber 1939 wurde das Normalspurnetz bis Mosul und 1940 bis Bagdad ausgebaut. Daraufhin betrieb die CIWL mehrere Jahre lang durchgehende Speise- und Schlafwagen.

Der zweite Teil des Taurus-Expreß fuhr längs der östlichen Mittelmeerküste in Richtung Kairo. Vor dem Krieg war Tripolis Endstation, nachher Beirut. 1945 bestand für kurze Zeit eine durchgehende Zugverbindung bis Haifa und von dort nach El Kantara am Suezkanal. Vor dem Zweiten Weltkrieg wurden die Reisenden in Bussen nach Haifa befördert, von wo aus ein CIWL-Schlafwagen nach Kantara-Ost fuhr. Damals überquerte man den Kanal auf einer Fähre und setzte dann die Reise mit dem CIWL-Pullman-Wagen fort, der zwischen Port Said und Kairo verkehrte (siehe Kapitel 8). Den Anschluß zwischen dem Simplon-Orient-Expreß und dem Taurus-Expreß besorgte ein eigens dafür eingesetztes Schiff; die für das Umsteigen in Istanbul verfügbare Zeit betrug ganze anderthalb Stunden (nach dem Thomas-Cook-Fahrplan muß heute für solche Anschlüsse ein Spielraum von mindestens vier Stunden eingeplant werden!).

Die Türkei blieb im Zweiten Weltkrieg neutral, und sowohl der Anatolien-Expreß als auch der Taurus-Expreß verkehrten weiter. Um Zwischenfälle zu vermeiden, reisten die deutschen Diplomaten mit dem Anatolien-Expreß, die englischen mit dem Taurus-Expreß. Als in den sechziger Jahren die Fahrzeit der Züge verkürzt wurde und als Folge davon der Simplon-Orient-Expreß wegfiel, mußte man die Strecke nach Istanbul in verhältnismäßig einfachen älteren Schlafwagenzügen ohne Speisewagen zurücklegen. In der asiatischen Türkei hingegen wurden die »Luxuszüge, auf die die Türkei gern verzichten kann«, bis 1966 beibehalten. Normale Züge mit CIWL-Schlaf- und Speisewagen fuhren von Ankara aus nach vielen Orten, ostwärts bis nach Kars, einer von Rußland gebauten Station, ehe dieser Teil Armeniens 1917 türkisch wurde, und nach Tatvan am Van-See, wo heute eine Eisenbahnfähre existiert und von wo aus eine direkte Bahnverbindung nach Teheran besteht. Nach Westen fuhr der Ege-Expreß auf dem Schienennetz der ehemaligen Smyrna-Cassaba & Prolonguements-Bahn, deren Generaldirektor Nagelmackers von 1893 bis 1905 war, nach Izmir (Smyrna). Nagelmackers war übrigens auch Direktor der nicht mehr existierenden Schmalspurbahn zwischen Mudanya am Marmarameer und Bursa, einer bei Istanbul-Touristen sehr beliebten Stadt; heute muß man dorthin die Straße benutzen.

Als an den Speisewagen noch gewöhnliche Reisezugwagen angehängt wurden, war der Anatolien-Expreß so schwerfällig, daß man zwischen 1949 und 1965 die CIWL-Wagen als Ankara-Expreß abtrennte. Nach Einführung der Dieseltraktion wurde der längere Zug wieder eingeführt.

Kein Gegensatz war krasser als der zwischen dem hell erleuchteten Speisewagen mit seiner Doppel-Gepäckablage (wie in »Brighton Belle«) und der wilden Gebirgslandschaft in Küstennähe oder der unwirtlichen Anatolischen Hochebene, im Sommer fast wie eine Wüste, im Winter von Schnee bedeckt. Die Speisekarte führte folgendes Menü auf:

Toast mit Schafskäse und Wodka
Hühnersuppe
Kalbsschnitzel à la mode de Paris
Bratkartoffeln, Bohnen
Salat
Baklavi (leichtes türkisches Konfekt)
Pfirsich Melba

1966 wurden die Restaurantwagen (Lokantali Vagons) der Internationalen Schlafwagengesellschaft durch türkische Yemakli Vagons (Speisewagen) ersetzt, und 1970 übernahm die Türkei auch die Schlafwagen. 1977 bestand der nunmehr einzige CIWL-Dienst nach Istanbul aus einem Schlafwagen, der zweimal wöchentlich mit dem Direkt-Orient-Marmara-Expreß von Paris kam; zwischen Italien und der türkischen Grenze fuhr kein Speisewagen mehr mit. Auch dieser Kursschlafwagen ist seit dem 19. Mai 1977 eingestellt, und obwohl bereits 250 Buchungen für die letzte Fahrt vorlagen, sah man keinen Sonderzug vor. Wie nach einer Unterbrechung im Jahr 1962 der Kursschlafwagen Paris–Bukarest des Orient-Expreß weiterbesteht, wird vielleicht auch der Schlafwagen Paris–Istanbul eines Tages wieder im Fahrplan stehen.

13. Die Pullman-Invasion in Europa

Der »Flèche d'Or«

Nach dem Erfolg des »Train Bleu« wollte Lord Dalziel in ganz Europa Pullman-Wagen einführen. Einzelne Wagen fuhren bereits seit 1911 im Schiffszug London–Dover mit; die Schaffner überquerten den Kanal, um für die aus London kommenden Reisenden beim CIWL-Personal der Anschlußzüge nach Paris Plätze zu reservieren.

Erste Vorstöße von André Noblemaire, 1923 Generaldirektor von Wagons-Lits, fanden beim Direktor der Nordbahn, Monsieur Javary, keinerlei Gegenliebe: Er behauptete, man stelle gerade den Fahrplan der Schiffszüge um und könne keine Luxuszüge unterbringen.

1925 beschloß man, probeweise einen Pullman-Dienst zwischen Mailand und Cannes einzurichten. Eine Rolle spielten dabei die neuen Vorschriften, nach denen in Frankreich stationierte Pullman-Wagen Ganzmetallwagen sein mußten, aber auch die Tatsache, daß – wie wir bereits gesehen haben – in Italien schon früher Pullman-Wagen verkehrten. Um Zeit zu sparen, lieh man sich von der Pullman Car Company Ltd. zehn Wagen mit hölzernen Aufbauten aus; sie sollten an die Internationale Schlafwagengesellschaft verkauft werden, die Wagennummern 2991–3000 waren schon reserviert, wurden aber nie benutzt; in den Duplikatslisten figurierten die Wagen als Nr. 51–60.

Die englischen Pullman-Wagen mußten mit langsamen Güterzügen aus Zeebrugge herbeigeschafft werden, weil sie nicht mit Druckluftbremsen, sondern mit den in Großbritannien üblichen Vakuumbremsen ausgerüstet waren. Man montierte die Sessel ab und installierte sie in zwei Ganzmetall-Speisewagen (Nr. 2700 und 2867). Mit diesen Wagen, den S-Schlafwagen Nr. 2656 und 2657 und den Fourgons Nr. 1164 und 1167 wurde eine Probefahrt von Paris nach Calais und zurück unternommen. Die Presse lobte die schönen neuen Ganzmetall-Pullmanwagen – und das ein ganzes Jahr, bevor solche Wagen gebaut, geschweige denn in Dienst gestellt wurden! Auf die Geschichte mit dem Sesseltausch kam erst rund 30 Jahre später Roger Commault in seinem Bericht über die Internationale Schlafwagengesellschaft. Bis dahin glaubte man, die Presse hätte wieder einmal an einer Wagons-Lits-Legende gewoben.

Auf Monsieur Javary machte die Probefahrt einen gebührenden Eindruck, aber er stellte die Forderung, daß in Frankreich gebaute Pullman-Wagen eingesetzt werden müßten. Lord Dalziel reagierte mit gewohnter Souveränität und bestellte kurzerhand in Frankreich die benötigten Wagen, überredete aber gleichzeitig Javary dazu, sich zunächst mit englischen Wagen zu begnügen, da die französischen nicht vor 1927 fertiggestellt sein würden. Trotzdem mußte infolge des Generalstreiks in Großbritannien die Einweihung des neuen Luxuszuges vom 15. Mai auf den 15. September 1926 verschoben werden.

So wurde also der »Flèche d'Or« (Goldener Pfeil) 1926 (nicht 1929) in Betrieb genommen: Lord Dalziel feierte damit das fünfzigjährige Bestehen der Internationalen Schlafwagengesellschaft. Aber der am 17. November 1924 zwischen London und Dover in Dienst gestellte, ganz aus Pullman-Wagen zusammengesetzte Zug (der einzige in Südostengland, dessen Wagen nicht kastanienbraun, sondern wie die Pullman-Wagen im übrigen England schokoladebraun und cremegelb

110 Der überholte und heute im Musée National du Chemin der Fer in Mülhausen (Elsaß) ausgestellte Pullman-Wagen Nr. 4018

111 Innenansicht des 1926 für den »Flèche d'Or« in Birmingham gebauten Pullman-Wagens Nr. 4018

waren) hieß weiterhin »Continental Express«. In den Broschüren der CIWL wurde er als »London Pullman«, von den Eisenbahnern als »Weißer Pullman« bezeichnet. Im Expreßzug fuhr ein (in den Broschüren nicht genannter) normaler SR-Reisewagen mit.

Man sorgte also auf jede erdenkliche Weise dafür, daß niemand auf den Gedanken kam, die Pullman Car Company könnte die Tochterfirma einer ausländischen Gesellschaft sein – im Gegenteil, es sah nun so aus, als ob die Pullman Car Company der Internationalen Schlafwagengesellschaft entgegenkommenderweise gestattet hätte, das Wort »Pullman« auf ihren Wagen zu benutzen (was ja so oder so stimmte). Wie erfolgreich diese Vertuschungsmanöver waren, läßt sich daran ermessen, daß noch 1970 in England ein Buch erschien, das in aller Ausführlichkeit über den »Goldenen Pfeil« berichtet, aber nicht sagt, warum der Expreßzug diesen Namen trägt.

Wie nervenaufreibend 1924 eine Reise von London nach Paris war, können wir einer maßgebenden zeitgenössischen Reisezeitschrift entnehmen: überfüllte Schiffe, Verspätungen, zu wenig Sitzplätze, zu wenig Toiletten, unfreundliche Zollbeamte. Wer dies weiß, kann »The Princely Path to Paris« (Der königliche Weg nach Paris), die Broschüre der Pullman Car Company über den »Goldenen Pfeil«, nicht lesen, ohne in Gelächter auszubrechen. Sie ist bunt illustriert (einige der Abbildungen sind hier wiedergegeben) und verbreitet sich ausführlich über Goldgewebe (irgendwie mußte das Wort »golden« im Namen gerechtfertigt werden, ohne das Jubiläum der CIWL zu erwähnen). Da ist die Rede von »anspruchsvollen Reisenden in einer genußsüchtigen Zeit«, deren Koffer von »Pullmanschen Halbgöttern« in die Gepäckabteile gebracht werden. »Eine Reise nach Paris ist heute nicht schwieriger als beispielsweise eine Reise nach Harrogate«, heißt es ferner. Wie viele Südengländer verschwendeten je einen Gedanken an dieses obskure Spa im fernen Yorkshire? Aber nach den Erläuterungen im 8. Kapitel wissen wir, warum die Broschüre ausgerechnet Harrogate und nicht irgendeinen anderen Ort erwähnt.

Anspruchsvoll war, was auf englischem Boden in den Pullmans serviert wurde: Sussex-Brathähnchen am einen Tag, Surrey-Brathähnchen am andern. Das alles gehörte zur Legende, daß der Pullman-Service stets ausgezeichnet sei und eine Kanalüberquerung auf den schönen neuen Schiffen der Southern Railway geradezu ein Vergnügen. Nach den Aussagen eines häufigen Fahrgastes zahlte man »einen Pullman-Zuschlag, um im Geruch von kochendem Kohl zu reisen.«

Erst nach der Indienststellung der »Canterbury« im Jahre 1929, als

112 Der »Flèche d'Or« vor dem »Train Bleu« (von dem Wagen sichtbar sind) um 1929 in Calais Maritime, im Vordergrund die »S.S. Canterbury«. Die »Canterbury« wurde 1929 eigens für den »Flèche d'Or« gebaut

113 Der Pullman-Wagen dritter Klasse Nr. 34 für den »Golden Arrow«

114 Innenansicht des Wagens Nr. 34, zum Vergleich mit dem auf Abb. 95 gezeigten »Rheingold«-Wagen

113

114

115 Diese Auffahrtsrampe für die Nachtfähre wurde 1936 in Dünkirchen ausprobiert. Auf dem Schiff ein englisches Automobil. Die Eisenbahnfähren waren die ersten RO/RO-Schiffe, die über dem Zugdeck Autos befördern konnten. Auf der Fähre CIWL-Schlafwagen vom Typ »F«

das Jubiläum der Internationalen Schlafwagengesellschaft längst vergessen war, erhielt der englische Pullman-Zug den Namen »Golden Arrow«. Das Schiff war vor Lord Dalziels Tod (März 1928) von Sir Herbert Walker, dem Direktor der SR, in Auftrag gegeben worden und stand bis zum 15. März 1931 ausschließlich den Reisenden des »Golden Arrow« und den Passagieren zur Verfügung, die mit dem Pullman-Zug von Calais nach Brüssel fuhren. Damals fuhr der »Golden Arrow« dem normalen Kurszug voraus, so daß sich die Passagiere des Luxuszuges auf dem Schiff die besten Plätze sichern konnten. Um Zeit zu gewinnen, wurde dies bald geändert: nun waren die Sitzplätze von vornherein für Pullman-Reisende reserviert. Das klappte gut, da alle Passagiere, die nicht erster Klasse fuhren, sowieso aufs Zwischendeck verbannt waren.

Von 1926 bis 1932 trugen die Pullman-Wagen der Internationalen Schlafwagengesellschaft die gleichen Farben wie die englischen Wagen. Das Tafelsilber stammte aus den Depots der Pullman Car Company in Battersea (London) und wurde in Birmingham und später in Harwich in die Wagen gebracht, bevor die Wagen England verließen. Bis auf die Krone stimmte es mit dem der Pullman Car Company überein. Für die englischen Pullman-Wagen »Marjorie«, »Sappho«, »Viking«, »Medusa« und »Pauline« benutzte man denselben Polsterbezug wie für die Wagen Nr. 4001–4030 der Internationalen Schlafwagengesellschaft.

Damit wurde genau das erreicht, was man beabsichtigt hatte: Die

Reisenden waren felsenfest davon überzeugt, daß die Pullman-Wagen auf einer Fähre den Kanal überquerten (das war zwar zunächst auch geplant gewesen, mußte aber wegen der Gerüchte über den Bau eines Kanaltunnels und später wegen Schwierigkeiten mit der Bodenstruktur in Dover bis 1936 verschoben werden). Als ein kleiner Junge sich die Bemerkung erlaubte, es sei sonnenklar, daß der Zug nicht durchfahre, sonst müßte man nicht in Dover und Calais umsteigen, wies man ihn als vorwitzig zurück (Der »Junge« erinnert sich noch gut!).

Die ersten durchgehenden Kurswagen der CIWL (F-Schlafwagen des Nachtfährzugs) erreichten englischen Boden am 14. Oktober 1936. Diese Verbindung bestand (mit Ausnahme der Kriegsjahre) bis zum 31. Dezember 1976; dann ging der Zug an British Rail.

Nach Ausbruch des Zweiten Weltkriegs mußte der »Goldene Pfeil« eingestellt werden; die Pullman-Wagen wurden beidseits des Ärmelkanals in Depots untergebracht. Am 15. August 1946 konnte der von 1947 bis 1950 als Luxuszug verkehrende Expreß wieder eingesetzt werden; gewöhnliche Reisewagen wurden beidseits des Kanals nicht mitgeführt. Der Nachtfährzug mußte noch warten, da die Schiffe für militärische Zwecke gebraucht wurden. Die Anlegestelle in Dünkirchen wurde bis 1976 benutzt; erst in diesem Jahr nahm man in Dünkirchen West einen neuen Fährhafen in Betrieb, der näher bei Dover liegt und von den Gezeiten unabhängig ist. Dadurch genügen nun drei statt vier Fähren.

In England wurde der »Golden Arrow« nach dem Krieg von 2C3-Lokomotiven gezogen, entweder der 1941er Bulleid SR »Merchant Navy«-Klasse oder der von Riddles gebauten Nachkriegs-BR-»Britannia«. Eine dieser Lokomotiven mit dem Namen »William Shakespeare« wurde eigens für den »Golden Arrow« bei der Eastern Region ausgeliehen. In Frankreich blieb man von 1947 bis 1952 bei den schon vor dem Krieg eingesetzten, in Calais stationierten Chapelon 231E-Pacifics; später zog die Lokomotive den Nachtfährzug nach Dünkirchen und fuhr dann leer ins Depot Calais-Ville zurück. In der Folgezeit war Paris-La Chapelle für den »Flèche d'Or« verantwortlich, bis auch dieses Depot elektrifiziert wurde und der Zug wieder nach Calais kam (das letzte Depot in Frankreich, in dem noch jeder Lokomotivführer seine »eigene« Lokomotive hatte, auf der kein anderer fahren durfte). In Amiens blieb man bis 1969 bei der Dampftraktion; dort setzte man zuletzt von anderswo abgezogene Ex-PLM-231G-Lokomotiven und auch die wenigen übriggebliebenen 231E-Lokomotiven ein.

1951 baute man anläßlich des »Festival of Britain« neue Pullman-Wagen für den »Golden Arrow«. Man benutzte dazu bereits vor dem Zweiten Weltkrieg hergestellte und inzwischen eingelagerte Paneele. »Aquila«, »Perseus«, »Orion«, »Carina«, »Cygnus« und »Hercules« wurden von Birmingham geliefert, aber zwei weitere, »Aries« und »Phoenix«, ließ man ausnahmsweise im Preston-Park-Ausbesserungs-

116 Dieser Salonwagen Nr. 4018 vermittelt eine Ahnung davon, wie gemütlich und geborgen man sich in den Pullman-Wagen fühlte

werk der Pullman Car Company in Brighton bauen. Hätte man sie doch nur als elektrische Triebwagen konzipiert, wie diejenigen für »Brighton Belle«!

Die »Merchant Navy« Bulleid Pacifics wurden durch kleinere »West Country/Battle of Britain«-Lokomotiven der Achsenfolge 2C1 ersetzt und diese wiederum 1961, nachdem die Elektrifizierung abgeschlossen war, durch elektrische Lokomotiven. Allerdings erhielten nur der »Golden Arrow« und der Nachtfährzug solche Maschinen; alle anderen Züge wurden auf Triebwagen umgestellt. Das bedeutete das Ende für die Pullman-Wagen; sie wurden 1972 aus dem Verkehr gezogen. In Frankreich war der »Flèche d'Or« inzwischen auf einen Salonwagen reduziert worden, dem nicht einmal mehr ein Speisewagen für warme Mahlzeiten beigegeben war. 1969 fiel sogar der Salonwagen weg, die Bezeichnung »Flèche d'Or« blieb.

In seiner großen Zeit war der »Flèche d'Or« weit mehr als nur »The Princely Path to Paris«; er war auch »La Ligne Luxueuse vers Londres«. Das Mittagessen, von den Pullman-Wagen mit Küche in dem (oder den) anstoßenden Salonwagen serviert (was man »couplage« oder »triplage« nannte), bestand zum Beispiel aus:

> Potage Cressonière
> Quenelles de brochet à la Lyonnaise
> Grenadin de Veau jardinière
> Pommes Anne
> Céleri au Madère
> Plateau de Fromages
> Coupe Flèche d'Or
> Corbeille de Fruits
> Café

Die Preise für die Mahlzeiten schwankten bei der CIWL je nach Zug; der »Flèche d'Or« gehörte zur teuersten Kategorie. Während die

117 Frühstück auf dem Nachtfährzug. Das O. & C.S. steht für Ocean & Channel Services (Pullman-Jargon für die Zugfähre)

118 Der Trianon-Barwagen stand allen Pullman-Reisenden offen. Interessant das Pullman-Emblem

119 Der »Flèche d'Or« im Pariser Nordbahnhof, kurz vor der Abfahrt nach Calais Maritime. Chapelon-Lokomotive Nr. 231.E.37 mit Lokomotivführer Gauchet und Heizer Delattre (beide vom Depot in Calais). Bis 1969 hatte jeder Lokomotivführer seine eigene Lokomotive

120 Der »Golden Arrow« in Sandling (bei Folkestone) im Jahr 1952. 2C1-Lokomotive Nr. 7004 der BR (»William Shakespeare«) aus der »Britannia«-Baureihe

GOLDEN ARROW ➤➤➤
⬅⬅⬅ FLÈCHE D'OR

AFTERNOON TEA 3/6

Toasted Teacake

Buttered Toast   Crumpets & Scones

Fruit Loaf White & Hovis Bread & Butter

Preserves

Teatime Biscuits   Quality Cake

Pot of Tea (Indian or China)

The TRIANON BAR in this train

offers a pleasant meeting place.

K 10.59

GOLDEN ARROW ➤➤➤
⬅⬅⬅ FLÈCHE D'OR

APERITIFS

Gin and Dubonnet	...	...	...	3/9
Gin and Martini Vermouth, Sweet or Dry		...	...	3/9
Gin and Lime, Gin and Orange	...	...	...	3/9
Gin and Bitters			...	3/-
Sandemans Amontillado Sherry	...		...	3/-
Gonzalez Byass Rosa Sherry	...	...	...	3/-
Gonzalez Byass Tio Pepe	...	...	...	3/6
Sandemans Partners Port	...	...	...	3/-
Old Monk Port	...	quarter bottle	6/-	
Martini Vermouth Sweet or Dry	...		...	1/-
Dubonnet			...	1/-

Better drink MARTINI Sweet or Dry !

SPIRITS

Cognac Brandy 'Three Star' (Bisquit Dubouché, Courvoisier)		3/6
Cognac Bisquit Dubouché V.S.O.P. Martell's Cordon Bleu		5/6
Whisky (Ballantine, Black and White, John Haig's		
Gold Label, Johnnie Walker, White Horse, White Label)		3/-
Gin (Booth's, Curtis, Gordon's)	...	2/9
Jamaica Rum (Lemon Hart)	...	2/9

WINE LIST

Bin			Botte.	Hlve.	Qtre.
43 CHAMPAGNE	G.H Mumm Cordon Rouge N.V.		36/6	18/6	9/-
63 BORDEAUX RED	Médoc (Chaville Freres)		13/-	7/-	4/-
75 BORDEAUX WHITE	Graves (Chaville Freres)		13/-	7/-	4/-
88 BURGUNDY RED	Macon (Geisweiler and Fils)		13/-	7/-	4/-
90 BURGUNDY WHITE	Pouilly Dry Reserve (Bouchard Aîné)		15/-	8/-	4/6
30 HOCK	Liebfraumilch Klosterdoctor		15/-	8/-	4/6

BEERS

Bass, Flower's Brewmaster, Double Diamond, Guinness,			
Worthington	...	...	2/3
Skol Pilsner Lager, Tuborg Pilsener Lager	...	...	2/3
Holsten Pilsner	...	...	...	2/6

CIDER

Whiteway's "WHIMPLE" brand extra quality		...	2/-
Bulmer's	...	...	2/-
Babycham	...	...	...	2/-

IN THE TRIANON BAR

VODKA			2/9
Try Vodka and Tonic	or	Vermouth and Vodka	
UNDERBERG (Miniatures)	...	...	3/-

MINERALS

Vichy Celestins Splits		...	2/-
Apollinaris "Baby Polly"		...	1/6
Schweppes: Ginger Beer Quinine Tonic Soda Water		Baby	10d.
Ginger Ale Lemonade Bitter Lemon Cola		Splits	1/6
Rose's Lime Juice Cordial and Rose's Squashes			1/-
Pineapple Juice	1/6	Tomato Juice Cocktail	1/6

PULLMAN MINIATURES

Courvoisier Brandy XXX	...	5/-	Drambuie	...	6/-
Whisky, Ballantine	...	6/6	Crème de Menthe	...	5/-
Gin	...	5/-	Wolfschmidt Kummel	...	5/-
Cointreau	...	5/-	Grant's Cherry Brandy	...	5/-
	Benedictine		...		5/-

PLEASE ASK FOR A BILL

10/59

---

121 Der »Golden Arrow« 1961 auf der Fahrt nach Dover in Hildenborough (bei Tonbridge). BoBo-Lokomotive E 5015 der BR (Stromschienenlokomotive)

122 Afternoon Tea im »Golden Arrow« (1959)

123 Zu diesem aus dem Jahr 1926 stammen- ▷ den Plakat für den »Flèche d'Or« ließ sich der Künstler offenbar durch englische Pullman-Wagen inspirieren. Das CIWL-Emblem befand sich in Wirklichkeit nie am Wagenende

Dampfpfeife der Lokomotive schrillte, wurde etwa bei Creil die Suppe aufgetragen. In Amiens, wo der »Flèche d'Or« damals nicht hielt, konnten die Leute auf dem Bahnsteig den Zug des Tages bestaunen, und wenn er wegen eines noch auf Halt stehenden Signals zufällig langsamer fahren oder stehenbleiben mußte, sahen sie sogar das Kalbfleisch, das den zufriedenen Passagieren serviert wurde. Die Coupe »Flèche d'Or« ließ die Moore der Pikardie weniger düster erscheinen, und wer in den Kurven bei Etaples zu intensiv auf das ferne Meer hinausschaute, riskierte, seinen Kaffee auf das makellose Tischtuch zu verschütten. Schließlich kam der Zug in Boulogne an. Rückblickend meint man meist, der Zug sei über Calais gefahren. Aber die Wirtschaftskrise, die mitschuldig war, daß Cook 1928 an die Internationale Schlafwagengesellschaft verkauft werden mußte (im Zweiten Weltkrieg trennte man Cook wieder von der CIWL ab), ließ es ratsam erscheinen, Boulogne zu wählen, damit man in Frankreich für den »Flèche d'Or« nur einen einzigen Pullman-Zug einzusetzen brauchte. Auf der Strecke von Boulogne-Ville zum Hafenbahnhof lief ein Mann mit roter Fahne und Signalhorn dem Zug voraus. Am Hafen fanden dann besorgte Amerikaner einen der CIWL-Cook-Dolmetscher in Gehrock und blauer Mütze, die in ganz Europa anzutreffen waren.

Etwa anderthalb Stunden später traf das Schiff (gewöhnlich die »Isle of Thanet«) in Folkestone ein, wendete und glitt rückwärts an die Pier, an deren Ende der von zwei winzigen C-Tenderlokomotiven gezogene »Golden Arrow« wartete. Vom Schiff aus wirkte er wie ein Ausstellungsstück zum Ergötzen der Reisenden, stand aber dort, weil die Zollabfertigung zwischen den Geleisen stattfand. Eine der Lokomotiven schien einen Großteil ihres Führerstandes verloren zu haben. Schubkarren der Gepäckträger blieben beim Überqueren der Geleiserampen stecken, Zollbeamte fertigten hinter provisorischen Tischen die Reisenden ab, und nachher begrüßte altersloses Pullman-Personal mit Hornbrille und glattgekämmtem kurzem Haar die Passagiere. Drei weitere vorsintflutliche Lokomotiven kamen angeschnauft, und die Zöllner in ihren eleganten blauen Marineuniformen mußten das Feld räumen. Alles in allem ein typisch englischer Empfang: ein einziger Zug, aber fünf Lokomotiven, deren seltsames Pfeifen sich mit den schrilleren Pfiffen der Bahnbeamten mischte – das mußte jeden Gast des Inselreiches beeindrucken!

Vorn und hinten begannen die Lokomotiven hektisch zu keuchen, und allmählich setzte sich der »Golden Arrow« in Bewegung. Da die beiden Lokomotiven am Ende schneller schoben, als die drei an der Spitze zogen, bewegte sich der Zug eigenartig schwankend, was George Pullmans patentierte Einpufferkupplungen arg strapazierte. Von der veralteten Drehbrücke aus, deren unzureichende Tragfähigkeit die Ursache für das ganze Theater mit den Mini-Lokomotiven war, sah man kurz den ganzen Hafen; dann zogen und schoben die Lokomotiven den Zug mühselig bergan zur Hauptstrecke.

Zum typisch englischen »Afternoon Tea« servierten die Kellner den traditionellen »toasted tea cake« und die außerhalb Großbritanniens unbekannten »crumpets« (Sauerteigfladen). In aller Ruhe konnten die Reisenden ihren Tee eingießen, während der Zug auf einem Nebengeleise stand, die kleinen Lokomotiven zum Hafen zurückfuhren und ihre Stelle von der mächtigen »Lord Nelson« eingenommen wurde. Streckenunkundige Reisende, die gern in Fahrtrichtung saßen, stellten unversehens fest, daß sie sich auf die falsche Seite gesetzt hatten, denn nun fuhr der Zug in die andere Richtung über den Viadukt hoch über dem Hafen, in dem die Schiffe und Entlastungszüge wie Spielzeug wirkten.

Durch die grünen Felder von Kent, dessen Hopfen das englische Bier berühmt gemacht hat, rollte der »Golden Arrow« nach Westen, durch Headcorn, wo der kleine Zug der unabhängigen Kent and East Sussex Railway warten mußte, bis der berühmte Luxuszug durchgefahren war. Ein Teil davon ist noch heute erhalten: Von Tenterden aus fahren am Samstagabend im »Wine-and-Dine«-Expreß die einzigen Pullman-Wagen, die in Kent noch existieren.

Hinter Tonbridge, an der Grenze des »Gartens Englands«, wie Kent genannt wird, verlangsamte der »Golden Arrow« seine Fahrt, denn nun ging es ziemlich steil bergauf, und die Schwächen der englischen Lokomotiven mit ihrer zwar eleganten Linienführung, aber unzureichenden Zugkraft wurden offenbar. Sevenoaks war damals die Endstation des elektrifizierten Streckennetzes, danach sah man schon die Lichter von London. Wenig später, beim Bahnhof Orpington, entdeckte man aus dem Wagenfenster die ersten richtigen roten Londoner Omnibusse. Die Kellner begannen die Tische abzuräumen, weshalb viele Reisende fälschlich annahmen, der Zug würde gleich halten, aber wer die Strecke kannte, machte es sich nochmals in seinem Sitz bequem, bis schließlich die Themse und der Anblick der City von der Themsebrücke aus erkennen ließen, daß man sich dem Victoria-Bahnhof näherte, dessen schmutziges Dunkel einen so krassen Gegensatz zum blitzenden hellen Pullman-Zug bildete.

Der Süd-Expreß und der »Puerta del Sol«

Der Süd-Expreß wurde als erster Zug in Frankreich mit Pullman-Wagen ausgestattet und führte als letzter regulärer französischer Kurszug einen Pullman-Wagen mit, aber genaugenommen war dieser Luxuszug eine Art »Dreifaltigkeit«, denn in ihm fuhren auch spanische und portugiesische Schlafwagen.

Zunächst einmal wurde um 1880 auf der Strecke Paris–Irun der von Colonel Mann übernommene Wagen Nr. 47 eingesetzt; er hatte Anschluß an die Wagen Nr. 72 und 73, die ersten beiden in Spanien fahrenden CIWL-Wagen. Die Cholera, die einer Ausweitung der CIWL-Dienste so viele Schwierigkeiten in den Weg legte, wütete auch in Spanien. Mit der Königlich portugiesischen Eisenbahn konnte erst am 1. Mai 1886 ein Vertrag unterzeichnet werden. Damit war der Süd-Expreß aber erst auf dem Papier Wirklichkeit geworden, in Dienst gestellt wurde er am 4. November 1887. Ab Januar desselben Jahres verkehrte ein Luxuszug zwischen Porto und Lissabon. Anläßlich der Probefahrt des Süd-Expreß am 24. Oktober 1887 veranstaltete Nagelmackers in Lissabon eines seiner berühmten Bankette.

Ab 1895 wurden in Medina del Campo die Schlafwagen nach Madrid vom Lissaboner Schlafwagenzug abgehängt, aber noch heute verkehrt zwischen Madrid und Lissabon ein CIWL-Luxuszug, der Lusitania-Expreß, mit Barwagen und normalen Reisewagen. Lange Zeit konnte man in Lissabon Plätze für die Rückfahrt von Madrid buchen, aber nur an drei Tagen in der Woche, wenn der Schlafwagen von der portugiesischen CIWL gestellt wurde und der Schaffner die Reservation mit nach Madrid nehmen konnte. Heute besteht diese Möglichkeit nicht mehr, weil die Strecke ausschließlich von den spanischen Eisenbahnen (RENFE) betrieben wird; eingesetzt werden heute vollklimatisierte CIWL-YF-Schlafwagen aus den siebziger Jahren.

1900 wurde die Fahrzeit des Süd-Expreß in Frankreich verkürzt, so daß man auf der Strecke Paris–Irun keine Schlafwagen mehr brauchte. Die Schaffner begleiteten den Zug nicht mehr von Paris bis Lissabon bzw. Madrid (mit Umsteigen an der Grenze). In Frankreich setzte man Salonwagen ein, neue Wagen mit Teakaufbauten, die in Belgien als Ersatz für die Wagen erster Klasse der belgischen Eisenbahn gebaut und in ganz Europa eingeführt wurden. Die Pariser CIWL-Direktion konnte sie ohne Schwierigkeiten mieten, da viele der 53 Salonwagen (Nr. 1501–1553) in Frankreich und Italien gefertigt wurden, aber die Brüsseler Zentrale der CIWL drang bald darauf auf ihre Rückgabe, denn man kann sich vorstellen, daß der Einsatz privater statt staatlicher Salonwagen im belgischen Parlament einen ziemlichen Wirbel verursachte.

Es wurde schon die Vermutung geäußert, daß eine Privatgesellschaft, die das königliche Schloß in den Ardennen in ein (von Jagdenthusiasten vielbesuchtes) Hotel umgewandelt und mehrere Palasthotels in Ostende errichtet hatte, im belgischen Parlament so ziemlich alles durchsetzen konnte. Aber nach den belgischen Gesetzen dürfen in Zügen Getränke nur zu Mahlzeiten verabreicht werden, und hochprozentige alkoholische Getränke sind völlig untersagt. So existiert denn auch ein Alkoholverbot für internationale Schlafwagen, wovon allerdings Bier und Wein ausgenommen sind. Die Wagen der CIWL, die keine Grenze passieren, führen Whisky, bei den andern hängt das davon ab, wo sie verkehren. In Belgien herrscht Alkoholverbot, Wagen nach Italien haben manchmal Whisky mit, französische niemals.

Die letzten sieben Salonwagen der Baureihe, Nr. 1547–1553, wurden endgültig dem Süd-Expreß zugewiesen. Weitere Salonwagen für diesen Luxuszug und den Savoy-Expreß (Paris–Aix-les-Bains) folgten 1904. An ihre Stelle traten 1913 noch bessere Wagen. Nach 13 Monaten wurden einige aus der Serie Nr. 2443-2446 zwangsweise für die Sonderzüge von Marschall Foch und Präsident Clémenceau abgezogen und die übrigen für die Dauer des Ersten Weltkriegs in Depots gestellt. Davon abgesehen wurde der in die neutralen Länder Spanien und Portugal fahrende Süd-Expreß vom Krieg nicht betroffen.

1921 verkehrten die Salonwagen wieder. Weil der englische König Eduard VII. in der Nachkriegszeit lieber nach Biarritz und an die Côte d'Argent reiste als an die Côte d'Azur, nahm der Verkehr dorthin ebenso große Ausmaße an wie der Spanienverkehr. So ging die Jungfernfahrt des Pullman-Süd-Expreß am 28. August 1926 nicht nach Irun, sondern nach Biarritz. Wegen der französischen Sicherheitsvorschriften mußten die Teakwagen durch die Ganzmetall-Pullman-Wagen Nr. 2737–2748 ersetzt werden.

Diese Wagen hatten nicht mehr das ovale Pullman-Fenster und neben mehreren Einzelabteilen nur einen Salon. Dazu kamen wenig später die drei »Komplementärwagen« Nr. 2839–2841 mit je einer Küche und zwei Salons. Danach erhielten alle neuen Pullman-Wagen 4000er-Nummern, damit man sie von den normalen Salonspeisewagen unterscheiden konnte. Nach der Jungfernfahrt mit den Gepäckwagen Nr. 1210 und 1211 und den Pullman-Wagen Nr. 2839, 2737, 2743, 2738 und 2744 nahm der Süd-Expreß den regulären Dienst zwischen Paris und Irun auf. Wie die Pullman-Wagen in Großbritannien und der »Flèche d'Or« waren die Wagen des Luxuszuges (inklusive Gepäckwagen) schokoladenbraun und cremegelb.

Als am 22. Mai 1932 Pullman-Wagen zweiter Klasse vom »Etoile du Nord«-Typ in den Zug eingehängt wurden, stellte man die Wagen einheitlich auf Blau und Cremegelb um; aus den Komplementärwagen wurden normale Speisewagen. In der Regel bestand der Süd-Expreß aus einem »Dreigespann« von Pullman-Wagen (ein Küchenwagen, ein Erster-Klasse- und ein Salonwagen erster und zweiter Klasse) mit je einem Gepäckwagen für Gepäck und Post vorn und hinten. In dieser Form verkehrte er bis zum Ausbruch des Zweiten Weltkriegs; dann wurde er abgesetzt.

In Spanien und Portugal war der Süd-Expreß ein Luxuszug mit Schlaf- und Speisewagen (keine Pullman-Wagen) mit Anschluß (in Irun) an den französischen Pullman-Zug. Von da aus fuhren ein Gepäckwagen und ein Schlafwagen nach Lissabon, der restliche Zug nach Madrid. In Medina del Campo wurde der Zug zweigeteilt, wobei der Speisewagen zum Madrider Teil kam. Dafür erhielt der Lissaboner Teil für die Weiterfahrt den Speisewagen der portugiesischen CIWL, der in der Nacht zuvor mit dem Lissabon-Hendaye-Süd-Expreß in Medina del Campo eingetroffen war. Gegen Ende des Spanischen Bürgerkrieges wurde der Lissaboner Teil des Süd-Expreß als einer der wenigen Luxuszüge beibehalten, mußte allerdings auf Umwegen nach Salamanca und zur portugiesischen Grenze fahren.

Nach 1939 bestand der Süd-Expreß aus normalen Reisewagen. Ab 1947 fuhr im französischen Süd-Expreß wieder ein Pullman-Wagen erster Klasse mit, zunächst eine »couplage«, später nur noch ein Wagen ohne Küche; der Pullman wurde nun unmittelbar an den Speisewagen angekuppelt, von wo aus man die Speisen servierte. Erst nach fast 25 Jahren, im Jahr 1971, wurde der Wagen abgezogen. Damals war schon seit fast zwei Jahren der »Puerta del Sol« in Betrieb, und die Internationale Schlafwagengesellschaft betrieb Schlafwagen nur noch in Portugal.

Der zwischen Irun und Lissabon verkehrende Süd-Expreß war also der letzte von der CIWL betriebene internationale Schlafwagenservice und führte auch den letzten CIWL-Gepäckwagen mit, der Post beförderte. Der Madrider Teil des Süd-Expreß wurde immer länger und mußte schließlich vom portugiesischen Teil gänzlich getrennt werden. Er verkehrte nun nach neuem Fahrplan als »Costa Vasca Express«. Ein großer Teil des Zuges fährt nach Bilbao; der Teil mit dem Zielbahnhof Hendaye ist für Reisende nach San Sebastian bestimmt und hat keinen direkten Anschluß an Züge nach Paris. Von Paris aus hingegen besteht in Irun ein günstiger Anschluß nach Madrid, obgleich der später noch zu besprechende »Puerta del Sol« insofern bequemer ist, als man in Irun nicht umsteigen muß.

Aus irgendeinem Grund lieferte die CIWL keine Pullman-Wagen an die Andalusische Bahn, die nach dem Bürgerkrieg mit anderen großen Eisenbahnen zur Spanischen Staatseisenbahn (RENFE) zusammengeschlossen wurde. Deshalb kauften die Andalusier sechs Pullman-Wagen – drei mit und drei ohne Küche – direkt bei Metro in Birmingham. Das Personal stellte zunächst die CIWL. Die Wagen hatten sogar Pariser Standard-Kohleöfen und verkehrten zwischen Sevilla und Algeciras; bis 1930 fuhren von Bobadillo aus einige Wagen des Zuges nach Malaga. Dieser andalusische Expreß war der einzige ausschließlich aus Pullman-Wagen bestehende Luxuszug in Spanien. Er wurde eingestellt, als nach Ausbruch des Zweiten Weltkriegs der Reiseverkehr stark nachließ.

1930 baute die CIWL in Spanien sechs Pullman-Salonwagen mit Teakverkleidung. Sie wurden zusammen mit einem Speisewagen in normalen Reisezügen eingesetzt. Einer dieser Pullman (Nr. 4165) wurde 1948 zum RENFE-Filmvorführwagen umgebaut und existiert vielleicht heute noch.

Zahlreiche mit Namen versehene spanische Züge führen nachts drei oder vier Schlafwagen mit, gewöhnlich einen oder mehrere in Spanien gebaute vollklimatisierte YF-Wagen sowie P- oder Lx-Schlafwagen, die aus anderen europäischen Ländern stammen. Zur Wartung des spanischen und portugiesischen Wagenparks richtete die CIWL schon 1883 ein seither von der Familie Berroa betreutes Hauptausbesserungswerk in Irun und ein kleineres Reparaturwerk in Aravaca bei Madrid ein. Um Wagen unterschiedlicher Spurweite aufzunehmen, führten dreischienige Geleise ins Werk. 1977 nahm die CIWL in Irun ein neues, ebenfalls dreischieniges Ausbesserungswerk in Betrieb, da die Erweiterung des alten, völlig von RENFE-Geleisen eingeschlossenen Werkes nicht möglich war. Alle CIWL-Wagen, mit Ausnahme der Wagen des »Puerta del Sol«, tragen auf der einen Seite den Namen der Gesellschaft in Spanisch, auf der anderen in Portugiesisch. Der »Puerta del Sol«, ein Schlafwagenkurszug, wurde erstmals 1969 zwischen Paris und Madrid eingesetzt, obwohl Nagelmackers schon 1884 einen durchgehenden Schlafwagendienst geplant hatte. Die U-Schlafwagen des Zuges mußten von Deutschland als Wiedergutmachung für die 800 im Zweiten Weltkrieg zerstörten Schlafwagen geliefert werden; die CIWL produzierte dazu Drehgestelle mit spanischer Spurweite.

Diese Verbindung ohne Halt zwischen Paris und Bordeaux zeichnet sich durch eine hohe Reisegeschwindigkeit aus. In Hendaye werden die Schlafwagen zusammen mit den seit 1971 eingesetzten durchgehenden Liegewagen abgehängt und in einen Schuppen geschoben, in dem die Normalspurgeleise innerhalb spanischer Breitspurgeleise verlaufen. Nach Herauslösen der Zapfen aus den Normalspur-Drehgestellen hebt eine Hebevorrichtung gemeinsam alle Wagen auf einmal an. Die Breitspur-Drehgestelle werden daruntergeschoben; sie stoßen die Normalspur-Drehgestelle vor sich her. Dann werden die Wagen auf die Breitspur-Drehgestelle abgesenkt, am anderen Ende aus dem Schuppen gezogen und an den RENFE-Zug mit Zielort Madrid angehängt, der als einziger spanischer Zug nicht von Irun, sondern von Hendaye aus fährt. Früher wurde hier auch noch ein CIWL-Speisewagen angehängt, aber heute geschieht dies in Miranda del Ebro, wo die Dieseltraktion beginnt. Hinter Burgos befährt der Zug die neue, kürzere Strecke durch die Berge nach Aranda anstatt wie früher über Medina del Campo. Die Strecke wurde 1936 eröffnet; im Bürgerkrieg kam es in einem der langen, damals noch nicht fertiggestellten Tunnels zu heftigen Kämpfen.

In geräumigen, wuchtigen, in Spanien gebauten CIWL-Speisewagen nehmen die Passagiere nördlich von Madrid inmitten unwirtlicher Berge ihr Frühstück ein. Angesichts der wenig einladenden Landschaft fühlt man sich im Wagen um so wohler. Unversehens trifft der Zug im Endbahnhof ein, dem in den sechziger Jahren errichteten Chamartin-Bahnhof, der viele andere Bahnhöfe überflüssig gemacht hat, auch den Norte, lange Zeit die Endstation des Süd-Expreß. Chamartin ist ein Durchgangsbahnhof mit einer kurzen U-Bahn-Verbindung nach Atocha, von wo aus Züge nach Barcelona, Malaga, Cadiz, Algeciras und seit neuestem auch nach Lissabon fahren. Im Chamartin-Bahnhof wird der »Puerta del Sol« übrigens von einem Schnellzug nach Lissabon erwartet.

Der »Edelweiß«

Dieser wunderschöne internationale Luxuszug fuhr erstmals am 15. Juni 1928 von Amsterdam nach Basel, um dem »Rheingold« Konkurrenz zu machen, der am 15. Mai des gleichen Jahres den Verkehr zwischen diesen beiden Städten aufgenommen hatte. Er durchquerte mehr Länder als jeder andere Pullman-Zug, und schon nach zwei Wochen wurde seine Strecke über Basel hinaus bis Luzern verlängert. Wie auch für den »Etoile du Nord« war die niederländische CIWL für den »Edelweiß« verantwortlich.

Der Zug bestand aus einer Pullman-Couplage erster Klasse, einer Couplage zweiter Klasse und zwei WL-Gepäckwagen. Er hielt in Den Haag, Rotterdam, Antwerpen, Brüssel, Luxemburg, Metz, Straßburg und Mülhausen; viele dieser Städte hatten keine anderen Pullman-Verbindungen.

Ursprünglich fuhr der »Edelweiß« um 6.50 Uhr in Amsterdam ab. Das war zwar für Geschäftsleute günstig, aber für Touristen zu früh, und so wurde die Abfahrt auf 9.29 Uhr verlegt. Nach 2½ Stunden

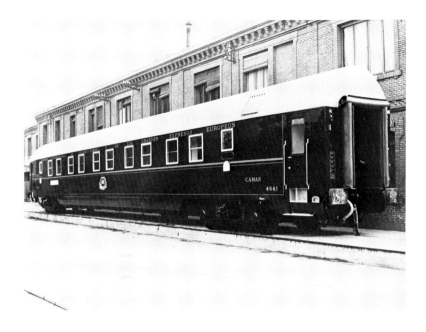

124 Vollklimatisierter »YF«-Schlafwagen für Spanien, unter anderem im Costa-Vasca-Expreß eingesetzt. Interessant der Luftschacht für den Dieselmotor, der die Klimaanlage betreibt.

125 Auswechseln der Drehgestelle eines Schlafwagens vom Typ «U» des «Puerta del Sol» in Hendaye. Das Bild wurde während der Versuche im Jahr 1969 aufgenommen

lief er im Berchem-Bahnhof in Antwerpen ein. Im ersten Winter fuhr der Zug nicht von Amsterdam, sondern von Antwerpen aus, weil dort über Harwich ein günstiger Anschluß von und nach London bestand. Damit machte man dem »Rheingold-Expreß« der Mitropa erfolgreich Konkurrenz (siehe Kapitel 11). Für holländische Reisende besorgte der »Oiseau Bleu« den Anschluß.

Ab Sommer 1929 fuhr der »Edelweiß« über Basel hinaus nach Zürich; ein Pullman-Wagen erster Klasse ging nach Luzern. Im Oktober 1932 wurde für den Winterfahrplan die Strecke bis Den Haag verlängert, und von 1933 bis zum Ausbruch des Zweiten Weltkriegs befuhr der Zug während des ganzen Jahres die Strecke von Zürich bis Amsterdam.

Bereits 1863 existierten durchgehende Züge von Rotterdam über Luxemburg und Straßburg nach Basel; damals fuhren sie nicht über Brüssel, sondern über Lüttich. An dieser Stelle ist es angebracht, die an früherer Stelle gemachte Bemerkung über die Rotterdamer Züge der französischen Ostbahn etwas ausführlicher zu erläutern, denn wer weiß überhaupt noch, daß damals eine solche Verbindung bestand?

Ein Jude, Maurice de Hirsch auf Gereuth, hatte in den fünfziger Jahren des 19. Jahrhunderts in das Bankhaus Bischoffsheim und Goldschmidt (seit 1871 Banque de Paris et des Pays Bas) eingeheiratet und leitete dessen Filiale in Paris. Um die gleiche Zeit gründete er zusammen mit seinem Schwager in Brüssel eine eigene Bank, das Haus Bischoffsheim und de Hirsch.

1863 gründeten die beiden in Amsterdam die holländische Algemeene Maatschappij vor Handel en Nijverheid, die einen Großteil der Aktien der Eisenbahn Rustschuk–Varna (siehe Kapitel 4) übernahm und auch die Betriebskonzession für die Holländischen Staatsbahnen erlangte.

Die belgische Compagnie des Chemins de Fer Liégeois-Limbourgeois besaß die Eisenbahnlinie zwischen Lüttich und Hasselt und war im Begriff, das Streckennetz bis Eindhoven zu erweitern. Hirsch war Präsident, und die Strecke wurde von der Maatschappij tot Exploitatie van Staatspoorwegen, einer Tochtergesellschaft der Algemeene Maatschappij, betrieben. Als diese Gesellschaft 1863 in finanzielle Schwierigkeiten geriet, wollte sie allerdings diese Linie aufgeben.

Auch die Chemins de Fer Guillaume-Luxembourg waren eine belgische Gesellschaft, doch hinter ihnen steckte französisches Kapital; das Pariser Bankhaus Bischoffsheim und Goldschmidt war maßgebend beteiligt (also wieder Hirsch). Die von Luxemburg durch den Norden des Großherzogtums nach Lüttich führende Strecke wurde von der französischen Ostbahn betrieben, und Hirsch konnte diese Gesellschaft dazu bewegen, auch den Betrieb der Liégeois-Limbourgeois zu übernehmen. Die Ostbahn war einverstanden, allerdings unter der Bedingung, daß die Niederländische Staatseisenbahn-Betriebsgesellschaft die Züge der Ostbahn auch auf der Strecke Eindhoven–Rotterdam zuließ. Im Verlauf dieser Verhandlungen wurden viele Beteiligungen diskret hin und her verschoben und Aktienkurse manipuliert.

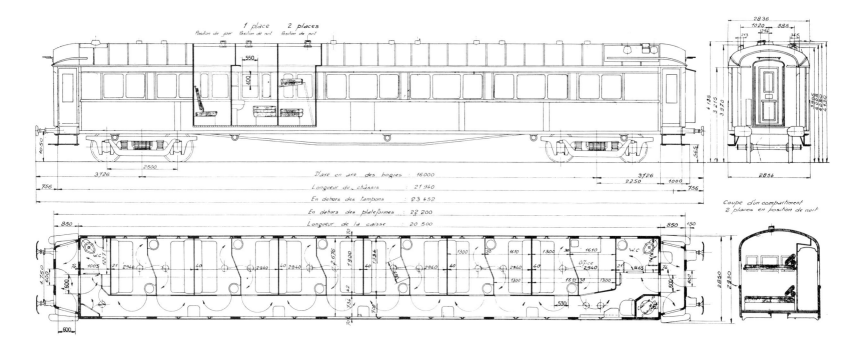

Schlafwagen Typ »20« (Typ »2« mit Interieur Typ »Y«)

Zwei Jahre später versuchte Hirsch Bismarck klarzumachen, welche politischen Vorteile es brächte, wenn die Preußischen Staatsbahnen die Strecke betrieben, hatte doch die Ostbahn gedroht, sich aus finanziellen Gründen zurückzuziehen. Als nächstes fuhr Hirsch nach Paris und machte der französischen Regierung soviel Angst, daß diese sich veranlaßt sah, die Ostbahn zum Weitermachen zu drängen; von der daraufhin getroffenen Abmachung profitierte in erster Linie Hirsch. Alles in allem hatte Hirsch allerdings einen Pyrrhussieg errungen, denn als 1870 der Deutsch-Französische Krieg ausbrach, wurde die französische Ostbahn aus Elsaß-Lothringen verdrängt, und damit endete die Direktverbindung Basel-Rotterdam. Zuvor hatte der junge Nagelmackers im empfänglichen Alter von 18 Jahren in seiner Heimatstadt Lüttich täglich die Züge der Ostbahn gesehen. Das Haus Nagelmackers war eine der führenden Privatbanken und wußte sicherlich über Hirschs Unternehmungen ziemlich genau Bescheid. Die Bank besteht noch heute, und Hervé Nagelmackers gehört dem Verwaltungsrat der Internationalen Schlafwagengesellschaft an.

Nach dem Zweiten Weltkrieg wurde der »Edelweiß« wieder zum Leben erweckt; er bestand jedoch nur noch aus einem an einen CIWL-Speisewagen angehängten Pullman-Wagen zweiter Klasse zwischen Brüssel und Basel (1948–1952) und einem Pullman-Wagen erster Klasse in einem normalen Reisezug zwischen Brüssel und Amsterdam (1947–1950).

1950 übernahm ein TEE den Namen »Edelweiß«, ein gemeinsam von den Schweizerischen und Niederländischen Eisenbahnen betriebener Dieseltriebwagenzug. Erstmals erlaubte die CIWL der SSG, außer-halb der Schweiz tätig zu werden: Die SSG bewirtschaftet den »Edelweiß«, der inzwischen auf elektrische Traktion umgestellt worden ist.

Schmalspurbahnen

Die Andalusische Eisenbahn war nicht die einzige spanische Gesellschaft, die Pullman-Wagen kaufte und CIWL-Personal anheuerte. Die Vascongados-Bahn (San Sebastian–Bilbao) kaufte fünf Pullman mit Schmalspurdrehgestellen (1000 mm), davon drei (Nr. 1–3) mit Küche, bei der Leeds Forge Company. Zwar fehlen die ovalen Pullman-Fenster, aber sonst sehen sie wie Minipullman aus. Noch heute sind sie als »Coche Salon« oder »Coche Salon Buffet« mit 20 bzw. 16 Sitzplätzen in Betrieb.

Im Jahr 1929 stellte die CIWL das Personal für diese Wagen. Sessel und Polsterbezug sind (oder waren bis 1960) genau gleich wie in anderen Pullman-Wagen; sie sind in Einzelabteile unterteilt. Auf den Flanken tragen sie die Buchstaben FV (Ferrocarillas Vascongados) sowie in großen Lettern das Wort »Desinsectado«. Beim Gedanken, daß in seinen Wagen irgendwelches Ungeziefer zuschlagsfrei mit-fahren könnte, würde sich Lord Dalziel sicherlich im Grab umdrehen! Aber diese Schmalspur-Pullman stehen im Schatten anderer Pullman-Wagen, die eine schweizerische Schmalspurstrecke befuhren, die Montreux-Oberland-Bahn, die 1977 ihr 75jähriges Bestehen feiert. Wahrscheinlich wäre der »Golden Mountain«-Pullman-Expreß der CIWL überhaupt nie eingesetzt worden, hätte sich nicht die Mitropa auf der Rhätischen Bahn so breit gemacht, daß zu befürchten war, sie würde sich auch das Berner Oberland vornehmen.

Die SSG betrieb immerhin schon seit 1906 auf der einzigen ihr damals verfügbaren Schmalspurbahn, der Montreux-Berner Oberland-Bahn (MOB), Speisewagen. Der Pullman-Zug wurde am 14. Juni 1931 erstmals eingesetzt; für die Internationale Schlafwagengesellschaft endete diese Verbindung am 15. September. Zwischen Montreux und Zweisimmen bestand der Zug gewöhnlich aus zwei Pullman-Wagen und einem Speisewagen. Aber oft wird vergessen, daß der Expreß auf der Normalspurstrecke der Spiez-Erlenbach-Zweisimmen-Bahn nach Spiez und Interlaken führte.

Für die Schmalspurstrecke bestellte die CIWL bei der Schweizerischen Industrie-Gesellschaft (SIG) in Neuhausen am Rheinfall vier Pullman-Wagen mit je 14 Sitzplätzen erster und 18 zweiter Klasse (Nr. 103–106 der MOB). Sie wurden später an die Rhätische Bahn verkauft, wo sie noch heute verkehren – vorwiegend in Sonderzügen. Zwei ältere Wagen der MOB, Nr. 83 und 84, wurden umgebaut und erhielten die neuen Nummern 101 und 102. Nr. 102 hatte 36 statt 32 Sitzplätze, beide Wagen waren blau und cremegelb. Da die großen gebogenen Fenster bis zum Dach reichten, trugen die Wagen ihre Wagons-Lits-Kennzeichnung unter den Fenstern, und zwar unmittelbar über dem Signet. Unter dem Signet stand auf beiden Seiten auf Englisch der Name des Luxuszuges: »Golden Mountain Pullman Express«. An den Wagenenden befanden sich Reisewegschild, die Buchstaben MOB und die Wagenklasse in römischen Ziffern. Die Wagen hatten die berühmten ovalen Pullman-Toilettenfenster mit bleigefaßten Milchglasscheiben.

Auf der Normalspurstrecke fuhren die Salonwagen Nr. 2444–2446, denen wir bereits begegnet sind. Man hatte sie für die BLS blau und cremegelb gestrichen. Offenbar existiert nur ein einziges Foto, es wurde bei der Eröffnungsfahrt in Zweisimmen aufgenommen. Das rapide Absinken des Reiseverkehrs im Gefolge der Weltwirtschaftskrise führte dazu, daß die Wagen Ende 1931 wieder aus dem Verkehr gezogen wurden; damals mußte auch der Gotthard-Oberland-Expreß von Interlaken über Bern, Delle und Belfort nach Paris eingestellt werden.

Aber inzwischen hat die MOB den Wagen Nr. 101 in einen nostalgischen Salonbarwagen umgebaut, und zusammen mit dem Ex-Pullman-Wagen Nr. 102 verkehrt er wieder unter dem Namen »Golden Mountain«. Man kann die beiden Wagen im voraus reservieren, indem man 20 Fahrkarten erster Klasse (mit Gruppenermäßigung für 10–24 Reisende) kauft. Der um 9.28 Uhr in Montreux abfahrende Zug heißt noch heute »Golden Pass«. Inzwischen laufen in der Schweiz wieder private Pullman-Wagen als Gotthard-Expreß (Zürich–Mailand, siehe Kapitel 14), so kann man nur hoffen, daß vielleicht auch wieder ein »Golden Mountain Pullman Express« von Interlaken über Zweisimmen nach Montreux eingesetzt wird. Aber etwas müßte sich ändern: Dieser Luxuszug hätte einen längeren Aufenthalt in Chamby, wo die Chemin de Fer Touristique Blonay–Chamby im Sommer Dampflokomotiven einsetzt und in ihrem vom Bahnhof aus mit der Straßenbahn erreichbaren Museum zahlreiche Dampflokomotiven zeigt.

126　Kochherd vom Typ »Paris«, wie sie 1929 in die Pullman-Küchen- und -Speisewagen eingebaut wurden

127 Einweihung des »Golden Mountain Pullman Express« 1931. Der Salonwagen Nr. 2446 in Pullman-Farben für die Bern-Lötschberg-Simplon-Bahn. Auf dem Bild René Margot Noblemaire (dritter von links, hemdärmelig), Baron Snoy (zweiter von rechts), der Generaldirektor und Präsident des Verwaltungsrates der CIWL, und Professor Volmar (mit einem Strohhut in der Hand), von 1926 bis 1945 Direktor der BLS

128 Die Schmalspur-Pullman-Wagen des »Golden Mountain Pullman Express« auf der MOB

Pullman-Wagen von Irland bis Rumänien

Im Jahr 1926, als die Internationale Schlafwagengesellschaft ihr 50jähriges Bestehen feierte, gründete die Pullman Car Company eine Tochtergesellschaft, die bis 1937 bestehende Irish Pullman Ltd. Für *Irland* hielt man Wagen dritter Klasse für angemessen; also wurden per Schiff vier Wagen (Nr. 100–103 auf der Pullman-Liste) hinübergebracht und auf Drehgestelle mit der Spurweite 5 Fuß 3 Inches umgerüstet. Diese Drehgestelle stammten von der LMS Railway, die in Nordirland zwischen Belfast und Larne bzw. Derry eine kleine Eisenbahnstrecke betrieb. Drei Wagen wurden in Dienst gestellt, einer in Reserve behalten. Pro Zug fuhr zwischen Dublin und Cork, Limerick und Sligo je ein Wagen mit. Der Limerick-Zug blieb über Nacht in Dublin. Der Zuschlag kostete 4 Shilling (nach Cork 4s 9d). »Für Zwischenstationen gelten entsprechende Zuschläge. Von Dublin nach Mullingar 1 Shilling.« Offenbar war das, was die Leute von Mullingar unter »entsprechend« verstanden, der CIWL nicht genug.

In *Schottland* betrieb die Pullman Car Co. bis in die dreißiger Jahre hinein einzelne Speisewagen, die nicht zuschlagspflichtig waren; in *England* hingegen fuhren von London aus sehr viele Pullmans. Man vergißt leicht, daß Einzelwagen nicht nur auf den Nahverkehrsstrecken der Southern Electric von Victoria Station nach Brighton, Worthing, Littlehampton, Eastbourne und Hastings an der Südküste (und in Schiffszügen nach Newhaven) eingesetzt wurden, sondern auch auf der Untergrundbahn, von Aylesbury nach Baker Street und nach Liverpool Street Station oder Aldgate. Birmingham lieferte hierfür zwei Wagen, »Mayflower« und »Galatea«; sie hatten keine Übergangsbrücke und Primusöfen anstatt der üblichen Pullman-Gasöfen. Manchmal fuhren die Wagen auch statt bis Aylesbury nach Chesham. Wer sich heute in der Stoßzeit in die Untergrundbahn quetscht, kann sich kaum vorstellen, daß einst auf dieser Strecke gebutterter warmer Toast und bequeme Pullman-Sessel offeriert wurden.

Eine vollständige Liste sämtlicher Pullman-Einzelwagen, die je in englischen Zügen mitfuhren, ist nicht mehr zu rekonstruieren. Es gab aber auch ausschließlich aus Pullman-Wagen zusammengestellte Luxuszüge, etwa den »Thanet Pullman« (später »Thanet Belle«) zwischen London und Margate (an der Ostküste in Kent), einem bei den Londonern sehr beliebten Badeort; er verkehrte seit 1921 und wurde nach dem Zweiten Weltkrieg wieder in Betrieb genommen, genau so wie »Bournemouth Belle«, die ab 1931 von der Waterloo Station (statt Victoria Station) abfuhr. Endstation in Bournemouth war der Westbahnhof, der auch für die Verbindung nach Bath der Somerset & Dorset Railway zur Verfügung stand. Auf dieser Strecke

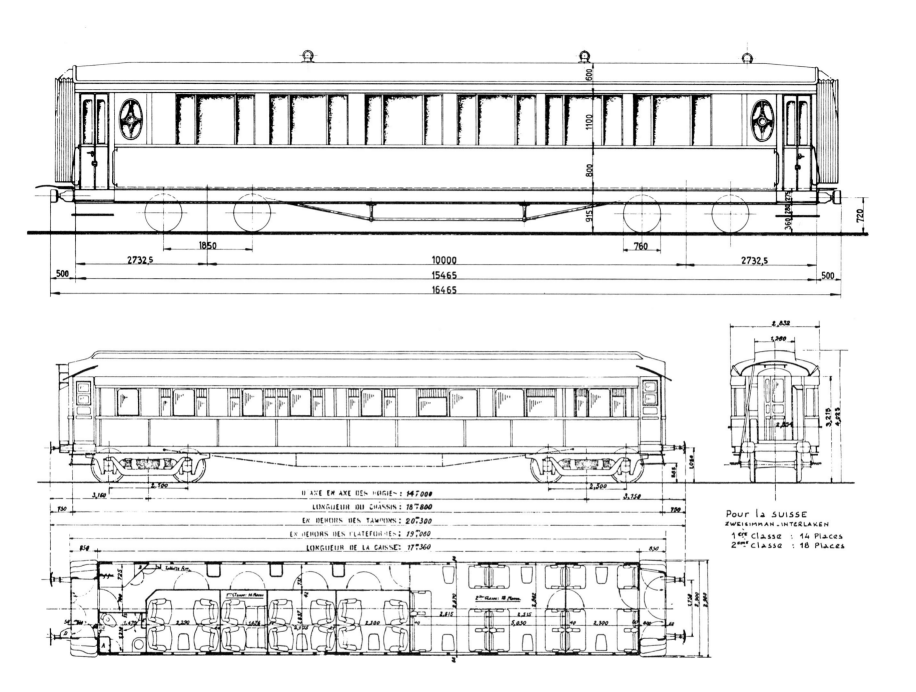

Oben: Pullman-Wagen Nr. 103 für den »Golden Mountain Pullman Express« der MOB (Schmalspur). Unten: Einer der Wagen Nr. 2444–2446 für den BLS-Streckenabschnitt des »Golden Mountain Pullman Express«

konnte die LMS, der zusammen mit der Southern Railway das Netz gehörte, zur Südküste gelangen, ohne das Schienennetz der Great Western befahren zu müssen.

Die Great Western Railway war der Hauptkonkurrent und Erzfeind der Southern. Die normalen Schnellzüge der Western, so der »Cornish Riviera Express«, waren durchaus wie Luxuszüge ausgestattet und hatten fast die gleichen Farben wie die Pullman-Wagen; cremegelb die obere und schokoladenbraun die untere Hälfte. Da die Southern westlich von Bournemouth keine Pullman-Wagen einsetzte, brauchte die GWR keine Konkurrenz zu befürchten. Der berühmte »Cornish Riviera Limited« der Great Western fuhr ohne Zwischenhalt bis Plymouth, während der nicht minder bekannte »Atlantic Coast Express« der Southern nach Plymouth und Ilfracombe auf dem St-Davids-Bahnhof in Exeter das Schienennetz der Great Western kreuzen mußte und dort von der GWR zum Halten gezwungen wurde. Daher hielt der »ACE«, wie der Expreßzug genannt wurde, in jedem Anschlußbahnhof, wo Kurswagen zu verschiedenen Badeorten in Ost- und Norddevon abgehängt wurden. Das berühmteste Seebad, Torquay in Süddevon, war ein ausschließliches Reservat der GWR.

1929 setzte die GWR erstmals probeweise Pullman-Wagen in den Schiffszügen zwischen London und Plymouth ein. Diese hatten Anschluß an die Linienschiffe der französischen Compagnie Générale Transatlantique, die von Le Havre nach New York fuhren. Die »Trains Atlantiques« zwischen Paris und Le Havre führten schon seit eh und je von den Staatsbahnen gestellte, aber von der CIWL bewirtschaftete Pullman-Wagen mit; zwischen Paris und Cherbourg stellten aus Pullman-Wagen bestehende Schiffszüge den Anschluß an die Schiffe der Cunard- und White-Star-Linien her; außerdem setzte die Southern zwischen der Waterloo Station und dem Hafenbahnhof in Southampton normale Schiffszüge ein.

Der Nachteil der Pullman-Wagen waren die durchgehenden Salons (Großraumabteile), die zwar bei den englischen Eisenbahngesellschaften im Norden recht beliebt waren, nicht aber bei der GWR, die allen Reisenden die Behaglichkeit eines Einzelabteils bieten wollte. Salonwagen waren für Ausflügler und Schiffszüge. Pullmans eigneten sich für Schiffszüge besser, weil bei ihnen wie bei europäischen Eisenbahnwagen Stufen von den Türen auf den Bahnsteig hinunterführten, und die Millbay Docks, wo die GWR-Tender der Linienschiffe anlegten, verfügten nur über sehr niedrige Bahnsteige, so daß die Reisenden aus normalen Wagen über tragbare Treppenleitern aussteigen mußten, was sehr umständlich war.

Die Pullman-Wagen fuhren nur in unregelmäßigen Abständen nach Plymouth. Als die GWR einen Probevertrag für einen »Torquay« Pullman-Zug unterzeichnete, glaubte die Pullman Car Co., endlich den Durchbruch geschafft zu haben. Man setzte acht Pullman-Wagen erster und dritter Klasse ein, aber da die Gesellschaft darauf achtete, daß ihr Personal noch am selben Tag nach London zurückfahren konnte, ergab sich ein ungünstiger Fahrplan: der Zug fuhr um 11 Uhr in Paddington Station ab, kam um 14.50 Uhr in Paignton (dem hinter Torquay gelegenen Seebad) an, trat um 16.30 Uhr die Rückreise an

und war vier Stunden später wieder in London. Der Zuschlag betrug 7s 6d in der ersten und 5s in der dritten Klasse. Die Abfahrts- und Ankunftszeiten waren für die meisten Urlauber zu spät; für sie fuhr mittags (in beiden Richtungen) der zuschlagsfreie »Torquay Express«. Obendrein konnte der Pullman-Zug nur von Montag bis Freitag eingesetzt werden, weil der Wochenendverkehr aus London wie aus dem Norden das Streckennetz der GWR so stark belastete, daß sich der Zug nicht in die Fahrpläne einbauen ließ. Rentabel war der Pullman-Zug also nicht.

1930 wurde er erneut eingesetzt, bestand aber nur noch aus fünf Pullman-Wagen und einem angehängten zuschlagsfreien Zugteil. Dazu gehörte von Newton Abbot bis Kingsbridge ein Speisewagen der GWR. Den GWR-Gepäckwagen hinter der Lokomotive hatte man so umgerüstet, daß der Pullman-Wagen problemlos daran angehängt werden konnte. Aber der Zug erwies sich wiederum als ein Verlustgeschäft, und so brachte man die Pullman-Wagen für den Winter im Old-Oak-Abstellschuppen der GWR bei Paddington Station unter. Das war Pullmans Untergang, denn zu Old Oak gehörte auch ein von den Swindon-Werken betriebenes Ausbesserungswerk, und angeblich fertigten die Swindon-Ingenieure komplette Konstruktionspläne der untergestellten Pullman-Wagen an. Im folgenden Jahr setzte die GWR für die Schiffszüge acht von den Swindon-Werken gebaute Salonwagen ein, die Namen wie »King George« und »Queen Mary« trugen, nachdem sie bewußt im Januar 1931 alle Pullman-Wagen an die Southern Railway überstellt hatte. Die GWR war unverschämt genug, die neuen GWR-Salonwagen als »Pullman« zu bezeichnen, was sie natürlich nicht waren. Die Türen gingen nach außen und nicht nach innen auf, die Toilettenfenster waren nicht oval, sondern rechteckig und nicht in Blei gefaßt: Wie konnte man da von Pullman-Imitationen sprechen?

Die meisten Pullman-Züge der LNER haben wir bereits kennengelernt. Nicht erwähnt wurde »Clacton Belle« auf der elektrifizierten Strecke von London (Liverpool Street Station) nach Clacton-on-Sea (Essex). Im Wettstreit mit Margate versuchte Clacton, Londoner an die Küste zu locken, aber der Expreßzug wurde nur an Wochenenden eingesetzt, während der Woche fuhr er als Ausflugsexpreß unter dem Namen »Eastern Belle« in verschiedene Seebäder in East Anglia, die dadurch bessere Verbindungen bekamen als je zuvor. Davon profitierten Cromer, Great Yarmouth, Felixstowe und Skegness (Lincs.) und über Nebenstrecken auch Aldeburgh und Hunstanton.

1924 und 1925 fuhren Pullman-Züge auch von London nach Sheffield, und an die Stelle der »Queen of Scots« trat der »Harrogate Sunday Pullman«.

Nach dem Zweiten Weltkrieg wurden von British Rail folgende Pullman-Verbindungen eingerichtet:

»Thanet Belle«, später »Kentish Belle«, 1948–1959.

129 Der Pullman-Wagen »Mayflower« in der Baker Street Station in London. In den dreißiger Jahren benutzte man auch das Streckennetz der Londoner Untergrundbahn

»Devon Belle« (Waterloo Station – Ilfracombe/Plymouth) mit Aussichtswagen, nur an Wochenenden, 1947–1955. Wurde eingesetzt, als in England Benzin und Brot noch rationiert waren.

»Midland Pullman«, 1960–1966. Blau-weiße klimatisierte Dieseltriebwagen, befuhren bis zur Elektrifizierung die Strecke London (St-Pancras Station)–Manchester, nachher auf der gleichen Strecke der »Manchester-Pullman«, aber von Euston Station aus.

»Birmingham Pullman«, London (Paddington Station)–Birmingham–Wolverhampton, 1960–1966. Nach Elektrifizierung der Strecke London–Birmingham eingestellt. Klimatisierte Dieseltriebwagen, für Touristen Anschluß nach Stratford-on-Avon.

»South Wales Pullman«, London (Paddington Station)–Cardiff/Swansea, 1955–1966. Bis 1960 herkömmliche Pullman-Wagen mit Dampftraktion, danach klimatisierte Dieseltriebwagen.

»Master Cutler«, von London (Marylebone Station) nach Sheffield, 1958. 1959–1966 von Kings Cross Station aus. Erster regulärer Pullman-Zug mit Dieseltraktion in England.

»Hull Pullman«, London (Kings Cross Station)–Hull. Fuhr ursprünglich im »Yorkshire Pullman« mit.

»Tyne-Tees Pullman«, London (Kings Cross Station)–Newcastle-upon-Tyne, 1948–1970.

»Yorkshire Pullman«, London–Leeds/Bradford. Erstmals 1946 mit Kurswagen nach Hull eingesetzt.

Die beiden letztgenannten Züge verkehren noch, aber mit normalen Reisewagen zweiter Klasse und Speisewagen.

Folgende CIWL-Pullman-Züge auf dem *europäischen Festland* wurden noch nicht erwähnt:

Mailand-Nizza-Cannes-Expreß: Dezember 1925–1935. Wagen der British Pullman Car Company. 1927 nur zwei Pullman-Wagen von Turin nach Cannes.

Mailand-Venedig-Expreß: Sommer 1926–1929. Wagen wie oben. 1928 nur ab Turin.

Mailand-Genua-Montecatini-Expreß: 1926–1929. Wagen wie oben. Oft von Genua bis Montecatini in den Rom-Expreß eingehängt.

Etoile du Nord: 1927–1939, 1946–1963, Paris–Brüssel–Amsterdam.

Oiseau Bleu: 1929–1939, Paris–Brüssel–Antwerpen, 1936–1939 bis Amsterdam weitergeführt. 1947–1963 beide Züge als TEE.

London-Vichy-Pullman-Expreß: 1927–1930. Boulogne–Vichy erster Klasse, Paris–Vichy auch zweiter Klasse; 1930–1939 wurden die Boulogne-Vichy-Pullman-Wagen in Kurszügen mitgeführt.

Calais-Brüssel-Pullman-Expreß: 1927–1939. An den Nord-Expreß angehängt, von der belgischen CIWL betrieben; nach Frankreich durchgehende SNCB-Lokomotive, meist eine Flamand 2C. 1927 nur erste Klasse, 1928 auf Wunsch von SR, Nordbahn und CIWL 1. und 2. Klasse, 1929 wieder nur 1. Klasse, nach Einsatz der »Canterbury« (siehe Kapitel 13.1) 1931–1939 wieder 1. und 2. Klasse.

Mailand-Ancona-Pullman-Expreß: Sommer 1927–Sommer 1929. Nur zwei Pullman-Wagen. Abfahrt in Mailand am Nachmittag, Rückkehr am folgenden Morgen, deshalb nur ein Zug. Bis 1928 englische, dann »Flèche d'Or«-Pullman-Wagen.

Deauville-Expreß: Neuauflage des Paris–Trouville-Deauville, fuhr 1923–1924 mit Schlafwagen des »Train Bleu« und einem Salonwagen, 1927 mit englischen Pullman-Wagen.

Gotthard-Pullman-Expreß: 1927–1928 im Herbst; 1929–1930 Frühjahr und Herbst; 1930–1931 März bis November. 1. Zugteil Basel–Mailand, 2. Zugteil Zürich–Mailand, in Arth-Goldau zusammengehängt, 1. und 2. Klasse. 1930 und 1931 Juli–September ein 1. Klasse- und ein 1./2. Klasse-Wagen Paris–Basel–Mailand und zurück. 1931 von der SBB wegen geringem Bedarf eingestellt.

Paris-Belgische Küste-Pullman-Expreß: Der Zug sollte »Königin der Strände« heißen, aber da sich dies nur auf Ostende bezog, verzichtete man auf den Namen. Er wurde nur 1928 eingesetzt und war die letzte Pullman-Kursverbindung mit englischen Wagen. Dieser Expreß führte Etoile-du-Nord-Wagen 2. Klasse, eine »couplage« Paris–Ostende und eine »couplage« Paris–Knokke-sur-Mer mit, beide trennten sich in Tournai. Die französische Nordbahn erhob gegen den Zug Einwände und forderte für 1929 eine so hohe Garantiezahlung, daß es sich für die Seebäder nicht mehr rentierte. Danach wurden die englischen Wagen wieder von der British Car Company Ltd. eingesetzt, darunter auch »Ibis«, heute im Birminghamer Eisenbahnmuseum (Nr. 52 auf der CIWL-Liste).

Rom-Neapel-Pullman-Expreß: 1929, nur 1. Klasse, Rückfahrt täglich.

Ostende-Köln-Pullman-Expreß: 1929–1939. Die SNCB wollte den Zug schon 1928 einsetzen, erhielt aber eine Abfuhr. Der Zug fuhr Rekordzeit, Abfahrt in London 10 Uhr, Ankunft in Köln 21.50, wurde als Konkurrenz zum Nachtexpreß »Rheingold« eingesetzt und bis zur Einstellung beim Ausbruch des Zweiten Weltkrieges von der belgischen CIWL betrieben.

Karpaten-Pullman-Expreß: 1929–1931, Bukarest–Brasov. Abfahrt in Bukarest 17.40 Uhr, Ankunft in Brasov 21.07 Uhr, Rückfahrt am nächsten Morgen, 5.40 Uhr, Ankunft in Bukarest 8.50 Uhr. Für das kalte Klima umgerüstete Wagen.

Dunarea/Danubiu-Pullman-Expreß: 1929–1939, Bukarest–Galatz. Drei Pullman-Wagen 2. und ein Pullman-Wagen 1. Klasse. 1932 wurde probeweise ein Restaurantwagen für Reisende 3. Klasse eingehängt.

Côte d'Azur-Pullman-Expreß: Dezember 1929–Mai 1939. Die Gäste der Einweihungsfahrt am 9. Dezember kehrten mit dem »Train Bleu« zurück, damit der Zug am 10. Dezember gleichzeitig von Paris und Ventimiglia aus den Betrieb aufnehmen konnte. Im Winter 1932 bis Mentone, im Winter 1933 bis Lyon verkürzt, nur ein Zug. Abfahrt in Paris 8.50 Uhr, Ankunft in Ventimiglia um 24 Uhr.

Fulger Regele Carol I: (König-Karl I.-Expreß): 1933–1939, Bukarest–Constanta, wegen der Schiffsanschlüsse nach Constanta Portto weitergeführt. Fuhr ab 1936 im Sommer bis Carmen Sylva und Mangalia. Durchschnittsgeschwindigkeit 80 km/h, sehr hoch für die damaligen rumänischen Eisenbahnen. Der CIWL-Vertrag mit Rumänien lief 1948 aus. Außerdem wurden noch in mehreren Zügen der Nachkriegszeit Pullman-Einzelwagen eingesetzt.

DIE NEUE SCHLACHT UM DIE EISENBAHN

14. Der Gegner: das Flugzeug

Nach dem Zweiten Weltkrieg erstand der Eisenbahn ein neuer Konkurrent: der Linienluftverkehr. Der Flugreisedienst wurde nach dem Ersten Weltkrieg aufgenommen. Einige dieser ersten Maschinen, zum Beispiel die Douglas Dakota DC 3, die nach über 40 Jahren immer noch eingesetzt wird (etwa von Intra Airways zwischen Jersey und Dinard respektive Caen), erwiesen sich als so zuverlässig, daß die Amerikaner bald erkannten, welche Möglichkeiten der Aufbau des Luftverkehres bot, besonders auch in den sogenannten unterentwickelten Ländern.

Ein neben der politischen Tragweite oft vergessenes Detail des Münchener Abkommens von 1938 ist auch, daß Chamberlain für seine Reise nach München nicht den Orient-Expreß benutzte, sondern das Flugzeug. Bis dahin hatten Staatsoberhäupter und wichtige Persönlichkeiten aus Sicherheitsgründen Flugzeuge gemieden.

Nach dem Krieg wurden zumindest in Europa die binnenländischen Luftverkehrsverbindungen etwas langsamer ausgebaut als diejenigen nach Übersee, da man Linienmaschinen hauptsächlich für lange Strecken einsetzte oder für Gebiete ohne ausreichendes Eisenbahn- und Straßennetz. Während des Krieges war in den Vereinigten Staaten wegen der Benzinknappheit der Personenverkehr der Eisenbahnen sprunghaft angestiegen. Als nach Kriegsende immer mehr Reisende zu den Fluggesellschaften abwanderten, ließen die amerikanischen Eisenbahngesellschaften die Pullman Company vor das Kartellamt zitieren und erwirkten, daß 1947 die Pullman-Betriebsrechte an 59 Eisenbahngesellschaften verkauft wurden.

Langstreckenflüge waren etwas Neues: Nun gab es Flugzeuge, die nonstop den Atlantik überfliegen konnten, ohne in Neufundland oder Irland aufzutanken. Die Fluggesellschaften rührten eifrig die Werbetrommel, um Reisende anzulocken, und das wachsende Beförderungsaufkommen gab ihnen die Möglichkeit, neue Linienflüge einzurichten.

Der sehr billige Treibstoff und die erheblich höheren Reisegeschwindigkeiten der Flugzeuge wirkten sich auf den Personenverkehr der amerikanischen Eisenbahnen weit verheerender aus als in Europa. Obendrein stiegen die Unterhaltskosten für Strecken und Wagenpark gewaltig, was zahlreiche Eisenbahngesellschaften veranlaßte, den Personenverkehr ganz einzustellen. Für viele Gesellschaften lag das um so näher, als sie sowieso bereits alle Mühe hatten, sich gegen die wachsende Verlagerung des Güterverkehrs auf die Straße zu wehren. 1968 wurde die Pullman Company aufgelöst, und 1970 führten die schwindende Zahl von Zügen und die finanziellen Schwierigkeiten der amerikanischen Privatbahnen zur Gründung der Amtrak (siehe Kapitel 22).

Einige Eisenbahngesellschaften erkannten schon früh die Möglichkeiten des Luftverkehrs. Das erste Flugzeug, das in Großbritannien Post beförderte, gehörte der Great Western Railway, die wenig später gemeinsam mit der Southern den »Railway Air Service« gründete. Ihre Flugverbindungen nach den Kanalinseln waren ein großer Erfolg; sie widersetzten sich der Verstaatlichung, so lange es ging.

Früh schon trat die Internationale Schlafwagengesellschaft auf den Plan, die die Entwicklung des Tourismus weit aufmerksamer beobachtete als viele Eisenbahngesellschaften: Den ersten Lunch in der Luft servierte die CIWL in einem Flugzeug der Air Union (heute zur Air France gehörig), die ausgerechnet jene Strecke beflog, die in den Eisenbahnfahrplänen der CIWL an erster Stelle stand: die Strecke des »Flèche d'Or«.

Während in anderen Ländern nach dem Zweiten Weltkrieg die Entwicklung rasch voranging, war die sozialistische Regierung Groß-

130   Ein Wagen der CIWL-Catering-Services versorgt auf dem Flughafen
Paris-Orly eine »Trident« der British Airways

britanniens fest entschlossen, einen für jedermann offenen Wettstreit um den Luftverkehr, wie er besonders in den Vereinigten Staaten entbrannt war, mit allen Mitteln zu verhindern. (Ein ähnlicher Wettstreit hatte nach dem Ersten Weltkrieg um den Omnibusverkehr stattgefunden, besonders in London.) Die gewinnbringendsten Strecken der British European Airways (heute British Airways European Division) waren jedoch weiterhin die schon in der Vorkriegszeit erschlossenen Verbindungen London–Paris und London–Jersey.

Die Berliner Blockade brachte eine enorme Steigerung des Luftfrachtverkehrs; jedes verfügbare Flugzeug und alles freie Personal wurde für die Versorgung der Stadt eingesetzt. Die Chartergesellschaften, deren Konkurrenz die staatlichen Fluggesellschaften so übel nahmen, erwiesen sich plötzlich als nützlich und wichtig.

Unterstützt durch das Prestigedenken der staatlichen oder kommunalen Flughafenorganisationen, priesen die Fluggesellschaften die Verbindung zwischen Flughafen und Innenstadt als etwas Besonderes. Man sollte plötzlich die Züge vergessen und zu Bussen Zuflucht nehmen, denn nicht immer lagen und liegen die Terminals der Gesellschaften in Bahnhofnähe. Am ärgerlichsten ist der für teures Geld erstellte West-London-Terminal der BEA, liegt er doch genau über einer Metrolinie, die vom Londoner Zentrum zu der dem Londoner Flughafen nächstgelegenen Metrostation führt, aber ausgerechnet beim BEA-Terminal ist kein Bahnhof; eine Gleisabzweigung zum Flughafen ist im Bau, aber noch nicht fertiggestellt.

Das 1957 von British Rail eingeführte und später von anderen Eisenbahngesellschaften übernommene »Motorail«-System (Autoreisezüge) stellt eine wichtige neue Dienstleistung für Touristen dar. Der Bau von speziellen neuen Verladebahnhöfen mit modernen, sauberen Toiletten und Warteräumen mit Bars anstelle der veralteten Einrichtungen in den traditionellen Bahnhöfen hat den Eisenbahngesellschaften im Konkurrenzkampf gegen das Flugzeug sehr geholfen.

Heute steht man einer Generation von Passagieren gegenüber, für die das Flugzeug als Transportmittel genauso natürlich ist wie der Zug, der Autobus, der Privatwagen oder das Fahrrad: das Flugzeug hat den Reiz des Neuen verloren. Die Luftfahrtgesellschaften stehen plötzlich vor denselben Personalproblemen wie die Eisenbahnen, und man muß sich auch in den Flugzeugen an den fehlenden Komfort gewöhnen.

Die Luftpiraterie hat den Fluggesellschaften enorm geschadet. Zusätzlich zur Unpünktlichkeit der Luftverbindungen wegen schlechter Witterung kommt nun noch das Risiko, an einem Ort zu landen, wo man eigentlich gar nicht hin will – ein enormes Handicap für dieses Transportmittel. Die Eisenbahnen stellen plötzlich zu ihrer Verwunderung fest, daß ein und dieselben Leute je nachdem manchmal per Flugzeug, manchmal per Bahn reisen. Die Straßenverhältnisse tragen das ihre dazu bei, die Leute auf die Schiene zurückzubringen, nicht nur, um schneller von den Flughäfen in das Stadtzentrum zu gelangen, sondern auch, um dort die Züge in die Provinz zu besteigen.

Nach dem Zweiten Weltkrieg leistete die Internationale Schlafwagengesellschaft auch bei der Versorgung der Flugpassagiere Pionierarbeit. Die Gesellschaft betreibt nicht nur in Paris-Orly Süd die Flughafenbars und -restaurants und ein kleines Hotel für Transitreisende, sondern auch eine große Versorgungsbasis für 75 Fluggesellschaften. Die Verpflegung stammt aus den Zentralküchen und Depots im nahen Rungis-Markt, die auch die von der CIWL betreuten Eisenbahnrestaurants usw. beliefern. Eine Spezialabteilung mit einem Rabbi sorgt dafür, daß die Fluggesellschaften in Orly koscheres Essen anbieten können. Die meisten Fluggesellschaften – Air France ausgenommen – nehmen in Orly für ihre Passagiere die Dienste der CIWL in Anspruch. Deshalb bedarf es einer eigenen Sortierstelle (von der CIWL intern »Rangierbahnhof« genannt: die Gesellschaft denkt immer noch in Eisenbahnerbegriffen!), die dafür sorgt, daß jede Fluggesellschaft ihr Geschirr zurückerhält. Die CIWL verfügt über einen eigenen Lastwagenpark für den Flughafenservice; zur Belieferung der Flugzeuge können die Aufbauten auf die Höhe des Flugzeugrumpfes angehoben werden.

Außer in Orly betreibt die Internationale Schlafwagengesellschaft die Restaurants und Bars in Le Bourget und zusammen mit Roissy Service auch die Restaurants des Hauptflughafens Charles de Gaulle, wo sie auch den Bordservice wahrnimmt. In anderen Städten sind zu nennen: die Bar des Flughafens von Bordeaux in Merignac, die Restaurants des Marseiller Flughafens Marignane (Beteiligung), die Restaurants und Bars des Flughafens Schiphol in den Niederlanden (durch die holländische Tochtergesellschaft Bredam B. V.), das Hotel-Restaurant »Luchthaven Eelde« in Groningen, die Restaurants des Madrider Flughafens Barajas (durch Eurest España) und der Bordverpflegungsservice für verschiedene Fluggesellschaften in Alicante, Las Palmas (Gando) und Ibiza.

15. Die Trans-Europ-Expreßzüge (TEE)

1957 beschlossen die Eisenbahngesellschaften, internationale Tageszüge unterschiedlicher Bauart einzusetzen, vor allem Dieseltriebwagenzüge und Züge mit Dieseltraktion in den Standardfarben Gelb und Rot. Knapp zwanzig Jahre später kamen nationale Spitzenzüge wie der italienische »Settebello« und der französische »Mistral« hinzu. Die Passagiere benötigen neben Fahrkarten erster Klasse auch eine Zuschlagskarte; die Plätze müssen im voraus reserviert werden, gelegentlich sind auch ohne Vorausbuchung welche erhältlich.

Alle diese Züge haben Doppelverglasung und sind vollklimatisiert. Die Schiebetüren zwischen den Wagen öffnen und schließen sich automatisch; ebenso automatisch schließen sich die Einstiegstüren, sobald der Zug schneller als 8 km/h fährt (sie können also beim langsamen Rangieren wenn nötig offen bleiben). Hostessen machen über Lautsprecher Ansagen (teils werden diese auch vom Tonband abgespielt). Jeder Zug wird von der Eisenbahngesellschaft eines bestimmten Staates meist mit Wagen und Lokomotiven aus dem eigenen Fuhrpark betrieben. Einige dieser Züge sind allerdings auch aus Wagen verschiedener Länder zusammengesetzt.

Viele Trans-Europ-Expreßzüge tragen die Namen berühmter Luxuszüge, so etwa »Oiseau Bleu«, »Etoile du Nord«, »Edelweiß«, »Rheingold«. Der »Rheingold« der Deutschen Bundesbahn (DB) wird natürlich von der DSG betreut (siehe Kapitel 11). Viele Jahre führte dieser Zug einen doppelstöckigen Aussichtswagen mit, der aber inzwischen nicht mehr verkehrt. Heute beginnt der »Rheingold« seine Fahrt nicht mehr in Mailand, sondern in Genf (um 11.25 Uhr). Gewöhnlich wird er von einer SBB-Elektrolokomotive der Baureihe Re 4/4 II gezogen und besteht nur aus drei Wagen: zwei Erster-Klasse-Wagen (einer fährt bis Amsterdam) und einem Speisewagen. Endstation ist Hoek van Holland, wo der Zug 13 Minuten vor Abfahrt des BR-Schiffes ankommt. Um 6.45 Uhr am nächsten Morgen ist man in Harwich und hat bis zur Abfahrt des Schiffszuges nach London 65 Minuten Aufenthalt. Um 9.14 Uhr trifft der Zug in der Liverpool Street Station ein. Ein direkter Schiffszug fährt um 7.28 Uhr von Harwich nach Manchester (Ankunft 13.17 Uhr); er hält in Peterborough, Nottingham und Sheffield und kehrt so zurück, daß Anschluß an die Nachtschiffe zwischen Harwich und Hoek van Holland besteht.

Von Genf aus fährt der »Rheingold« zunächst am Lac Léman entlang nach Lausanne und von dort nach Bern. Nach dem Mittagessen trifft der Zug in Basel ein, wo er im SBB-Bahnhof 16 Minuten Aufenthalt hat. Hier wird der Wagen Chur–Amsterdam angehängt, den ein Kurszug von Chur nach Basel gebracht hat; zu diesem Wagen besteht in Chur Anschluß von St. Moritz, Davos Platz und – in der Saison – von Pontresina. In Basel besteht auch Anschluß an den TEE »Roland«, der von Mailand durch den St. Gotthard und über Luzern fährt und zwei »Rheingold«-Wagen nach Hoek van Holland bzw. Duisburg mitführt. Der Duisburger Wagen wird vom IC »Rheinpfeil«, einem nur in der Bundesrepublik verkehrenden Intercity-Zug, über Dortmund nach Hannover gebracht.

Während des Nachmittags fährt der »Rheingold« durch das schöne Rheintal über Mainz und Bonn nach Köln. Hinter Köln wird das Abendessen serviert. In Duisburg hält der Zug vier Minuten, normalerweise dauern die Aufenthalte nur ein oder zwei Minuten. In Utrecht werden die Wagen nach Amsterdam abgehängt. Von Basel bis Emmerich wird der »Rheingold« von einer 103 der DB mit der Achsenfolge CoCo gezogen. Die BoBo-E-Lokomotiven der Holländischen Staatsbahnen (Serie 1100) lassen deutlich ihre französische Herkunft erkennen.

Die Wagen des »Rheingold« enthalten Großraum- und Einzelabteile. Der Speisewagen weist 42 Sitzplätze auf. Die Weinkellerei in Traben-Trarbach gehört immer noch der DSG, und wer in Köln scharf Ausschau hält, sieht vielleicht einige der überholten prächtigen Wagen des »Rheingold« von 1928, die heute Eigentum des »Freundeskreis Eisenbahn Köln« sind.

Der »Catalan Talgo« ist ein völlig anderer TEE. Er fährt in Genf nur drei Minuten nach dem »Rheingold«, aber in die entgegengesetzte Richtung. Durch eine Zollschranke zwischen den Bahnsteigen sind die beiden Züge voneinander getrennt. Gezogen wird der »Catalan Talgo« von einer 67000-Diesellokomotive der SNCF mit der Achsenfolge BoBo, davon abgesehen ist der Zug ganz und gar spanisch, oder besser gesagt katalanisch.

Der »Catalan Talgo« war der erste Versuch der RENFE, die durch unterschiedliche Spurbreiten gebildete Schranke zu sprengen und grenzüberschreitende Zugverbindungen nach Frankreich einzurichten. Solche speziellen Fernschnellzüge gab es schon früher, aber in Frankreich und in Amerika, wo sie von der American Car & Foundry (vorher Jackson Sharp) in Wilmington entwickelt worden waren,

stand man ihnen einigermaßen mißtrauisch gegenüber. Erstmals eingesetzt wurden sie zwischen Madrid und Irun; sie hatten Anschluß an die von Paris kommenden Schlafwagen des »Iberia Express«.

Talgos sind Gliederzüge: Jeder Wagen läuft nur auf zwei Rädern und ruht mit dem Vorderteil drehbar auf dem vorausfahrenden Wagen; Gummibälge schaffen die Verbindung. Ursprünglich saß der erste Wagen auf der Diesellokomotive auf, von der der Zug gezogen wurde. Die normal großen Lokomotiven überragten bei weitem die kleinen, niedrigen, leichten Talgo-Wagen, die auf den damals im allgemeinen schlecht verlegten Schienensträngen der RENFE erheblich schneller waren als normale Züge.

Die neuen Talgos sind so konstruiert, daß sie in beiden Richtungen fahren können. Dadurch entfallen die komplizierten Drehscheiben, die man ursprünglich eigens für diese Züge bauen mußte, für den »Catalan Talgo« beispielsweise in Culoz, wo die Fahrtrichtung wech-

131   ETR 300 der Italienischen Staatsbahnen (FS) des TEE »Settebello« auf der Fahrt zwischen Florenz und Rom

132 Der TEE »Saphir« der Deutschen Bundesbahn (1957)

selt. Alle Talgos sind vollklimatisiert. In der ersten Zeit stellte die
RENFE für den Zug eigene Normalspur-Diesellokomotiven, die in
Port Bou stationiert waren.

Ursprünglich verkehrte der »Catalan Talgo« über Culoz, Chambéry,
Grenoble und Valence; heute fährt er über Lyon. Danach folgt der
»Catalan Talgo« bis Avignon der Hauptstrecke nach Marseille. Dort
besteht Anschluß an den italienischen TEE »Ligure«, der über Mar-
seille, Cannes, Nizza, Monte Carlo, San Remo und Genua nach
Mailand fährt.

Nach Avignon hält der »Talgo Catalan« in Nîmes, Montpellier,
Béziers und Narbonne; es folgt der einzige nicht elektrifizierte Strek-
kenabschnitt. Hinter Perpignan fährt der Zug dicht am Meer nach
Cerbère und durch den internationalen Tunnel nach Port Bou. Hier
wird die französische Diesellokomotive abgehängt, und eine Rangierlokomotive schiebt von hinten die Wagen in einen Schuppen, in dem
die Spurweite geändert wird. Die leichten Talgo-Wagen werden auf
Rollen angehoben, so daß die Räder um die wenigen Zentimeter, die
die spanische Spur breiter ist, auseinandergespreizt werden können.
Auf der anderen Seite des Schuppens wird die Diesellokomotive der
RENFE angehängt. Sie zieht die letzten Wagen durch den Schuppen,
in den die Rangierlokomotive nicht einfahren kann. Nach einem
Zwischenhalt in Gerona kommt der Zug um 21.45 Uhr (Sommer-
fahrplan) in Barcelona an (im Winter infolge des Zeitunterschiedes

133 Innenansicht des TEE »Saphir« der Deutschen Bundesbahn (1957)

134 Der TEE »Rheingold«, gezogen von einer CoCo-Lokomotive (Baureihe 103) der DB

eine Stunde früher). Jeder Talgo-Wagen hat 17 Sitzplätze. Im vom CIWL-Stützpunkt Barcelona aus bewirtschafteten Speise- und Barwagen stehen 48 Plätze zur Verfügung. Das Mittagessen wird zwischen Genf und Lyon, das Abendessen hinter Port Bou serviert. Zuschlagspflichtige, nur aus Schlaf- und Liegewagen bestehende Fernschnellzüge bieten eine günstige Nachtverbindung von Barcelona nach Madrid. Die RENFE beabsichtigt auch, zwischen Madrid und Port Bou eine Normalspurstrecke zu bauen.

Der TEE »Cisalpin« befährt die Strecke des Simplon-Expreßzugs von Paris nach Mailand. Er setzt sich aus Salon- und Einzelabteilwagen zusammen; gezogen wird er von Paris bis Vallorbe von einer Mehrsystem-E-Lokomotive der SNCF mit der Achsenfolge CoCo, von Vallorbe bis Domodossola von einer Re 4/4 II BoBo der SBB und bis Mailand von einer 656 BoBoBo der FS. Im Sommer verkehrt der Expreß bis Venedig. Mahlzeiten werden in den Salonwagen und im Speisewagen serviert, die Paris-Lyon-Inspektion der CIWL stellt das Personal. Der Speisewagen und einige der Reisewagen werden in Lausanne abgehängt und eine Stunde später an den von Mailand nach Paris fahrenden »Cisalpin« angekuppelt, in dem hinter Vallorbe das Abendessen serviert wird. Der (ebenfalls französische) CIWL-Barwagen fährt durch. Einige der in Frankreich gebauten Wagen gehören der SBB.

Später trat ein aus fünf Wagen bestehender Mehrsystem-Elektrotriebwagenzug der SBB an die Stelle des von einer Lokomotive gezogenen Zuges. Um Zürich als Heimatbahnhof wählen zu können, kombi-

nierte man den »Cisalpin« mit dem TEE »Gottardo«, der zwischen Basel und Mailand verkehrte und über Zürich fuhr. Aber da dieser Zug von der SSG bewirtschaftet wurde und nur eine Stunde vor der Abfahrt des »Cisalpin« in Mailand ankam, entstanden große Schwierigkeiten. Die ganze SGG-Verpflegung mußte ausgeladen, die CIWL-Verpflegung eingeladen werden, dazu kam frische Tischwäsche usw., die die Mailänder CIWL-Zentrale lieferte. Eine Zeitlang bewirtschaftete dann die CIWL beide Züge, setzte aber im »Gottardo« italienisches Personal ein, was der SSG ganz und gar nicht paßte.

Heute fährt der »Gottardo« im Sommer von und nach Genua, der »Cisalpin« von und nach Venedig, so daß beide Züge völlig getrennt sind. Im Barwagen des »Cisalpin« dürfen allerdings zwischen Lausanne und Domodossola keine hochprozentigen alkoholischen Getränke ausgeschenkt werden.

135 Der zwischen Paris und Nizza verkehrende TEE »Mistral« der SNCF an der Côte d'Azur, gezogen von einer BoBo-Mehrsystem-Lokomotive der Baureihe 25200, die in Marseille die CC 6500 ablöst

136 Der zwischen Paris und Bordeaux verkehrende TEE »Aquitaine« der SNCF bei Sainte-Geneviève-des-Bois. Gezogen wird der »Aquitaine«, der die längste von einem TEE ohne Zwischenhalt zurückgelegte Strecke auch mit der höchsten Geschwindigkeit befährt, von einer CC-6500 Lokomotive

137 Der TEE »Catalan Talgo« der RENFE wurde zwischen Port-Bou und Genf von einer Dieselelektrolokomotive der SNCF gezogen (Typ 67400)

138 Der zwischen Paris und Amsterdam eingesetzte TEE »Etoile du Nord« der SNCB trägt den Namen eines ehemaligen Pullman-Luxuszuges. Gezogen wird er von einer CC-40100-Mehrsystemlokomotive der SNCF. Hier fährt er eben durch Chantilly

In allen Trans-Europ-Expreßzügen fährt ein Zugingenieur mit. Nur wenige dieser Züge haben Dieseltraktion, so der »Arbalète« und der »Catalan Talgo«. Eine ausführliche Behandlung aller TEE ist wegen ihrer großen Zahl nicht möglich; wir beschränken uns deshalb auf eine Liste der im Sommer 1977 verkehrenden Trans-Europ-Expreßzüge.

Name	Strecke	Typ	Bemerkungen
Etoile du Nord	Amsterdam–Paris (Nord)	1	R
Gottardo	Basel–Genua	5	R
L'Aquitaine	Bordeaux–Paris (Austerlitz)	3	R
Roland	Bremen–Mailand/Chur	2	von Basel bis Mailand mit Wagen von Rheingold
Rubens	Brüssel (Midi)–Paris (Nord)	1	R
L'Oiseau Bleu	Brüssel (Nord)–Paris (Nord)	1	R

139 CIWL-Taschenfahrpläne

140 Der TEE-Triebwagen der SBB wird nach seiner letzten Fahrt an der Spitze des TEE »Cisalpin« am 25. Mai 1974 von einer CC-Diesellokomotive 65507 der SNCF über die Pariser Ringbahn gezogen, um nach einer Leerfahrt von Paris nach Brüssel für den TEE »Edelweiß« eingesetzt zu werden

Name	Strecke	Typ	Bemerkungen
Van Beethoven	Frankfurt–Amsterdam Amsterdam–Frankfurt–Nürnberg	2	R
Rheingold	Genf–Amsterdam	siehe	Text
Catalan Talgo	Genf–Barcelona	siehe	Text
Blauer Enzian	Hamburg–Klagenfurt	2	
Parsifal	Hamburg–Paris	2	
Helvetia	Hamburg–Zürich	2	
Prinz Eugen	Hannover–Köln–Wien	2	in Köln Anschluß an Erasmus
Merkur	Kopenhagen–Stuttgart	2	
Ligure	Mailand–Avignon	6	R
Adriatico	Mailand–Bari	6	
Lemano	Mailand–Genf	6	R
Vesuvio	Mailand–Neapel	6	
Settebello	Mailand–Rom	7	
Cygnus	Mailand–Ventimiglia	6	
Le Rhodanien	Marseille–Paris (Lyon)	4	R
Rembrandt	München–Amsterdam	2	
Erasmus	München–Köln	2	
Mediolanum	München–Mailand		
Saphir	Nürnberg–Frankfurt–Brüssel Brüssel–Frankfurt	2	R
Ile-de-France	Paris (Nord)–Amsterdam	1	R
L'Etendard	Paris (Austerlitz)–Bordeaux	3	R
Memling	Paris (Nord)–Brüssel (Midi)	1	R
Brabant	Paris (Nord)–Brüssel (Midi)	1	R
Molière	Paris (Nord)–Köln	3	

141   Eine RAe-Lokomotive der SBB des TEE »Gottardo« zwischen Zürich
und Arth-Goldau

Name	Strecke	Typ	Bemerkungen		Typ		TEE-Wagen	Speisewagen
Cisalpin	Paris (Lyon)–Mailand–Venedig	siehe	Text		1	SNCF/SNCB	6–10	CIWL
					2	DB	4–9	DSG
Le Mistral	Paris (Lyon)–Nizza	4			3	SNCF	7	CIWL
Stanislas	Paris (Est)–Straßburg	3	R		4	SNCF	14	CIWL
Kléber	Paris (Est)–Straßburg	3			5	SBB/CFF	5	SSG
Le Capitole	Paris (Austerlitz)–Toulouse	3	2 Züge pro Tag		6	FS	3–8	CIWL
L'Arbalète	Paris (Est)–Zürich	3			7	FS	ETR 300	CIWL
Ambrosiano	Rom–Mailand	6	R					
Edelweiß	Zürich–Brüssel	5	R					
Iris	Zürich–Brüssel	5	R		R = Rückfahrt am selben Tage			

154

16. Der »Silver Star«

Das Streckennetz der Neuseeländischen Eisenbahnen zerfällt in zwei Teile. 70% des Verkehrsaufkommens werden auf den 2610 Schienenkilometern der Nordinsel erbracht, nur 30% auf den 2187 km der Südinsel. Das Land zählt nur etwa 3 Millionen Einwohner, von denen vier Fünftel in den Städten wohnen.

Wellington ist zwar die Hauptstadt, hat aber nur etwa halb soviel Einwohner (350 000) wie Auckland, die Hafenstadt im Norden, die gleichzeitig der wichtigste Industrieort ist und rascher wächst als jede andere Stadt in Neuseeland.

Der »Silver Star« ist ein vollklimatisierter, nur aus Schlafwagen und einem Speisewagen bestehender Nachtexpreß, der zwischen Wellington und Auckland verkehrt. An sechs Abenden in der Woche (Sonntag bis Freitag) fährt er um 20 Uhr in beiden Städten gleichzeitig ab und kommt nach zwölfeinhalb Stunden im Zielbahnhof an. Zwar ist die Strecke nur 681 km lang, aber sie führt durch Gebirge. Etwa 24 Streckenkilometer haben eine Steigung von 20 Promille und mehr, rund 240 km Steigungen zwischen 10 und 20 Promille. Deshalb sind Nachtzüge sinnvoller als schnellere Tages-Triebwagenzüge wie der »Silver Fern«, der zwar nur zehn Stunden braucht, aber dennoch mit dem Straßenverkehr kaum mithalten kann.

Die New Zealand Railways haben sich denn auch auf die starke Motorisierung eingestellt: Ihr gehören heute 416 Fern- und 338 Nahverkehromnibusse und 216 Lastkraftwagen; obendrein wurde der gesamte Güterwagenpark modernisiert und vorwiegend auf den Containerverkehr mit Schiffsanschluß umgestellt.

Der »Silver Star« trat 1971 an die Stelle des seit 1924 zwischen Wellington und Auckland verkehrenden »Night Limited«. Er besteht aus elf vollklimatisierten Schlafwagen mit Einbettabteilen und Zweibett-abteilen, in denen die oberen Betten wegen der scharfen Kurven mit aufklappbaren Geländern ausgestattet sind.

Lange Zeit setzten die New Zealand Railways in ihren Fernzügen keine Speisewagen ein, sondern ließen die Züge auf bestimmten Bahnhöfen halten, wo man zum Essen aussteigen konnte. In den frühen siebziger Jahren war das Speisewagenpersonal auf die neuen Wagen noch sehr stolz, was aber nicht allzusehr zum Ausdruck kam, denn die Neuseeländer sind in der Regel höfliche, freundliche Leute, die den Fremden sehr gern die Schönheiten ihrer Heimat zeigen. Die Klimaanlage des »Silver Star« wird von einem Generatorenwagen mit eigenem Dieselmotor und Gepäckabteil betrieben. Dieser Wagen enthält auch die Abteile für den Schaffner und den Zugmechaniker.

Obgleich im Land genügend billiger Strom zur Verfügung steht (durch heiße Quellen betriebene geothermische Kraftwerke und Wasserkraftwerke), arbeiten die NZR mit Dieseltraktion. In den Tagen der Dampflokomotiven fuhr der »Night Limited« nur bis zu den Außenbezirken von Wellington, weil das Schienennetz im Stadtgebiet mit 1500-Volt-Gleichstrom elektrifiziert war, aber heute fahren die mächtigen DX-Diesellokomotiven mit der Achsenfolge CoCo zwischen Auckland und Wellington durch und werden nicht mehr in Paekakariki durch elektrische Lokomotiven abgelöst. Die von General Motors in den Vereinigten Staaten gebauten DX-Lokomotiven sind die stärksten der Neuseeländischen Eisenbahnen, inzwischen hat man den ursprünglichen Bestand von 15 um weitere 34 Maschinen aufgestockt. Offenbar ist der Plan, die ganze Main Trunk Line, wie die Strecke Wellington–Auckland genannt wird, mit 2500-Volt-Wechselstrom zu elektrifizieren, verschoben worden. Um die Fahrzeit auf der Main Trunk Line zu verkürzen, ist zwischen

142 Der »Silver Star« in den Außenbezirken von Auckland (mit Container-Terminal). Im Hintergrund Mechanics Bay

Utiku und Mangaweka eine neue Abkürzung mit drei Viadukten im Bau.

Der »Silver Star« war ein so großer Erfolg, daß man 1975 einen weiteren Expreßzug einsetzte, den »Northerner«, der neben Schlaf- und Speisewagen auch normale Reisewagen mitführt. Er braucht für die Strecke etwa 13 Stunden, da er öfter hält als der »Silver Star«, dafür aber auch samstags verkehrt. Um 18.30 Uhr fährt er in Wellington und um 17.30 in Auckland ab, ausgenommen samstags, wo er etwa zur gleichen Zeit ankommt wie der »Silver Star« an den übrigen Wochentagen, jedoch etwa eine halbe Stunde früher abfährt.

143 CoCo-Diesellokomotive der Baureihe Dx und Wagen mit Motoraggregat für die Klimaanlage des »Silver Star«

156

17. Der »Bloutrein«

Der »Bloutrein« ist unter den schönsten Luxuszügen der Welt vielleicht der bequemste, obwohl das Schienennetz der South African Railways, das er befährt, nur eine Spurweite von 1067 mm hat. Angesichts der zahlreichen scharfen Kurven, die das gebirgige Terrain bedingt, ist die Reisegeschwindigkeit auf den Schmalspurstrecken nicht sonderlich hoch, aber bei der Südafrikanischen Eisenbahn ist man der Meinung, die Bahn solle nicht versuchen, durch hohe Geschwindigkeiten dem Luftverkehr Konkurrenz zu machen, sondern eine bequeme, angenehme Reisemöglichkeit bieten. Übrigens gehören die South African Railways und die South African Airways zusammen. Es ist bedauerlich, daß man in anderen Ländern mit verstaatlichten Eisenbahnen, Fluggesellschaften und Omnibusbetrieben die verschiedenen Dienstleistungen nicht aufeinander abstimmt, sondern sich im Wettlauf um die Gunst der Reisenden nicht im mindesten um deren Komfort schert.

Gebaut wurde der »Bloutrein« in der großen Zeit der Luxuszüge, in den dreißiger Jahren, von einer bereits oft als Hersteller von Luxus-Eisenbahnwagen genannten Firma, Metro-Cammell in Birmingham. Zunächst bestellten die South African Railways zwölf vollklimatisierte Ganzmetall-Schlafwagen, stockten aber die Bestellung schon einen Monat später um zwei Ganzmetall-Salonwagen, zwei Ganzmetall-Speisewagen (alle vollklimatisiert) sowie um Küchenwagen und einen Ganzmetall-Gepäckwagen auf. Ende 1939 und Anfang 1940, nach dem Ausbruch des Zweiten Weltkrieges, trafen die Wagen wohlbehalten in Südafrika ein. Zwar wurde der Zug unverzüglich auf der späteren Strecke des »Bloutrein« zwischen Pretoria und Kapstadt eingesetzt, aber 1942 wie alle anderen südafrikanischen Luxuszüge für die Dauer des Krieges eingestellt.

1946 wurde er wieder in Dienst genommen und diesmal offiziell vom Transportminister, F. Sturrock, getauft. Seither ist er bei den Besuchern Südafrikas berühmt; sie sprechen von ihm meist als »Blue Train«, wie er auf Englisch heißt. Im Winter kam er dienstags, im Sommer zweimal wöchentlich von Pretoria in Kapstadt an, und jedesmal war seine Ankunft ein gesellschaftliches Ereignis, in Kapstadt wie in Johannesburg. Bis 1972 war der »Bloutrein« der einzige Luxuszug ohne Klasseneinteilung. Er wurde als »Fünf-Sterne-Hotel auf Rädern« gepriesen.

Zu jener Zeit war der Luxus der Vorkriegswagen bereits 35 Jahre alt, und so beschloß die Eisenbahnverwaltung, einen neuen, noch prächtigeren »Bloutrein« einzusetzen. Man verfolgte damit ausdrücklich nur ein einziges Ziel: dem Reisenden das Nonplusultra an Komfort zu bieten. Alles wurde großzügig gestaltet, so sind zum Beispiel im Speisewagen nur auf der einen Seite des Mittelgangs viersitzige Tische; die andere Seite nimmt eine Anrichte ein. Dadurch hat man im Wagen sehr viel Platz.

Es gibt vier Komfortstufen. Am prächtigsten ist die für zwei Personen gedachte Drei-Abteile-Suite. Der Salon enthält ein kleines Sofa, zwei Polstersessel, eine Getränkekühlbox, ein Tischchen und ein Service-Telefon, das Schlafabteil ein Doppelbett, Dusche, Toilette, Frisiertisch mit Stuhl, Schränke, Nachttischchen für Lampen usw. Die nächste Stufe bietet ein großes Drei-Personen-Abteil mit Klappbett, einer in ein Bett umwandelbaren Querbank, Dusche und Toilette. Für Einzelreisende stehen ähnliche kleinere Abteile zur Verfügung, ebenfalls mit eigener Dusche und Toilette. Insgesamt bestehen 29 Mehrpersonenabteile und 20 Einzelabteile.

In jedem Abteil sind auf einer Konsole Knöpfe angeordnet, mit denen man die Jalousien zwischen den Doppelglasfenstern heben, senken, öffnen oder schließen kann; man bedient mit ihrer Hilfe das Radio oder kann auf vier Kanälen Unterhaltungsmusik hören, regelt die Klimaanlage oder ruft den Kellner oder Schaffner. In jedem Abteil sind heiße, kalte und geeiste Getränke. Zum Zugpersonal gehören: Zugführer, Speisewagenchef, Chefkoch, Küchenpersonal, Chefsteward, Stewards, Schlafwagenpersonal (26 Personen). In der Tür zum Wagengang befindet sich ein von außen aufschließbares Fach zum Hineinstellen der Schuhe, die geputzt werden sollen. So können die geputzten Schuhe zurückgebracht werden, ohne daß die Reisenden gestört werden müssen.

Die Höchstgeschwindigkeit des »Bloutrein« beträgt 110 km/h. Durch pneumatische Federung und Schallisolation wird jede Lärmbelästigung vermieden. Heute besteht der Luxuszug aus 16 Wagen, die 108 Reisende (darunter 5 Nicht-Weiße) befördern können; allen stehen dieselben Annehmlichkeiten zur Verfügung. Der Speisewagen hat 46, der Salonwagen 34 Sitzplätze.

Den Strom liefern zwei Dieselgeneratoren in einem eigenen Wagen. In Betrieb ist jeweils lediglich einer, der zweite dient als Ersatz, wenn der erste ausfällt. Dieser Wagen heizt resp. kühlt auch das Wasser. Zwei Kompressoren liefern die Druckluft für die Bremsen. Auf jeder Achse sitzt ein elektronischer Gleitschutzregler, der auch verhindert, daß sich bei Geschwindigkeiten über 8 km/h die Wagentüren öffnen lassen.

Alle Wagen wurden in Nigel (Transvaal) von der Union Carriage and Wagons Company gebaut: Kostenpunkt 5 Millionen Rand.

Der »Bloutrein« wird zwischen Kapstadt und Beaufort West sowie Kimberley und Johannesburg von Elektrolokomotiven gezogen. Die Fahrt dauert 26 Stunden. Der Zug verkehrt montags und mittwochs von Kapstadt und Pretoria aus.

Mittags fährt man in Kapstadt los, ist am nächsten Tag um 12.30 in Johannesburg und kommt kurz nach dem Lunch um 14 Uhr in Pretoria an. Der Gegenzug aus Pretoria fährt um 10 Uhr ab, so daß man rechtzeitig vor dem Lunch Johannesburg passiert hat. Für den »Bloutrein« braucht man nicht nur eine Fahrkarte erster Klasse, sondern muß je nach der gewünschten Komfortstufe einen Zuschlag zahlen. Das Frühstück kostet 2, der Lunch 3 und das Dinner 4 Rand. Eine typische Abendmahlzeit im »Bloutrein« besteht aus:

Papaw Cocktail
Tomato Cream Soup
Fried Sole and Remoulade Sauce
Crumbed Steak with Marrow Sauce
Asparagus with Cream Sauce Princess
Roast Turkey with Liver Stuffing St-James
Assorted Vegetables
Diplomat Cream Pudding
Peach Melba
Cheese, Biscuits, Coffee
Fruit

144 Vier Luxusklassen im »Bloutrein« der Südafrikanischen Eisenbahn (South African Railways/Suid Afrikaans Spoorwegen)

18. Der »Indian Pacific«

Dieser Luxuszug verkehrt seit 1970 zwischen Perth in Westaustralien und dem rund 4500 km entfernten Sydney in Neu-Süd-Wales. Jetzt können die Australier zum ersten Mal ohne Umsteigen von einem Ende des Landes ans andere fahren, vor 1970 mußte man fünfmal, vor 1938 gar sechsmal umsteigen. Das war so, seit 1917 die Transaustralienbahn (Kalgoorlie–Port Augusta) der Commonwealth Railways fertiggestellt wurde, weil die Erbauer der Eisenbahnlinie für verschiedene Strecken unterschiedliche Spurweiten wählten. Für die Normalspur (auf die 1938 auch die Strecke Port Pirie–Port Augusta der Commonwealth Railways umgestellt wurde) entschieden sich lediglich Neu-Süd-Wales und die Commonwealth Railways. In Westaustralien und Teilen Südaustraliens (auch auf der Strecke Port Pirie–Port Augusta) verlegte man die Schienen mit einer Spurweite von 1067 mm, während Victoria und der größte Teil Südaustraliens die russische Breitspur (1600 mm) bevorzugten.

In dieser Situation wurde das Flugzeug ganz selbstverständlich das übliche Verkehrsmittel zwischen Westaustralien und den östlichen Bundesstaaten; die staatliche Fluggesellschaft QUANTAS konnte im gleichen Jahr, in dem der »Indian Pacific« erstmals eingesetzt wurde, ihr fünfzigjähriges Bestehen feiern.

1975 wurden aus den Commonwealth Railways die Australian National Railways, von denen auch die Tasmanian Railways, die South Australian Railways (ausgenommen das Gebiet der Landeshauptstadt) und die kurz zuvor auf Normalspur umgestellte Strecke, auf der der »Indian Pacific« von Port Pirie bis zum Ende der Normalspurbahn von Neu-Süd-Wales (Broken Hill) fährt, übernommen wurden.

Die Fahrt von Perth bis Sydney dauert ungefähr 66 Stunden. Der »Indian Pacific« ist ungewöhnlich lang, besteht er doch aus 24 voll-

klimatisierten, mit rostfreiem Stahl beplankten Wagen. Vorausbuchung ist obligatorisch, da nur 70 Plätze erster Klasse und 68 zweiter Klasse vorhanden sind. Zunächst verkehrte er nur zweimal wöchentlich, da lediglich zwei Züge zur Verfügung standen. Damals war die Warteliste so lang, daß man über ein Jahr zum voraus Plätze reservieren mußte. Ein dritter Zug wurde 1973, ein vierter 1975 in Dienst gestellt. Das vielleicht Bemerkenswerteste an diesem Zug ist der ungemein freundliche Service. Angesichts des starken Andrangs könnte man meinen, die Australier wollten sich dafür entschädigen, daß ihnen im Gegensatz zu vielen anderen Ländern in den dreißiger Jahren kein solcher Service zur Verfügung stand.

Ausgangspunkt der neuen Normalspurstrecke ist der »Interstate«-Kopfbahnhof in Perth. Von Freemantle und Kwinana zweigen Stichbahnen ab, die letztere dient hauptsächlich für den Erztransport aus dem Bergbaugebiet Koolyanobbing. Damit dieses Gebiet Bahnanschluß hat, ist die neue Normalspurstrecke nach Kalgoorlie mit 653 km rund 75 km länger als die alte Schmalspurbahn.

Der »Indian Pacific« fährt jeden Dienstag, Donnerstag, Samstag und Sonntag punkt 21 Uhr ab. Die Mahlzeiten und der Tee am Morgen sind im Fahrpreis inbegriffen, wobei der Tee ans Bett gebracht wird. Für die 70 Reisenden erster Klasse stehen Einbettabteile, Zweibettabteile und eine Luxus-Suite sowie ein Salonwagen mit einem Klavier im einen und einer Bar im anderen Salon zur Verfügung. Die zweite Klasse besteht aus Zweibettabteilen und einem Cafeteria-Wagen. Jedes Abteil der ersten Klasse ist mit eigener Toilette ausgestattet, und

145 Von sich abwechselnden Diesellokomotiven gezogen, durchquert der »Indian Pacific« ganz Australien von Perth bis Sydney

146 Der Küchenchef des Luxuszuges »Indian Pacific«

an den Wagenenden befinden sich getrennte Duschkabinen für männliche und weibliche Reisende.

Da eine Autofahrt durch die Große Victoriawüste lange dauert, sehr strapaziös und auch gefährlich ist, wenn man nicht in Gruppen fährt, ziehen viele Leute den »Indian Pacific« vor und lassen ihr Auto per Güterzug von Perth oder Kalgoorlie nach Port Pirie nachkommen (oder schicken es voraus).

In Kalgoorlie geht der Zug von der Obhut der Western Australian Railways an die früheren Commonwealth und jetzigen Australian National Railways über. Clyde-Doppeldiesellokomotiven aus dem nahen Parkeston-Depot werden vorgespannt. Das Zugpersonal wechselt erst in Rawlinna. Von dort aus verläuft die Strecke 480 km lang fast schnurgerade durch die Nularbor-Ebene, wie dieser Teil der Wüste heißt. Lunch und Dinner werden im Speisewagen serviert, »Afternoon Tea« im Salonwagen. Damit sich die Reisenden in dieser öden Landschaft nicht langweilen, sind in ihren Abteilen Radios eingerichtet.

Am Abend des zweiten Tages gelangt der Luxuszug nach Cook, wo er eine halbe Stunde lang anhält. Cook hat keinerlei Industrie, sondern ist eine ausgesprochene »Eisenbahnerstadt«, mit einer Schule und einem Telegrafenamt. Sogar das Kino ist ein Filmvorführwagen der Bahn. In Cook gilt die Zentralaustralische Zeit (Westaustralische Zeit + 1¹/₂ Stunden).

Um 4 Uhr morgens hält der Zug in Tarcoola, einer weiteren Eisenbahnerstadt, in der wieder die Lokomotivführer ausgetauscht werden. Nun geht die Fahrt durch reines Wüstengebiet mit Salzpfannen; erst Port Augusta, wo man um 10.50 Uhr anlangt, ist wieder eine fruchtbare und zivilisierte Gegend. Hier werden die Passagiere kostenlos mit Zeitungen versorgt. Um 12.25 Uhr trifft der Zug nach einer Fahrt entlang der Küste in Port Pirie ein. Hier hat der Zug 75 Minuten und der Gegenzug 90 Minuten Aufenthalt. In dieser Zeit wird er gewendet und gereinigt. Über einen auf Normalspur umgestellten Schienenstrang ziehen Diesellokomotiven der South Australia den »Indian Pacific« über Peterborough nach Broken Hill (das Schienennetz im Norden von Südaustralien ist sonst Breitspur). Bei Gladstone, noch vor Peterborough, donnert auf dem Parallelgeleis der zweite Gegenzug des »Indian Pacific« vorbei; dem ersten ist man bereits in der Nähe von Rawlinna begegnet. Früher fuhr das aus Sydney kommende Zugpersonal der New South Wales Railway bis zu diesem Treffpunkt, stieg dann auf den Gegenzug um und fuhr mit diesem zurück – alles in allem ein 48-Stunden-Job. In Peterborough mündet die aus Adelaide kommende Breitspurbahn in die Strecke ein; für den Nahverkehr werden bis Broken Hill normale Reisewagen der South Australian angehängt. Noch vor Broken Hill, wo der Zug um 19.54 Uhr eintrifft, wird das Dinner serviert.

In diesem Bahnhof, wo man die Uhren nach Ostaustralischer Zeit um eine halbe Stunde vorstellen muß, hält der Zug eine halbe Stunde. Die Strecke von Broken Hill nach Parkes mußte von der Public Transport Commission of New South Wales neu verlegt werden; früher war sie eine Stichbahn ins Hinterland des riesigen Bundesstaates, aber heute ist sie die transaustralische Hauptbahnlinie. Am letzten Tag sieht man nicht mehr Wüste, sondern Farmland. Hinter Parkes, dem bedeutendsten Bahnhof auf diesem Streckenabschnitt, erklimmt der Zug eine Höhe von rund 1000 m über Meer. Durch das Gebirge fährt er über Orange und Bathhurst nach Lithoow; von dieser Stadt an ist die rund 160 km lange Strecke mit zwei und zum Teil sogar vier Geleisen bis Sydney elektrifiziert. Kurz vor der Millionenstadt Sydney, die sich über 80 km an der Küste entlangzieht, senkt sich die Bahnlinie fast auf Meereshöhe. Der »Indian Pacific«, so genannt, weil er zwischen dem Indischen und dem Pazifischen Ozean verkehrt, aber in Australien selbst meist nur als »Indian« bezeichnet, beendet seine Fahrt um 15.50 Uhr auf dem Hauptbahnhof von Sydney.

19. Der japanische Tokaido-Expreß: der schnellste Zug der Welt

Das japanische Schienennetz hat eine Gesamtlänge von 21 000 km, aber zum größten Teil nur eine Spurweite von 1000 mm, was keine hohen Geschwindigkeiten zuläßt. Mit Normalspur wurden bisher 1177 km Schienenstrang verlegt: Diese Strecke bezeichnet man in Europa als Tokaido-Linie, weil sie im so genannten Teil der Hauptinsel Honshu (Hondo7 verläuft, nämlich von Tokyo in südwestlicher Richtung bis Osaka, der zweitgrößten Agglomeration Japans.

Der »Shinkansen« (Zug, der so schnell ist wie eine Kugel) wird nicht von Lokomotiven gezogen, sondern ist ein Triebwagenzug. An- und abgekuppelt werden die Teile eines solchen Zuges nur, wenn er überholt oder vergrößert wird, und während in den meisten Ländern ein vergleichbarer Expreß nur einmal in 24 Stunden fährt, verkehren die japanischen Superexpreßzüge alle 15 Minuten. Im Land bezeichnet man sie als »Hikari«-Züge.

Wörtlich heißt das »leichte« Züge, aber inzwischen führen sie sowohl Speisewagen als auch einen Büfettwagen mit, da die Reise von Tokyo bis Hakata – mit Zwischenhalt in Nagoya, Kyoto, Shin-Osaka, Okayama, Hiroshima und Kokura – mit dem schnellsten dieser Züge immerhin 6 Stunden 56 Minuten dauert. Die »Kodama«-Züge, die zusätzlich zu den »Hikari« viermal pro Stunde in Tokyo abfahren, brauchen länger, denn sie halten auf sämtlichen größeren Bahnhöfen: zwischen Tokyo und Nagoya siebenmal (seit 1969 auch in Mishima), zwischen Nagoya und Kyoto zweimal, zwischen Shin-Osaka und Okayama viermal und zwischen Hiroshima und Kokura einmal. Heute sehen die »Kodama«-Züge (»Echo«-Züge) den »Hikari« sehr ähnlich.

Wo immer möglich, leitet man die »Shinkansen« durch die gleichen Bahnhöfe wie die Schmalspurzüge, damit der Anschluß an das alte Schienennetz gewährleistet ist (die Tokaido-Linie folgt übrigens sehr genau der ältesten Fernverkehrsstrecke der japanischen Eisenbahnen). An verschiedenen Orten, so in Yokohama, wo die von Tokyo kommenden »Kodama«-Züge zum erstenmal halten, war dies nicht möglich. Also entstand ein neuer Bahnhof, Shin-Yokohama (»Neu«-Yokohama).

Die Bedeutung dieser Bahnlinie geht aus folgenden Zahlen hervor: 40% der japanischen Bevölkerung (bis 1985 rechnet man mit etwa 64 Millionen Menschen) leben zwischen Tokyo und Osaka; auf das gleiche Gebiet konzentrieren sich 71% der japanischen Industrie.

Der erste Spatenstich für den Bau der Tokaido-Linie erfolgte am 20. April 1959. Die Strecke nach Osaka wurde am 1. Oktober 1964 mit 30 Zügen eröffnet. 1966/1967 waren es bereits 60 Züge, und jetzt warf die Bahnverbindung auch Gewinne ab. Bis 1972 bestand jeder Zug aus 12 Wagen, dann erweiterte man die »Hikari« auf 16 Wagen, und 1973 erhielten auch die »Kodama«-Züge 16 Wagen. 1976 wurden die Fahrpreise um 50% erhöht. Die einfache Fahrt von Tokyo nach Hakata kostet heute 14 000 Yen statt früher 9010 Yen. Japan gehört zu den Ländern, in denen die Begriffe »erste« und »zweite« Klasse nicht beliebt sind. Da jedoch auch dort Leute luxuriöser reisen wollen, hat man anstelle der ersten Klasse einen »Grünen Wagen« eingeführt, dessen Benutzung 6000 Yen Zuschlag kostet. Auf den Schmalspurstrecken betreibt die Japanische Staatsbahn Schlafwagen erster und zweiter Klasse, aber sie heißen »A-Wagen« (Ein- und Zweibettabteile) und »B-Wagen« (Dreibettabteile). Die parallel zur Tokaido-Linie verlaufende Schmalspurbahn führt nicht über Osaka hinaus.

1965 beförderten die »Shinkansen« 10 Millionen Passagiere; 1967 waren es schon 100 Millionen und 1974 700 Millionen. 1970 existierten 85 Triebwagenzüge mit insgesamt 1000 Wagen. Im gleichen

147 Nach der Elektrifizierung der Strecke Tokyo–Takashima Port fährt im Oktober 1970 der letzte japanische Zug mit Dampftraktion auf der 1000-mm-Schmalspurstrecke im Bahnhof von Tokyo ab

Jahr wurde beschlossen, die »Shinkansen« über Okayama nach Hakata weiterzuführen. Mit dem Bau der 160 km langen Strecke Osaka–Okayama hatte man am 16. März 1967 begonnen; sie wurde am 15. März 1972 in Betrieb genommen. Am 15. März 1974 war der 18,7 km lange Shin-Kanmon-Tunnel zwischen Honshu und der südlichsten Insel Japans, Kiushu, fertig und fast ein Jahr später auch die Eisenbahnlinie nach Hakata in der Nähe von Fukuoka, dem derzeitigen Endpunkt.

Die Reisegeschwindigkeit liegt bei 200–210 km/h. Kontrolliert werden die Zugbewegungen durch eine elektronische Zentralverkehrskontrolle und eine automatische Verkehrskontrolle mit Hilfe eines Computers, der die Züge steuert und die Strecken überwacht. Natürlich sind die Japaner stolz darauf, daß diese Züge jährlich 800 Millionen Passagiere unfallfrei befördern: Disziplin ist alles. Schienengleiche Übergänge gibt es keine.

Zwischen Mitternacht und 6 Uhr morgens verkehren auf der »Shinkansen« keine Züge, damit ein Heer von Geleisarbeitern die notwendige Wartung besorgen kann. Tagsüber werden die Schienen durch Streckengeher kontrolliert. Ein aus sieben Wagen bestehender Inspektionszug prüft Geleise und Brücken, während er mit der üblichen Höchstgeschwindigkeit der Reisezüge (210 km/h) über die Strecke donnert.

Nach je 30 000 km Fahrstrecke wird der Wagenpark in Tokyo, Osaka oder Hakata inspiziert. In Osaka und Hakata werden die Wagen nach 300 000 km Fahrleistung gründlich gewartet, und nach 900 000 km überholt man die Züge völlig, entweder in den Hamamatsu-Werken oder auch in Hakata. Mit Hilfe hochkomplizierter elektronischer Geräte lassen sich Materialermüdungserscheinungen aufspüren.

Die Züge mit Speisewagen führen auch einen Büffetwagen und ein japanisches Blumenmädchen mit einer Minibar mit. Manche Züge, die nicht die ganze Strecke befahren, laufen ohne Speisewagen. Heute sind 133 Züge eingesetzt, aber wieviele eigentlich gebraucht würden, läßt sich den Fahrplänen entnehmen. Um 6 Uhr morgens, noch ehe irgendein Zug angekommen ist, haben bereits 14 Züge Tokyo verlassen, und der erste Zug aus Hakata kommt erst um 13.44 Uhr in Tokyo an. Geplant sind 258 Züge täglich.

Die Züge sind aus Leichtmetall; das Achsengewicht beträgt nur 7 Tonnen. Zum Bremsen dienen gußeiserne Scheibenbremsen. Die Schienen sind zu 1500 m langen Strängen zusammengeschweißt. Zungenverbindungen sorgen dafür, daß keine Lücken entstehen. Fest verschweißt sind auch die Weichen, so daß sie geradeaus mit Höchstgeschwindigkeit und beim Abbiegen mit 69 km/h befahren werden können. Die Hauptstrecken sind mit Wechselstrom (25 000 Volt, 60 Hz) elektrifiziert, die Schmalspurstrecken mit ihren über 1000 schienengleichen Übergängen (die die Hauptursache für die Schaffung der neuen Eisenbahnlinien waren) mit Gleichstrom (1500 Volt). Vom Führerstand der »Kodama«-Züge aus können die Weichen automatisch gestellt werden.

Alle wichtigen Daten werden von der Zentralkontrolle automatisch in die Zugführerkabinen durchgegeben. Das Kontrollzentrum, das auf allen Strecken ständig durch Anemometer über Windstärken und durch Seismographen über Erdbebengefahren informiert ist, richtet die Zugsgeschwindigkeit entsprechend ein. Auf der neuen Strecke gibt es zahlreiche Überführungen, Tunnels, Brücken und andere Bauten, deren Fertigstellung zum Teil Jahre gedauert hat.

148 Der japanische »Shinkansen« ▷

20. Amtrak

1970 hatten die amerikanischen Eisenbahnen am Gesamtpersonenverkehr der öffentlichen Transportmittel nur noch einen Anteil von 7%; 1928 waren es ungefähr 77%. Im ganzen Land verkehrten täglich nur noch etwa 450 Personenfernzüge; in der großen Zeit der Eisenbahnen, in den zwanziger Jahren, waren es 20 000. Also wurde die National Railroad Passenger Corporation gegründet, und man stellte die Eisenbahngesellschaften vor die Wahl, sich entweder mit der Corporation vertraglich zusammenzutun, um auf bestimmten »Basisstrecken« Personenzüge zu betreiben, oder aufgrund gesetzlicher Verpflichtung ihren Betrieb bis 1975 aufrechtzuerhalten. Zuerst hieß die Corporation »Railpax«, bald änderte man den Namen in »Amtrak« um.

Gesetzlich verankert wurde Amtrak im Oktober 1970, im Mai 1971 nahm sie ihren Betrieb auf, mit etwa 180 Zügen auf 21 Strecken zwischen 29 Städten mit je über einer Million Einwohnern. Wie zuvor die Pullman-Wagen befuhren die Züge ein rund 35 000 km langes Streckennetz, das nicht der Corporation gehörte, aber im Gegensatz zu Pullman stellte Amtrak die Lokomotiven; zunächst wurden 116 gekauft oder ausgeliehen; ein Jahr später waren es bereits 368.

Amtrak kaufte nicht nur in Amerika ein, sondern erwarb in Frankreich Turbozüge und setzte probeweise schwedische Elektrolokomotiven ein. Vor allem aber verstand es Amtrak, die Werbetrommel zu rühren und die Idee des Zugreisens an den Mann zu bringen. Den Amerikanern muß man alles »verkaufen« und entsprechend attraktiv verpacken, und diese Mode hat ja inzwischen auch auf Europa übergegriffen. Jedenfalls hat Amtrak es fertiggebracht, ein Image aufzubauen (mit freundlichem Service und rot-weiß-blauen Farben), und das hat viel dazu beigetragen, Amtrak in die Gewinnzone zu bringen. Das alles war gar nicht so einfach, denn bei den Präsidenten der Eisenbahngesellschaften war Amtrak höchst unbeliebt, und sie wünschten nichts sehnlicher, als daß die Corporation bald wieder von der Bildfläche verschwinden würde. Aber im Gegenteil: Inzwischen hat Amtrak eigene Strecken erworben und in manchen Gegenden Schwierigkeiten wie ungünstige Schienenverlegungen und Geschwindigkeitsbegrenzungen überwunden. Auch die Namen berühmter Züge wurden übernommen, und so existiert heute bei Amtrak ein »Broadway Limited«, ein »Lake Shore Limited«, ein »Super Chief« usw. Zwischen New York und Washington verkehren in regelmäßigen Abständen schnelle E-Züge, die sogenannten »Metroliners«.

Der Erfolg von Amtrak beruht teilweise darauf, daß man nach dem Vorbild der Fluggesellschaften ein eindrucksvolles elektronisches Buchungssystem einführte und die Fahrkartenschalter so gestaltete, daß sie wie Reisebüros aussehen. Die Vorzüge des Reisens mit der Eisenbahn, erholsames Reisen, Ankunft ohne unvorhergesehene Verzögerungen, Abfahrt und Ankunft mitten im Stadtzentrum usw., wurden in der Werbung groß herausgestellt. Daß man Fahrkarten per Kreditkarte lösen kann, ist eine Selbstverständlichkeit. Es gibt Zugtelefone und Sekretärinnen, und natürlich bedeutet es für zahlreiche Menschen etwas ganz Neues, in einem wirklich komfortablen Zug zu fahren.

Für Nachtfahrten über längere Strecken stehen verschiedene (und unterschiedlich zuschlagspflichtige) Komfortstufen zur Verfügung. So haben die Schlafwagen Zweibettabteile mit in Fahrtrichtung ange

149   Der zwischen Los Angeles und Seattle verkehrende »Coast Starlight/ ▷
Daylight Amtrak Express« verläßt auf seiner Fahrt nach Portland Klamath
Falls. Über dem Kaskadengebirge in Oregon dämmert der Morgen

ordnetem unterem und oberem Bett, Singles mit Klappbett und Waschbecken, geräumigere und auch komfortablere »roomettes«, noch größere »bedrooms« mit eigener Toilette und schließlich Schlaf-Suiten von doppelter »bedroom«-Größe.

Amtrak verfügt über Salonwagen, Clubwagen, Speisewagen, Restaurationswagen und doppelstöckige Vista-Aussichtswagen. Serviert werden sowohl kleine Imbisse als auch vollständige Mahlzeiten. Die »Metroliners« führen »Metroclubwagen« und einen Snack-Bar-

150 Amtrak-Expreß in Washington D.C. Links das Jefferson-Denkmal, rechts der Potomac

Wagen mit. Natürlich fährt am Ende der Namen tragenden Luxuszüge ein Aussichtswagen, das Symbol amerikanischer Züge (Amtrak ist inzwischen selbst zu einem solchen Symbol geworden).

DER STIL DER LUXUSZÜGE

23. Von den ersten Pullman-Wagen zum TEE

There is every sort of light, you can make it dark or bright,
There's a handle you can turn to make a breeze;
There's a funny little basin you're supposed to wash your face in,
And a crank to shut the window if you sneeze.

T.S. Eliot (»Old Possum«): The Railway Cat

Mit der Einführung der Luxuszüge war die Absicht verbunden, den Passagieren eine mindestens ebenso elegante und luxuriöse Atmosphäre zu bieten, wie sie es gewöhnt waren. In den Vereinigten Staaten blieb man viele Jahre dem Vorbild von Pullmans »Pioneer« mit Fenstern im Dachaufsatz treu, und Pullman beeinflußte auch die Luxuszüge anderer Länder. In Europa hingegen hatte man zunächst etwas gegen den massigen Kastenwagen auf Drehgestellen; hier entwickelte sich der Eisenbahnwagen aus der Postkutsche (Abteilwagen). Individualität mit »Plüsch und Pleureusen« war das Ziel, nicht Zweckmäßigkeit. Auch die Lokomotiven sollten in erster Linie einen schönen Anblick bieten, um die Menschen (und möglichst auch die Pferde) nicht zu erschrecken; sie waren deshalb ganz einfach zu schwach für die schweren Pullman-Wagen.

Da in Europa die Wagenabmessungen vorgeschrieben waren, konzentrierte sich das Bemühen um Luxus ganz auf das Wageninnere. Man stattete die Wagen mit Plüsch, Lincrusta und bald auch mit »brisebise« aus, Decken, die man innen vor die Fenster hing, um Zugluft fernzuhalten, Kondenswasser zu absorbieren und Lärm zu schlucken. Die Pullman-Großraumwagen ohne Einzelabteile waren in erster Linie nach funktionellen Prinzipien und ohne unnötigen Krimskrams ausgestattet. Den Europäern gefielen sie nicht, obwohl auch die Amerikaner nicht mit Plüsch-Polsterbezügen, Samtvorhängen und Quasten sparten, um die drückende, höhlengleiche Atmosphäre zu überspielen, die tagsüber in den Pullman-Wagen herrschte, wenn die oberen Betten hochgeklappt und beidseits des Dachaufbaus schräg festgezurrt waren.

Die durch einen ölbefeuerten Heizkessel betriebene Baker-Warmwasser-Zentralheizung kam wie der Drehgestellwagen aus den Vereinigten Staaten zunächst nach Großbritannien. Diese Heizung bedeutete einen großen Fortschritt gegenüber den alten Fußwärmern, die – unterwegs auf Bahnhöfen mehrmals ausgetauscht – viele Jahre lang in normalen Reisewagen die einzige Heizungsmöglichkeit darstellten.

Stinkende Tran- oder Öllampen, die abends vom Wagendach herabgelassen wurden, paßten ganz und gar nicht zum luxuriösen Plüsch. Sie spendeten nur wenig Licht, und ihre Ablösung durch Gasbeleuchtung wurde begeistert begrüßt: über Gebühr deshalb, weil bei Unfällen das ausströmende Gas entsetzliche Katastrophen heraufbeschwor.

Immerhin funkelten die kleinen Gaslichter prächtig und waren so hell wie ein ganzer Kandelaber. Vor allem aber ließ sich Gas leicht transportieren, was für die Elektrizität damals noch nicht zutraf. Man vergißt heute allzuleicht, daß die Internationale Schlafwagengesellschaft über eigene Gastankwagen verfügte, die fortlaufend durchnumeriert waren, aber den Zusatz »R« (für »Réservoir à gaz«) trugen. Sie wurden an Luxuszüge angehängt und sorgten auf Bahnhöfen, die nicht an ein Stadtgasnetz angeschlossen waren, für den Gasnachschub. Im Gegensatz zu den Gastankwagen tauchen die Weinwagen der CIWL nicht in den Listen auf; sie zählten zu den in Privatbesitz befindlichen Güterwagen der SNCF.

Vom ersten Pullman-Zug mit elektrischer Beleuchtung war bereits die Rede (siehe Kapitel 3). Auch die Internationale Schlafwagengesellschaft ging schon früh zum elektrischen Licht über. Für Luxuszüge, die innerhalb Italiens verkehrten, übernahm man von der FS bzw. ihren Vorgängern die Hensemberger-Batterie-Beleuchtung, beispielsweise für den bis jetzt noch nicht erwähnten, nur aus Schlafwagen (ohne Speisewagen) bestehenden Luxuszug Rom–Mailand, der heute über Genua fährt, früher aber oft über Florenz fuhr, was zweifellos wieder der Fall sein wird, wenn die von Rom ausgehende Direttissima über Città di Pieve (bei Orvieto) einmal bis Florenz verlängert ist. Manchmal wurden in Italien stationierte Schlafwagen mit Hensemberger-Beleuchtung auch auf internationalen Strecken eingesetzt. Da man im Ausland die Akkumulatoren nicht nachladen konnte, stellte man die elektrische Anlage auf Drehstromgeneratoren um, die auf eines der Drehgestelle montiert wurden und über Winkelgetriebe und Gelenkwellen mit einer Achse verbunden waren.

Bis 1922 gehörten die mit Teakholz beplankten Schlafwagen stets zu einem ganz bestimmten Luxuszug. Manchmal standen darauf die Namen von Ausgangs- und Zielbahnhof sowie der Zugname in aufgeschraubten Bronzelettern (aus solchen Lettern setzte sich auch die Aufschrift »Compagnie Internationale des Wagons Lits« zusammen), beispielsweise »Calais–Brindisi« und »Peninsular Express« auf dem Luxuszug der Peninsular and Oriental Steam Ship Company (P & O) von 1890. Als recht problematisch erwies es sich, daß der Schlafwagenpark aus unterschiedlichsten Wagen bestand, deren Bettenzahl oft nicht den für Buchungen verwendeten standardisierten Diagrammen entsprach. Deshalb baute man zahlreiche Teak-Wagen nach dem Vorbild des ersten Standard-Schlafwagens der »R«-Klasse (»R« steht für »regal«, königlich) mit neun Abteilen um. Die Abteile waren (außer den für Schaffner bestimmten Abteilen an den Wagenenden) in Zweiergruppen zusammengefaßt und zunächst noch ohne eigenes Waschbecken.

Jedes »R«-Abteil enthielt eine Polsterbank, deren Sitz das untere und deren schwenkbare Lehne das obere Bett bildeten, unter dem Mittelfenster einen Klapptisch (das Fenster hatte eine hölzerne Jalousie, um Luft hereinzulassen und den Kohlenstaub fernzuhalten) und auf der anderen Seite des Tisches, der Bank gegenüber, einen Klappsessel, der mit dem gleichen dicken Plüsch bezogen war wie die Abteilwände und die Tür des Waschraumes.

Der für je zwei Abteile gedachte Waschraum befand sich in der Wagenmitte; sein Milchglasfenster ging auf den Gang. Sobald eine der beiden Türen verriegelt wurde, schloß sich automatisch auch die andere. Das Waschbecken (damals größer als heute) war in einen Waschtisch mit Marmorplatte eingelassen, hinter dessen Tür sich das berühmte, einer großen Saucière ähnliche »Gefäß« verbarg. In manchen französischen Berichten über die Schlafwagen der CIWL findet sich die Bemerkung: »Sous le lavabo se trouve un vase.« Heute ähnelt der Nachttopf eher einem Babytöpfchen mit Ausguß – und man spricht nicht mehr darüber.

Über die Abteildecke war ein auffälliger gepolsterer Riemen gespannt, von dem aus ein weiterer Riemen zum oberen Bett reichte, so daß der Eindruck entstand, es sei daran befestigt. In Wirklichkeit lag es auf zwei Klappbügeln aus Messing; der Riemen diente lediglich als Halt, wenn man die dreistufige, zusammenklappbare und klappersichere Faltleiter hinunterkletterte, die in ganz Europa berüchtigt war, weil sich nichtsahnende Reisende und müde Schaffner darin ständig die Finger einklemmten. In den Schlafwagen der »Z«- und »Y«-Klasse wurden sie durch gepolsterte fünfstufige Leitern ersetzt.

151 Abbildungen aus einem illustrierten Fahrplan der CIWL zu Beginn unseres Jahrhunderts. Oben eine PLM-Lokomotive mit CIWL-Wagen. Oben von links nach rechts: 1) Toilette im Schlafwagen des Typs »R«: Marmorabdeckung des Waschbeckens, Karaffe und plüschbespannte Tür; 2) Innenansicht eines typischen Speisewagens um 1900; 3) Schlafwagen des Sankt Petersburg-Cannes-Expreß, für die Nacht hergerichtet, man beachte den Spucknapf, den Vorhang und die Gurtenhalterung des oberen Bettes
Unten: 4) CIWL-Schlafwagen des Typs »R«, für den Tag hergerichtet, interessant die Lüftung über dem Fenster; 5) Schlaf-Tagessalon-Abteil im Sankt Petersburg-Cannes-Expreß, für die Nacht hergerichtet; plüschbezogene Kissen, zentrales Deckenlicht und Spiegel

Die bekannten »S«-Wagen für den »Train Bleu« wurden 1922 vom berühmten französischen Designer René Prou (1889–1947) gestaltet. Die Wände waren nicht mehr mit staubfangendem Plüsch, sondern mit Leder überzogen, und weil der braune Plüsch durch Abwetzung rasch glänzte, wählte man blauen Plüsch. Die »S«-Wagen waren größer als die »R«-Wagen; sie enthielten acht Einzel- und vier Doppelabteile des »R«-Typs. Letztere befanden sich zunächst in der Wagenmitte, wurden aber dann in die Wagenenden verlegt, weil sich viele Benutzer von Einzelabteilen beklagten, der Lärm direkt über den Wagenrädern entspräche nicht dem, was sie sich unter Erster-Klasse-Komfort vorstellten. Die neueren Wagen trugen die Bezeichnung »S1«, die älteren »S2«, und nach dem Zweiten Weltkrieg wurde »S1« zu »S3«. Noch geräumiger waren die Abteile in den für Spanien gebauten »S4«, in denen beim Umbau die Waschräume der »R«-Wagen ganz wegfielen.

In den »S2«-Wagen war der Abstand zwischen Bett und Waschraumtür größer als in den »R«-Wagen; die Abteile waren ganz mit rotschwarzen Spannteppichen ausgelegt, und zum Ausziehen konnte man sich auf Leinenvorleger stellen. Eine Glaskugel in der Decke enthielt mehrere Glühlampen (darunter eine blaue), die durch einen raffinierten Dreiweg-Schalter bedient wurden. In die Wände eingelassene Leselampen gingen selbsttätig an, wenn man den Messingdeckel herauszog. Alle Kleiderbügel waren mit Gummi verkleidet, damit sie nicht klapperten; für Taschenuhren bestand ein mit Plüsch gepolsterter Aufhänger. Die Notbremse konnte mit einem an einem Rohr plombierten Griff betätigt werden; die Bedienungsanleitung war viersprachig. Gummiverkleidete Klappringe hielten Gläser und Flaschen. Die Gläser standen gewöhnlich im Waschraumschrank neben der geschliffenen rechteckigen Karaffe mit Trinkwasser, dem jedoch die meisten Reisenden das in allen Schlafwagen mitgeführte Mineralwasser vorzogen.

Ein Großteil dieser Ausstattung wurde fünfzig Jahre lang beibehalten; lediglich die Deckenbeleuchtung in der Glaskugel ersetzte man durch Neonröhren, die nicht mehr durch Dreiwegschalter, sondern durch weiße und schwarze Ein-Aus-Schalter betätigt werden. Die Wasserkaraffen sind heute rund.

Jedes Einzelabteil hatte sein eigenes Waschbecken mit einem hochklappbaren Deckel, der auch als Tischplatte diente. Die Waschbecken waren ursprünglich rund, in modernen Schlafwagen sind sie oval. Für die Zweibettabteile der zweiten Klasse in den »ST«-Wagen eigneten sie sich schlecht, denn der Abstand zwischen ihnen und den Betten war viel zu klein. Die hochklappbaren Metallwaschbecken in den früheren Schaffnerabteilen der »R«-Wagen waren noch unhandlicher; man verbannte sie schließlich in die Waschräume an den Wagenenden.

Für Reisende zweiter Klasse führte man 1926 in Italien den Typus »Z« ein. In den zwölf Zweibettabteilen dieser Wagen waren die Waschbecken abwechselnd neben der Tür und unter dem Fenster angebracht; Zickzackwände trennten die Abteile, von denen jedes zwei Fenster hatte (wie in den »S«-Wagen). Vor den Fenstern war in einem Messingrahmen eine klug konstruierte verstellbare Jalousie untergebracht, die man so einstellen konnte, daß rußfreie Luft ins Abteil kam. Mit der Dampftraktion verschwand auch diese Vorrichtung.

In den dreißiger Jahren folgten die Schlafwagen der »Y«-Klasse. Jedes Abteil hatte nur noch ein Fenster, und an die Stelle des zwölften Abteils trat eine Anrichte. Zwischen den Abteilen bestanden Verbindungstüren. Weil die »Z«-Wagen keine solche Türen hatten, eigneten sie sich besonders gut für den Orient-Expreß (vor dem Zweiten Weltkrieg), und auch für den Direkten Orient-Expreß setzte man 1946–1949 solche Wagen ein. Viele »Y«-Wagen hatten an den Wagenenden Dreibettabteile (Typ »YT«), aus denen später die »YU«-Abteile entwickelt wurden (Universalabteile mit zweifach verstellbarem Mittelbett); wurde das Abteil als Zweibettabteil benutzt, verfügte man im unteren Bett über mehr Höhenraum als bei der Benutzung als Dreibettabteil.

Die »Y«-Wagen waren nicht mehr mit blauem, sondern mit grauem Plüsch und eingewobenem »Lo«-Motiv ausgestattet; die Armlehnen waren nun eckig, nicht rund. Das »L« des Musters sah fast aus wie

ein Hakenkreuz, was bestimmt nicht beabsichtigt war. Alle Abteiltüren hatten hölzerne Luftschlitze, ein Doppelschloß und eine Schließkette.

Ähnlich gestaltete man die »F«-Wagen für den Nachtfährzug, allerdings nur mit neun Zweibettabteilen. Die Gepäckablage war mit einem Schutznetz überspannt; darauf lagen die auf englischen Schiffen vorgeschriebenen Schwimmwesten. Damit das in England erlaubte Höchstgewicht nicht überschritten wurde, ersetzte man eine Innenplattform durch ein Abteil, in dem Wagenheizung und Küche untergebracht waren. Damit verfolgte man die Absicht, trotz der in England gegebenen Beschränkungen den gleichen Komfort zu bieten wie auf dem europäischen Festland, so daß die Wagen auch außerhalb Großbritanniens eingesetzt werden konnten. 1965 verkehrte für kurze Zeit zwischen London und Basel ein Nachtfähren-Schlafwagenzug mit schweizerischen Schaffnern. In den »F«-Wagen ersetzte man erstmals die hellbraunen CIWL-Decken mit eingewobenem dunkelbraunem »WL« durch Decken mit Schottenmuster, die nach dem Krieg in allen Schlafwagen rot-schwarz karierten Decken mit schwarzem eingewobenem »WL« Platz machen mußten.

Auch die neuen »Lx10«-Schlafwagen – 1929 für den »Train Bleu« gebaut – waren nach Entwürfen von René Prou ausgestattet; die Wandverkleidungen der in England hergestellten Wagen dieses Typs stammten von G. F. Milne (Taylor, Lord & Morison, London/Edinburgh). Prou übte einen beträchtlichen Einfluß auf die Art Deco aus. 1921 wurde er Professor an der Elisa-Lemmonier-Schule, 1926–1930 lehrte er an der Pariser »Ecole des Arts Décoratifs«, ab 1937 war er Professor und Atelierchef an der »Ecole Nationale Supérieure des Arts Décoratifs«, und von 1946 bis zu seinem Tod 1947 leitete er die »Ecole de l'Union Centrale des Arts Décoratifs« am »Musée Nissim Camondo«. Er gestaltete nicht nur rund 400 Eisenbahnwagen, sondern auch den Speisesaal im New Yorker Waldorf Astoria, das Mitsubishi-Kaufhaus in Tokio und den Ratssaal im Genfer Palais des Nations (Völkerbundspalast).

Die »Lx10«-Schlafwagen hatten ursprünglich größere Einzelbettabteile und eine Leselampe an der Wand über der Sitzbank (sie wurden entfernt, als man während der Weltwirtschaftskrise Zweibettabteile einrichten mußte). Die großen Waschbecken waren in eine Platte eingelassen, die als Frisiertisch diente; darüber befand sich ein

152 Innenansicht eines Schlafwagens vom Typ »Y«, der eigens für die Türkei ausgerüstet wurde. Man beachte die Ventilatoren, die Doppelfenster mit Vorhängen, das Gepäcknetz des Typs Serie »Y«, die Lampen für die Waschecke, die Verbindungstüren und das auf den Kissen deutlich sichtbare Hakenkreuzmuster

153 Täfelung im Wagen Nr. 4018, ursprünglich im Wagen Nr. 4029, der bei Ausbesserungsarbeiten durch Feuer zerstört wurde. Interessant die fackelartige Pullman-Lampe, die sowohl in den englischen Pullman-Wagen als auch in den Wagen der CIWL installiert wurde

154 Täfelung auf der Tür eines Schlafwagenabteils (Wagen Nr. 3532) vom Typ »Lx 10«

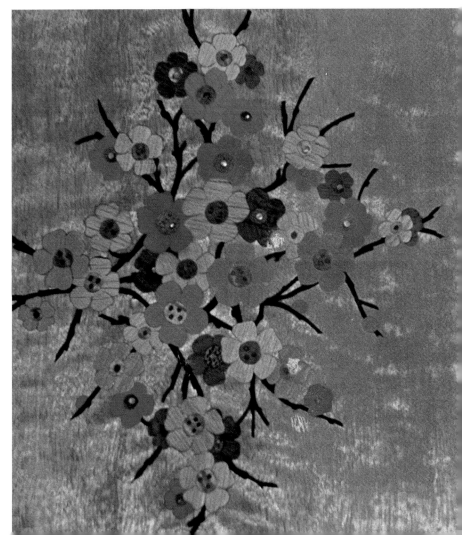

155

157

156

155 Täfelung, Kleiderhaken und Alarmsignal im CIWL-Schlafwagen Nr. 3532 vom Typ »Lx«; der Wagen wurde in Aytre (La Rochelle) gebaut

156, 157 Gepäcknetz aus rostfreiem Stahl und Lampe im CIWL-Schlafwagen Nr. 3532 des Typs »Lx«

verstellbarer runder Rasierspiegel. Mit zwei bis zur Decke reichenden Türen, die auf der Innenseite mit deckenhohen Spiegeln verkleidet waren, konnte man den Waschtrakt schließen. Anschlüsse für Elektrorasierer sind in den CIWL-Schlafwagen seit etwa 1950 vorhanden. Die Speisewagen der Luxuszüge funkelten nur so in ihrer strahlenden Lichterfülle. Statt der üblichen 56 Sitzplätze enthielten sie 42 lederpolsterte Armsessel. In manchen Wagen waren die Wandflächen zwischen den Fenstern mit Intarsien geschmückt. Ältere Ausführungen hatten am der Küche entgegengesetzten Wagenende einen Rauchsalon mit Korbsesseln. In den CIWL-Speisewagen wurden die Kochherde mit Kohle geheizt, in den englischen Pullman-Wagen mit Gas (nach diesem Beispiel führte British Rail allgemein Butangasflaschen ein). Alle in Birmingham gebauten Speise- und Pullman-Wagen für Großbritannien und das europäische Festland hatten oben an den Seitenwänden tulpenförmige Leuchten an Messingarmen und tulpenförmige Lampenschirme an der Decke.
Die elektrischen Triebwagen der »Brighton Belle« (siehe Kapitel 3) wurden von vier Firmen ausgestattet, Waring & Gillow, einer Londoner Firma, die seit mindestens 1879 für Pullman arbeitete, Turner,

158 Schlafwagen-Speisekarte im »Flèche d'Or«, Aschenbecher und kup- ▷ ferner Lampenfuß, weiß-goldenes Porzellangeschirr. Glas und Kaffeekanne tragen das Monogramm von 1928

Lord & Morison (bereits genannt), Maple & Co (London/Paris), die in den neunziger Jahren des 19. Jahrhunderts die meisten Grandhotels der CIWL eingerichtet hatte, und Mertyn & Co (Cheltenham). Jede dieser Firmen gestaltete zwei oder drei Wagen, und natürlich wollte jede die Konkurrenz übertrumpfen.

Die hochlehnigen geräumigen Sessel der »Belle« stammten allesamt von Waring & Gillow bzw. Turner, Lord & Morison, ebenso in den zwanziger und dreißiger Jahren die Sessel für rund siebzig weitere Pullman-Wagen. Bei der CIWL bezeichnete man sie auch als »Flèche-d'or«-Sessel, da sie für alle in Großbritannien gebauten Wagen dieses Zuges Verwendung fanden, so in Nr. 4018, der heute im Zustand des Jahres 1929 im SNCF-Museum in Mülhausen zu sehen ist, hauptsächlich dank der Bemühungen von Philip Jefford, einem der CIWL-Generalinspektoren.

Den Wagen »Pauline« des »Golden Arrow« beispielsweise stattete Waring & Gillow mit Intarsien aus, die ein Blumen- und Bändermuster trugen. Die Pilaster waren mit hellen Linien, die Simse mit gekreuzten hellen und dunklen Linien geschmückt. Bodenbelag und Polsterbezüge waren taubengrau. Dieselben Farben benutzte man auch für einige Wagen des in Frankreich verkehrenden »Flèche d'Or«. Das Wahrzeichen dieser Pullman-Wagen war die von einem schweren, massiven Messingsockel getragene Leselampe auf jedem Tisch. Jemand hat einmal geschrieben, ein Pullman ohne diese Lampen sei wie ein Bürgermeister ohne Amtskette.

Das alles wurde von der Mitropa genau verfolgt, und so fielen die Salonspeisewagen ihres 1928 erstmals eingesetzten »Rheingold«-Expreßzugs noch luxuriöser und prächtiger aus. Man hatte die besten deutschen Künstler und Innenarchitekten herangezogen, die jeweils einen Wagen ausstatteten. Sogar der Salonspeisewagen der zweiten Klasse war mit schachbrettgemusterten Intarsien verkleidet und weit schöner als die mit solidem Mahagoni eingerichteten Pullman-Wagen des »Etoile du Nord« oder die Pullman-Wagen dritter Klasse in Großbritannien. Im »Rheingold« existierte auch schon Zugtelefon; so weit war noch kein anderer europäischer Pullman-Zug. Hingegen waren die Gepäck- und Einzelabteile an den Wagenenden direkt nach Pullman-Wagen kopiert.

Bei der CIWL kam man zur Einsicht, daß die Birminghamer Ausstattung mit viel Messing und geradlehnigen Sesseln für den 1929 eingesetzten »Côte-d'Azur«-Pullman nicht das Richtige sei. So wurden für diesen Zug die Füße der Leselampen versilbert, und die Rückenlehnen der breiteren Sessel (»Dalziel-Sessel«) konnten zurückgestellt werden; freilich standen nun in einer Couplage nur noch 48 statt wie im »Goldenen Pfeil« 56 Sitzplätze zur Verfügung. Die in Pullman-Wagen üblichen kleinen Schiebefenster ersetzte man durch Klappfenster, die wie in den »Lx10«-Schlafwagen durch ein Hebelgestänge betätigt wurden; früher hatte man die Fenster mit einem Ring im Rahmen und einem Griff oben recht umständlich öffnen müssen.

Mit der Innenausstattung der Pullman-Wagen Nr. 4141–4147 und 4158–4164 des »Côte d'Azur-Express« wurde der große Glas-künstler René Lalique betraut, der vielleicht mehr als jeder andere dazu beigetragen hat, daß sich aus bequemen Luxuswagen regelrechte Kunstwerke entwickelten. Die Wagen Nr. 4162 und 4164 wurden nach dem Zweiten Weltkrieg im »Train Bleu« als Salonwagen eingesetzt; Nr. 4161 und 4163 fuhren lange Jahre im alten »Mistral«, nachdem man sie mit Minden-Deutz-Drehgestellen und Klimaanlage ausgestattet hatte (beides stammte von einem Gepäckwagen der SNCF). Dem Wagen Nr. 4158, der 1977 im Mailänder CIWL-Waggonwerk überholt wurde, so daß er sich in der ganzen Pracht von 1929 darbietet, werden wir am Schluß dieses Buches wieder begegnen – er hat es verdient.

René Prou stattete die Wagen Nr. 4131–4140 und 4148–4157 aus. Nr. 4141, 4142, 4144 und 4145 wurden 1930 zu Tanzwagen umgebaut. Nr. 4144 diente 1938 beim Staatsbesuch Georgs VI. von England in Frankreich als Reserve-Speisewagen. Nr. 4155 wurde 1976 im CIWL-Werk Villeneuve-Prairie überholt und verkehrte im Sommer auf der Strecke Richelieu–Chinon. Der Wagen Nr. 4149, der jahrelang im Mülhausener Eisenbahnmuseum zu bewundern war, wird heute wieder zusammen mit Nr. 4158 eingesetzt.

Auch die Innenausstattung der Pullman-Wagen für den »Golden Mountain Express« stammt von René Prou. Die Bogenfenster mit den Tischchen an den Fenstersimsen galten damals als avantgardistisch; die Sessel (sie entsprechen denen im »Golden Arrow«) sind einzeln (erste Klasse) oder paarweise (zweite Klasse) beidseits des Mittelgangs angeordnet. Der Service war für Reisende erster und zweiter Klasse gleich.

Für die Côte-d'Azur-Pullman-Wagen entwarf Christofle eigenes Geschirr. Im Gegensatz zum »englischen« Geschirr für den »Golden Arrow« hatte es keine geriffelten, sondern glatte Henkel. Für die Pullman-Speisewagen entstanden besondere Karaffen mit dickem Boden, die sich nach oben kontinuierlich verjüngten, ferner Salatschüsseln und geriffelte Flakons für Angostura Bitter, Essig, Öl usw. An die Stelle der üblichen CIWL-Trinkbecher traten Stielgläser; man scheute keine Kosten. Nach dem Zweiten Weltkrieg mußten auch die plattierten englischen Teekannen modernen, stapelbaren grünen Porzellankannen weichen, die freilich innen so gestaltet sind, daß sie weniger enthalten, als man vermuten könnte. Verglichen mit englischen Portionenkännchen sind die heutigen Kännchen winzig.

Die Vorliebe für stromlinienförmiges Styling und die Verwendung von Leichtmetallegierungen führte in den Vereinigten Staaten 1937–1938 zu einer ganz neuen Art von Luxuszug. Am »Twentieth Century Limited« veränderte Henry Dreyfuss von den 2C2-Hudson-Lokomotiven bis zu den Kaffeetassen alles (siehe Kapitel 8). Daraufhin wandte sich die »Pennsylvania« an den 1893 in Paris geborenen Raymond Loewy, der den »Broadway Limited« entsprechend umgestaltete. Berühmte Bestandteile amerikanischer Züge wie die offene Aussichtsplattform oder der fächerförmige Kuhfänger an der Lokomotive fielen einer windschlüpfrigen Oberflächengestaltung zum Opfer. Die Aussichtswagen erhielten abgerundete, geschlossene Enden, aus den Kuhfängern wurde ein simples Stahlblech.

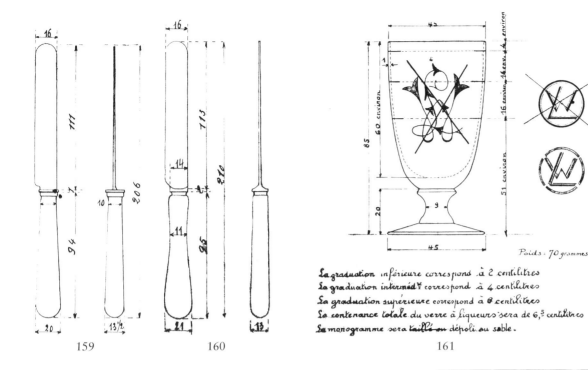

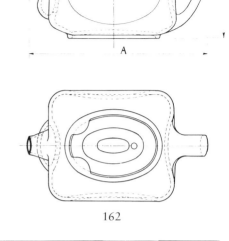

La graduation inférieure correspond à 2 centilitres
La graduation intermed.te correspond à 4 centilitres
La graduation supérieure correspond à 8 centilitres
La contenance totale du verre à liqueurs sera de 6,5 centilitres
Le monogramme sera taillé ou dépoli au sable.

| 159 | 160 | 161 | 162 |

159   CIWL-Tafelmesser, Typ »Christofle«

160   CIWL-Tafelmesser, Typ »Anglais«. Messer dieser Art wurden auf dem »Golden Arrow Pullman« gebraucht

161   Altes CIWL-Likörglas (die neuen sind kleiner). Das Monogramm änderte 1928

162   Grünes Pullman-Geschirr: CIWL-Porzellan-Teekanne aus der Nachkriegszeit, sie ersetzte die ursprünglichen silbernen Teekannen. Man beachte, daß viel weniger Tee darin Platz hat, als man meinen möchte

Im Innern ersetzten schwere Draperien die Topfpflanzen, und L-förmige Polsterbänke sollten die schlauchartige Wirkung so vieler Salonwagen mildern, das Wageninnere wurde in Sitzgruppen für vier und mehr Leute unterteilt. In den Schlafwagen ersetzte der Kunststoff Formica das massive Mahagoniholz, und ganz allgemein wurde das Holz zunehmend von leichteren und billigeren Kunststoffen verdrängt. Vor allem aber wünschten die amerikanischen Reisenden vollklimatisierte Wagen.
Fast vier Jahre lang konnte man in den Vereinigten Staaten, die erst 1941 in den Zweiten Weltkrieg hineingezogen wurden, unter Friedensbedingungen Erfahrungen mit Leichtmetall-Luxuszügen sammeln. Für den »General« (nicht den »Broadway«) führte die Pennsylvania zweistöckige Schlafwagen ein, die ebenso wie die Aluminium-

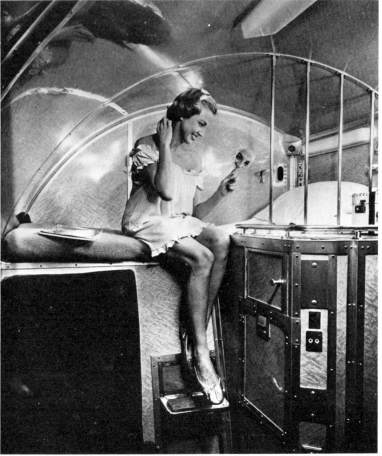

163   Das obere Abteil eines Schlafwagens vom Typ »P« (hier ist es sogar belegt). Interessant die Stufenleiter, der feste Sitz, das hochklappbare Waschbecken (auf dem Bild geschlossen), die Lampen, das Gepäcknetz und der Haken für die Taschenuhr

177

wagen der Budd Company nach dem Krieg in Europa starke Beachtung fanden. Der berühmte amerikanische Designer Otto Kuhler gestaltete fast ebenso viele amerikanische Züge um, wie Prou europäische Wagen ausstattete. Leider ist es hier nicht möglich, näher darauf einzugehen.

Da die Internationale Schlafwagengesellschaft im Zweiten Weltkrieg mehr als 800 Wagen einbüßte, bedurfte es nach dem Krieg bei der Wiederaufnahme des Betriebes großer Improvisationskunst. Der vorhandene Wagenpark mußte umgebaut und überholt werden, für teure neue Wagen mit Klimaanlagen war zunächst kein Geld vorhanden. In Deutschland zog sich die Mitropa auf die Sowjetische Besatzungszone, die spätere DDR, zurück. In Westdeutschland wurde die DSG gegründet, die im Gegensatz zur CIWL beim Punkt Null anfangen mußte, was sich allerdings nicht nur als Nachteil erwies. Die Deutsche Schlaf- und Speisewagen-Gesellschaft war viel kleiner als die CIWL, aber auch viel fortschrittlicher, mit vollklimatisierten Wagen und Duschabteilen in allen Schlafwagen (nach amerikanischem Vorbild). Man nutzte bei den neuen DSG-Wagen die europäischen Gewichtsvorschriften geschickt aus, verzichtete auf Venti-

latoren und Laufplanken auf dem Wagendach, heizte mit Öl statt Kohle und ersetzte die die Wagen verbindenden veralteten Ziehharmonikabälge durch Wulstwagendichtungen (Faltenbälge), einer Erfindung der Deutschen Bundesbahn. Einige dieser Wagen mit drei Universalbetten pro Abteil wurden 1957 als Kriegsentschädigung der CIWL übergeben. Erst jetzt ersetzte man die herkömmlichen Kohleöfen, die man sogar in die »P«-Schlafwagen einbaute, in einem Teil der »Y«-, »F«- und anderen Wagen durch ölbeheizte Öfen.

Bis 1955 entstand nur ein einziger neuer Schlafwagentyp, der »LJ«-Schlafwagen des spanischen CIWL-Chefingenieurs Lopez Jamares. Der Wagenkasten entsprach dem des »Y«-Wagens, hatte jedoch 20 Abteile, abwechselnd Ein- und Zweibettabteile, mit in der Vertikalen Z-förmigen Trennwänden, so daß in den Zweibettabteilen die oberen Betten zurückgesetzt werden konnten und in den engen Abteilen mehr Platz war. Aber alle 20 Wagen dieser Serie wurden bis 1969 außer Dienst gestellt, teils weil sie aus schlechtem Stahl (Kriegsqualität) gebaut waren.

Aus jahrelangen Entwicklungsarbeiten unter Albert Pillepich, dem damaligen CIWL-Chefingenieur, ging der »P«-Schlafwagen hervor. Der derzeitige CIWL-Chefingenieur, Fontan, arbeitete drei Monate lang bei der Budd Company, und so enthält der »P« manches, was es zuvor bei der CIWL noch nie gab. Die Wagenkästen sind mit ungestrichenem rostfreiem Stahl beplankt, haben nur eine Innenplattform und paarweise an einem Wagenende angeordnete Toiletten; die Gewichtsvorschriften werden voll ausgenutzt. Die Betten in den oberen Abteilen sind nicht ausklappbar, sondern fest unter dem Dach verankert. Die Abteile (mit Verbindungstür) sind paarweise angeordnet; die Trennwand in der Mitte eines »V-förmigen Trogbodens« endet an den beiden Zugangstüren, vor denen drei Stufen zum Gangboden hinabführen. In jedem Abteil ist eine Sitzgelegenheit, ein rechteckiges hochklappbares Waschbecken und neben dem Bett ein kleines Gepäcknetz. In den zehn unteren der 20 Schlafwagenabteile steht das Waschbecken neben der Tür. Das Gepäck läßt sich unter der Deckenschräge verstauen. Tagsüber, wenn das Bett hochgeklappt ist, kann man einen Klappsessel benutzen. Die Abteile sind viel kleiner als in anderen Schlafwagen: man wollte Passagieren der zweiten Klasse die Annehmlichkeiten eines Einbettabteils bieten. 80 solche Wagen wurden 1955 gleichzeitig in Belgien, Italien und Frankreich in Dienst gestellt.

Als 1956 bei den Eisenbahnen die dritte Klasse abgeschafft wurde, benutzte man diese Wagen für Reisende erster Klasse, die nun nur einen sehr niedrigen Schlafwagen-»Spezialzuschlag« zahlten. Ein Teil der Wagen kam nach Spanien, wo sich die dritte Klasse etwas länger

164 Für die Nacht hergerichtetes Touristenklasse-Abteil (»T3«) eines Schlafwagens vom Typ »MU«. Unter dem Fenster die Kurbel für die Fensterscheibe und darunter die Knöpfe für die Heizungsregulierung

165 Plakat anläßlich des ersten Einsatzes von Schlafwagen des Typs »P« in ▷ Belgien (1955 auf der Strecke Ostende–Mailand)

NATIONALE MAATSCHAPPIJ **B** DER BELGISCHE SPOORWEGEN

nieuwe slaapwagen

speciaal type

met 20 eenpersoonsafdelingen

in dienst tussen Oostende en Milaan

COMPAGNIE INTERNATIONALE DES WAGONS-LITS

hielt. Die normalen »MU«-Schlafwagen wurden wieder königsblau gestrichen. Sie haben in 12 Universalabteilen 36 Betten und nur eine statt zwei Innenplattformen (wie in der »U«-Klasse). Die im voraus bezogenen Betten werden nachts abgesenkt, nicht mehr hochgeklappt. Zeichnungen oder große Fotos schmücken die Unterseiten der Betten. Am Tag kann man es sich bequem machen, verfügt doch das Abteil über drei Sitzgelegenheiten, deren Lehnen tagsüber zu Tischen und nachts zu einer Liege in Höhe des unteren Bettes umgeklappt werden können. Die Ventilation wurde später durch eine Klimaanlage ersetzt. Die mit Schaumgummimatratzen ausgestatteten Betten sind länger und breiter als in Vorkriegswagen.

Die wachsende Inanspruchnahme von Schlafwagen durch Reisende der zweiten Klasse führte zum Bau besonderer Touristenklasse-Schlafwagen mit Zweibettabteilen. Für das jüngste Schlafwagenmodell der CIWL, den »T2«, fertigte ein Team unter den technischen

Direktoren Fontan und Bugnier über 2000 Entwürfe an. Man verwandte viele Gedanken auf die Schalldämpfung, aber je mehr Außengeräusche man auszuschalten verstand, desto hörbarer wurde jedes Klappern und Quietschen innerhalb des Abteils.

Jacques Dumont entwarf die Innenausstattung. Den »T2« übernahm die SNCF, die in spätere Wagen Klimaanlagen einbaute. Die übrigen Mitglieder des Internationalen Schlafwagenpools zogen den in Schlieren (Schweiz) entworfenen »T2S« vor. Der »T2« ist zweistöckig. Die Sitzgelegenheiten in den neun unteren Abteilen entsprechen denen des »FU«; die beiden Betten sind herabklappbar. In den neun oberen Abteilen sind sie nach dem Vorbild der »P«-Wagen fest am Dach verankert. Wesentlich kleiner sind die 17 Abteile im eingeschossigen »T2S«. Sie weisen nur zwei Sitzgelegenheiten auf, und wieder einmal ist das Waschbecken viel zu dicht am Bettrand. Der Pool setzt auch »MU«-Schlafwagen ein, nicht hingegen die von der CIWL in Italien

166 Für den Tag hergerichtetes Schlafwagenabteil (Typ »YF«). Solche Schlafwagen verkehren in Spanien. Man beachte die Regulierknöpfe für die Klimaanlage

167 Für die Nacht hergerichtetes Abteil in einem Schlafwagen des Typs »YF«. Die Waschecke ist durch einen Vorhang abgetrennt, im rechten Winkel dazu befindet sich der Kleiderschrank. Die Knöpfe dienen zur Regulierung der Klimaanlage

eingeführten »M«-(»Modern«-)Wagen mit Zweibett-Abteilen erster Klasse.

Schon 1946 wünschte die damals vor der Verstaatlichung sichere englische Pullman Car Company für den »Devon Belle« etwas wirklich Modernes, da in Devonshire seit 1929 kein Pullman-Komfort mehr existiert hatte. Also ließ man nach Plänen von Richard Levin (FSIA) zwei Wagen in Aussichtswagen mit abgeflachten Enden umbauen. Statt Formica benutzte man Warerite; sicherlich war es kein Zufall, daß Stanley Adams, früher Lord Dalziels Sekretär, nicht nur Präsident der Pullman-Gesellschaft war, sondern auch der Kunststofffirma. Auffallend an den Aussichtswagen waren die bewußt unbequem gestalteten Sitzgelegenheiten: Die Reisenden sollten nicht während der ganzen Fahrt im Aussichtswagen sitzen, sondern nach etwa zehn Minuten den Wunsch verspüren, zu den bequemen Pullman-Sesseln zurückzukehren – auch ein Zeichen der Zeit!

Auf Stanley Adams folgte Sir John Eliot. Unter ihm wurde der von Starkis, Gardner & Co. entworfene und mit Aluminium-Armaturen der Aluminium Corporation ausgestattete »Trianon«-Barwagen gebaut. Als man später im »Flèche d'Or« einen anderen Pullman-Wagen als »Trianon«-Barwagen einsetzen wollte, übernahm man für ihn kurzerhand die Inneneinrichtung des ersten Wagens.

1952 entwarf Mary Adshead für den Pullman-Wagen »Phoenix« eine in Schwarz und Silber gehaltene Innenausstattung mit Lithographien alter Eisenbahnszenen und Blumenmustern. Weiße Tische aus Warerite kontrastieren mit pechschwarzen Fußbelägen und Vorhängen und den opaken Schirmen der Tisch- und Wandlampen. Mit diesem Wagen reiste häufig die englische Königsfamilie, aber nach dem Tod Georgs VI. im Jahre 1952 fand man, der schwarze Dekor sei zu trist. Also ließ die Pullman Car Company die schwarzen Bodenbeläge und Vorhänge durch braunrote ersetzen, aber damit war die ganze Wir-

168 Unteres Abteil (Einbett-Abteil, erste Klasse »spezial«) in einem Schlafwagen des Typs »T2«. Interessant die Deckenwölbung, das obere Bett, der Knopf für die Heizungsregulierung und die Fensterkurbel

169 Für die Nacht hergerichtetes Abteil in einem Schlafwagen des Typs »T2S«. Man beachte den Abstand zwischen Bett und (zugedecktem) Waschbecken und die Lehne des Sitzes, die als Garderobennetz konstruiert ist

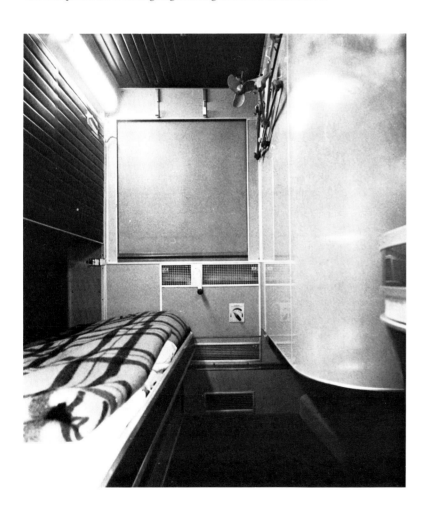

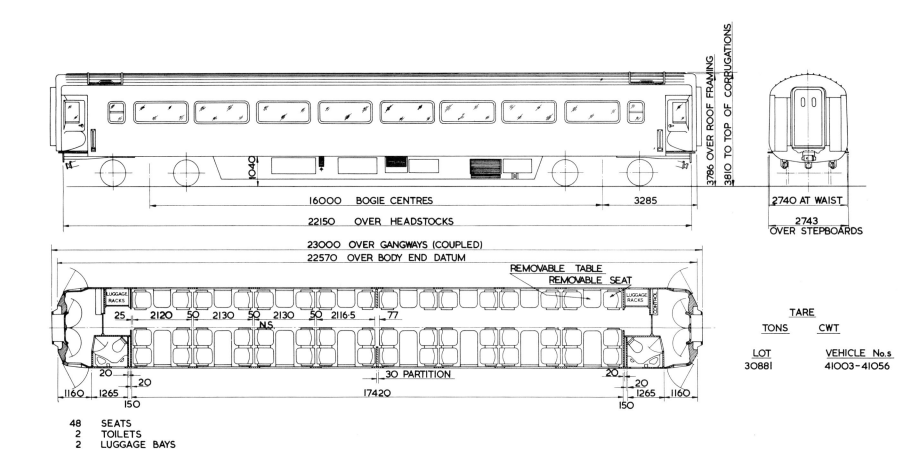

48   SEATS
2   TOILETS
2   LUGGAGE BAYS

kung des von Mary Adshead so wohldurchdachten Farbkontrastes dahin!

1960 baute die Pullman Car Company eine Reihe von neuen Wagen für den Pullman-Luxuszug »Queen of Scots«. Man benutzte dazu Wagenkästen der British Rail, versah sie aber mit größeren Fenstern. Die Sessel stammten aus älteren Wagen. 1961 entwarf Jack Howe (FRISA, FSIA) für den zwischen London und Manchester verkehrenden »Midland Pullman« (nur 1. Klasse) und den »Birmingham-Pullman« (1. und 2. Klasse) vollklimatisierte blaue Dieseltriebwagen. Seit der Elektrifizierung der Strecke 1966 verkehren Pullman-Wagen

Wagen erster Klasse mit Klimaanlage der neuen Hochgeschwindigkeitszüge

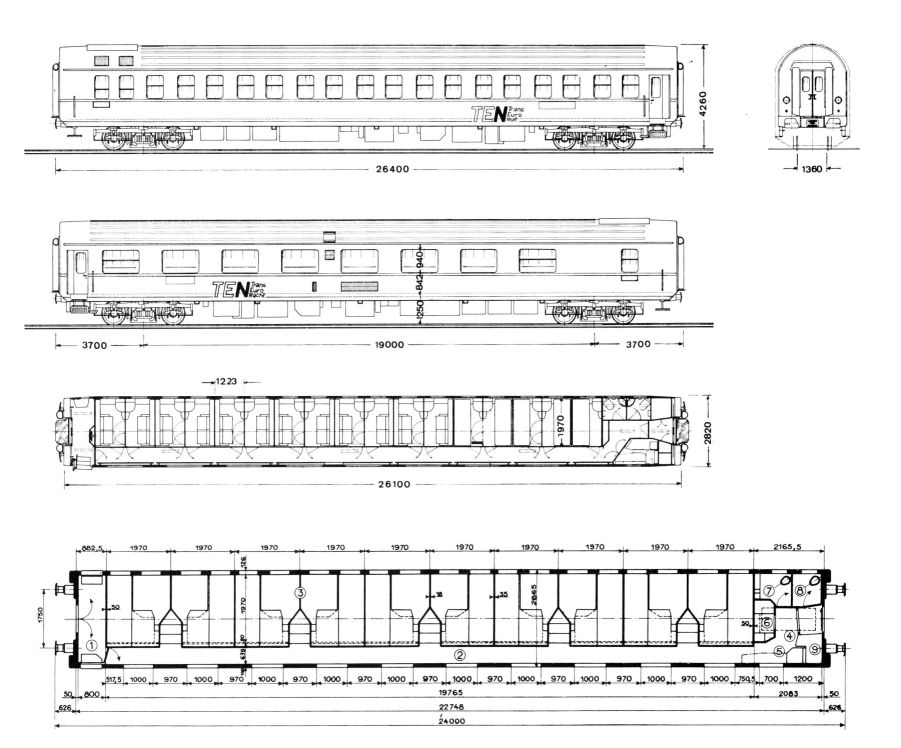

Oben: Schlafwagen Typ »T2S«. Unten: Schlafwagen Typ »P« 1) Plattform
2) Seitengang   3) Gruppe von vier Abteilen   4) Korridor   5) Bett und
Sessel im Schaffnerabteil   6) Büro   7) Toilette mit Kleiderschrank und
Lavaboschrank   8) Toilette   9) Heizungskabine

170 Innenansicht des Pullman-Wagens »Phoenix« (1952). Die Tischplatten bestehen aus weißem Warerite; Collagen von Mary Adshead, die alte Züge und Blumen zeigen, schmücken die Wände. Die üblicherweise flohbraunen Bodenbeläge und Vorhänge sind hier schwarz, damit dieser Wagen auch in Sonderzügen des englischen Hofes eingesetzt werden kann

171 Innenansicht des TEE »Settebello« der FS

anstelle des »Midland Pullman« zwischen London (Euston Station) und Manchester; alle Pullman-Blue-Trains wurden nach nur 12 Jahren außer Dienst gestellt.

In Europa haben Selbstbedienungs-Speisewagen verschiedener Bauart die klassischen Speisewagen mit Kellner-Service teilweise verdrängt und sind auch schon für Luxuszüge wie den »Palatino« übernommen worden. Alle sind mit Selbstbedienungsbüfett, Cafeteria und Mikrowellenherden zum Erhitzen tiefgekühlter Fertiggerichte ausgestattet; in den italienischen Wagen stehen statt der herkömmlichen Tische mit vier Sitzplätzen 39 Einzeltische an der Fensterseite.

Sessel mit verstellbaren Lehnen, Jalousien an den Fenstern, doppel-

verglaste Fenster, Klimaanlage und Türautomatik sind gewissermaßen das Markenzeichen der TEE. Manche Wagen sind nicht rotgelb, sondern mit rostfreiem Stahl beplankt. Es ist im Rahmen dieses Buches völlig unmöglich, auf die ganze Vielfalt dieser Luxuszüge näher einzugehen. Besondere Erwähnung verdienen der »Settebello« ETR 300 TEE mit Aussichtssalons vorn und hinten, die doppelstöckigen Aussichtswagen des TEE »Rheingold«, die leider inzwischen ausrangiert wurden, und der »Barcelona Talgo« mit seinen Zweibettabteilen erster Klasse und Vierbettabteilen zweiter Klasse, die so im Winkel zueinander angeordnet sind, daß der Einbau von Betten normaler Länge möglich war.

172 Pullman-Salonwagen Nr. 4018. Man beachte die vergoldete Beschriftung und die Wagennummer (auf einem abnehmbaren Schild), die in jedem Zug für die Platzreservierung wichtig war. Deutlich erkennt man die berühmten ovalen Pullman-Fenster der Wagentüren und der Toiletten. Auf dem Typenschild die Jahreszahl (nach dem Krieg entfernt). Dieser Wagen wurde im CIWL-Werk St-Denis, dem größten der Internationalen Schlafwagengesellschaft (es wird 1978 geschlossen), wieder hergerichtet

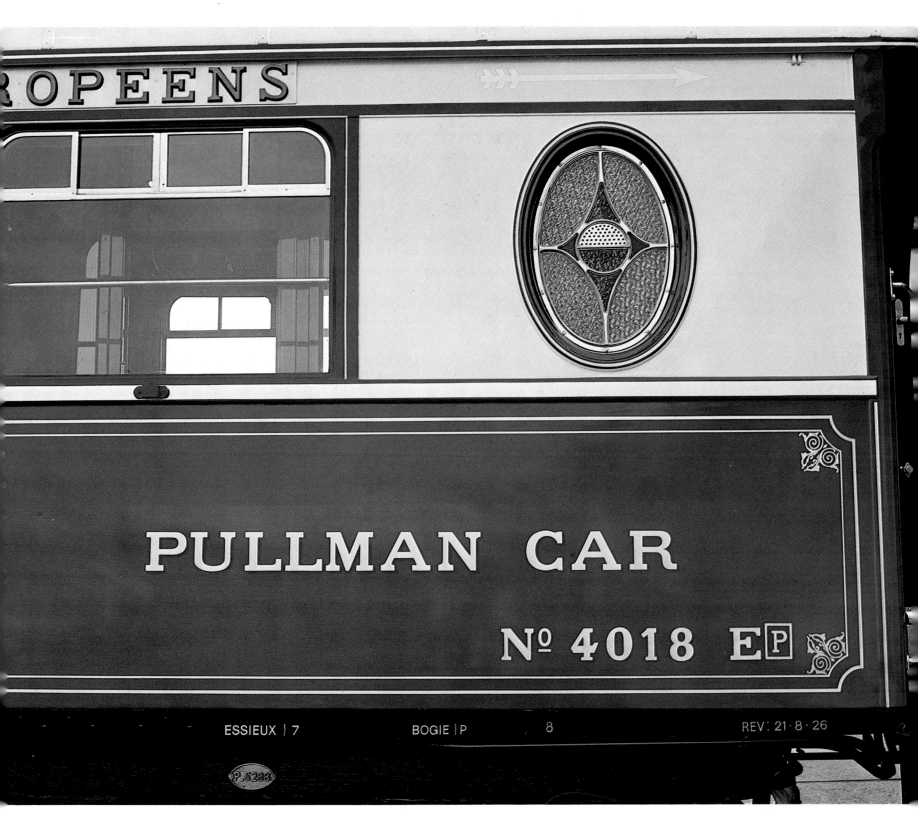

Nachwort

Statistiken zeigen, daß heutzutage mehr Menschen die Schlaf- und Speisewagen der Eisenbahn benutzen als je zuvor. Das Reisen mit dem Flugzeug ist immer umständlicher und teurer geworden, so daß die Zivilluftfahrt viel von ihrem einstigen Glanz eingebüßt hat. Gleichzeitig hat sich die Eisenbahn durch einen neuen Fuhrpark auf neue Ansprüche eingestellt, und in zahlreichen Ländern ist das Fahren mit der Eisenbahn infolge des Wegfalls der Dampftraktion erheblich sauberer geworden. Zwar verbreiten auch Diesellokomotiven und -triebwagen Qualm und Gestank, aber die leisen, sauberen elektrischen Züge, die in regelmäßigen Abständen mit hoher Reisegeschwindigkeit verkehren und von denen aus man vielerorts in Omnibusse und Mietwagen umsteigen kann, haben einen beträchtlichen Teil des Passagierverkehrs wieder zur Schiene zurückgebracht.

Trotz der veränderten Zeitläufe spüren junge Leute irgendwie, daß ihnen irgend etwas entgangen ist. An die strenge Disziplin, die steife Etikette, die Bedeutung gesellschaftlicher Positionen und die schlecht entlöhnte schwere Arbeit der Vergangenheit denken sie meist nicht, aber mit Sicherheit ist ihnen Art Deco lieber als eine rein funktionell gestaltete Umwelt.

Die Bahnen haben lange gebraucht, um die Bedeutung des Tourismus voll zu erkennen. Gewöhnlich überließen sie die Touristenwerbung und -betreuung ihr angeschlossenen Gesellschaften, und nie arbeiteten sie so eng mit unabhängigen Reiseagenturen zusammen wie die Fluggesellschaften. Der Personenfernverkehr und der grenzüberschreitende Personenverkehr waren nur zwei ihrer vielen Probleme; viel wichtiger war ihnen oft der Nahverkehr, der so vielfältige Güterverkehr und die Bewältigung des Verkehrsaufkommens in den Stoßzeiten. Eigenartiger ist vielleicht noch, daß sich die Eisenbahn eines jeden Landes heute mehr um die Belange innerhalb der Staatsgrenzen kümmert, da für die internationalen Verbindungen von der UIC Vorschriften erlassen wurden und aus Vertretern der verschiedenen Länder zusammengesetzte Fachkommissionen sich der internationalen Probleme annehmen.

Immer mehr Leute wollen den Zug benutzen, nicht um ein bestimmtes Ziel zu erreichen, sondern einfach um des Vergnügens einer Zugreise willen. Anstatt von sich aus auf diese Nachfrage einzugehen, überließen die Bahnen es spezialisierten Reiseagenturen, denen begeisterte Berufseisenbahner zur Seite standen, diesen Markt zu erschließen.

1977 werden viele der altbewährten CIWL-Wagen aus dem Verkehr gezogen und das Schicksal der alten Pullman-Wagen in Großbritannien teilen. Aber etliche bleiben vor dem Verschrotten bewahrt. Wer gern einmal mit dem »Golden Arrow« fahren möchte, wird 1978 die beiden Luxuswagen »Cygnus« und »Perseus« benutzen können, freilich nicht in Kent, sondern auf der Strecke der North Yorkshire Moors Railway. »Ibis«, ein anderer Pullman-Wagen des früheren »Golden Arrow«, steht heute im Birminghamer Eisenbahnmuseum; er gehörte zu den Wagen, die 1925–1928 an die Internationale Schlafwagengesellschaft ausgeliehen wurden.

Viele Leute träumen offenbar davon, einmal mit einem ausschließlich aus CIWL-Wagen zusammengestellten Luxuszug quer durch Europa zu fahren. Natürlich ist das ein teurer Traum, denn das Reisen mit CIWL-Luxus war stets für die Reichen gedacht – was aber nicht heißen soll, daß jeder, der Luxuszüge benutzt, Millionär sein muß.

Zu den schönsten Dingen unserer Zeit gehört es, daß man diesen Traum verwirklichen kann. Der 1976 zum hundertjährigen Bestehen der Internationalen Schlafwagengesellschaft eingesetzte Zug zwischen Mailand und Istanbul war so erfolgreich, daß daraufhin der Arlberg-Orient-Expreß geschaffen wurde, der von Zürich über Innsbruck und Salzburg die Strecke des einstigen Tauern-Orient-Expreß befährt. Betrieben wird der Zug von der Interflug AG; Personal, Ausrüstung und Verpflegung stellt die Internationale Schlafwagengesellschaft, von der auch einige Wagen stammen, so der Duschwagen Nr. 4013 und der Speisewagen. Der Zug führt keine gewöhnlichen Schlafwagen mit, sondern »Lx«-Schlafwagen, die man vor dem Krieg der Türkei nicht überlassen hatte. Der Zug ist aus den Wagen Nr. 3471, 3475, 3480, 3487, 3537, 3542 und 3551 zusammengestellt; dazu kommen die Pullman-Wagen Nr. 4149, 4156, 4158 und 4161. Nr. 4158 wurde erst vor kurzem im Mailänder CIWL-Werk überholt und mit goldenen Linien im Stil des Jahres 1929 umgespritzt; die Buchstaben sind aufgesetzt und nicht – wie später aus wirtschaftlichen Erwägungen – aufgemalt. Innen wurde natürlich das ganze Lalique-Glas beibehalten.

Der Zug fährt nach verschiedenen Zielorten, hauptsächlich nach Istanbul, da die meisten Reisenden dorthin wollen; der geheimnisvolle Orient ist für sie noch genauso verlockend wie vor 90 Jahren für Nagelmackers' Passagiere. Man muß sich fast um nichts kümmern. Nach dem Vorbild der Fluggesellschaften handelt es sich um eine Inklusivreise mit Übernachtung am Zielort. Von dort aus kann man entweder mit dem Flugzeug zurück- oder weiterreisen oder – mit einem entsprechenden Zuschlag – mit dem Zug zurückkehren.

Im Museum von Mülhausen sind CIWL-Wagen in ihrer ganzen Pracht ausgestellt: der Schlafwagen Nr. 3532 und der Pullman-Wagen 4018 (vom »Golden Arrow«); dazu wird bald der Speisewagen Nr. 3348 kommen. Die französische AJECTA-Bahn, eine Vereinigung junger Leute, verfügt über Pullman-Wagen des »Golden Arrow« und des »Côte d'Azur-Express« sowie über zwei Schlafwagen (in denen das Personal untergebracht ist); die wichtigste Eisenbahnlinie der AJECTA ist die Strecke Chinon–Richelieu. Freilich läßt sich eine kurze Fahrt auf einer stillgelegten Strecke keineswegs mit einer dreitägigen Reise im Simplon-Orient-Expreß vergleichen, der im Oktober 1977 – erstmals wieder seit 1943 – für eine Sonderfahrt von Paris über Lausanne, Triest und Belgrad nach Istanbul eingesetzt wird. In der Schweiz wird dem Zug eine 50 Jahre alte Ae 4/7-2D1-Lokomotive vorgespannt sein und ihn am Château de Chillon vorbeiziehen – genau wie in den dreißiger Jahren, wie unsere Fotografie zeigt.

ANHANG

Angaben für den Modellbauer

Hauptmaße der erwähnten Wagen

CIWL	Länge ohne Puffer	Länge des Gehäuses	Höhe über Schiene
MU, T2, P	26,400 m	25,188 m	4,260 m
U Hansa	25,100 m	24,740 m	4,260 m
YF	25,148 m	23,848 m	4,260 m
Y, Z, WR, WP, LJ	23,200 m	22,200 m	4,213 m

Originalabmessungen in Feet und Inches

Pullman Car Company	Länge		Breite	
USA Clerestorey	58′	(17,678 m)	8′9″	(2,667 m)
»Balmoral« & »Culross«	36′3″	(11,049 m)	8′7″	(2,616 m)
Die meisten englischen Pullman (auch CIWL Nr. 51–60)	63′10″	(19,456 m)	8′7″	(2,616 m)
»Hastings« (»Barbara«)	57′6″	(17,526 m)	8′1″	(2,464 m)
»Underground« (»Mayflower«)	57′6″	(17,526 m)	8′7,5″	(2,629 m)
Brighton Belle und SR Electric Co.	66′	(20,117 m)	9′	(2,743 m)
Irische Pullman (100)	65′11″	(20,091 m)	8′11″	(2,718 m)

Farbe

CIWL-Schlafwagen: nach 1922: königsblau mit goldenen Lettern
vor 1922: lackiertes Teakholz (kastanienbraun)

Varianten

Bis 1932 waren die Wagen der Pullman Car Co. in den typischen Pullman-Farben. Untere Hälfte der Seitenwände Pullman-Blau, obere Hälfte cremegelb, seit 1932 blaue Lettern über den Fenstern. In den Pullman-Zügen waren die Fourgons entsprechend, ebenfalls die »Flèche d'Or«-Containerwagen.
Club-Züge: grün und cremegelb.
Luxuszüge ab 1900: in einigen Fällen kastanienbraun und cremegelb. Weiß in Ägypten und Nordamerika, mit Ausnahme der Pullman Nr. 4171–4176.
Wagen der spanischen CIWL in den sechziger Jahren: silberfarbig.
Wagen der Pullman Palace Car Company: kastanienbraun, die normale Farbe der amerikanischen Pullman.
Pullman Car Company: untere Hälfte der Seitenwände schokoladenbraun, obere Hälfte cremegelb oder elfenbein. Ausnahme: Wagen der SR Eastern Section (oder SECR): ganze Wagen in lebhaftem Rot. Auch die Wagen auf dem Netz der U-Bahn waren bis 1939 rot.
Nach 1929 war oben ein schokoladefarbener Streifen im gleichen Farbton wie die untere Hälfte der Seitenwände, der mittlere Abschnitt war cremegelb. Der Gepäckteil der Salonwagen mit Handbremsen und die Versorgungswagen »Albatross«, »Thistle« und »Savona« (Nr. 11, 15–16) waren ganz schokoladebraun. An den Bahnhöfen wurden die Metallschilder mit der Immatrikulationsnummer der Wagen neben der nach innen öffnenden Eingangstür befestigt. Vor der Abfahrt mußten sie entfernt werden, weil sie über den Profilrahmen des Wagens hinausragten. Die Speisewagen der Pullman Car Co. in Schottland hatten ähnliche Sessel und Einrichtung wie die Speisewagen der CIWL. Sie verkehrten nicht in Luxuszügen.
Genau wie ihre großen Vorbilder wurden Modelle der CIWL-Wagen in vielen verschiedenen Ländern hergestellt: ein interessantes historisches Detail.

Liste der Wagen der Internationalen Schlafwagengesellschaft

Der Autor möchte an dieser Stelle Gérard Coudert, dessen Liste der Wagen und Nummern aus Platzgründen nicht ganz abgedruckt werden kann, für seine Hilfe danken. In der vorliegenden Liste wurden einige Irrtümer in einem früheren Werk des Autors bereinigt.

Abkürzungen

F	Fourgon	Packwagen
FC	Fourgon-Cuisine	mit Küche für den Service in einigen WR (oder WL in der Türkei)
FF	Fourgon-Fumoir	mit Raucherabteil für Passagiere
FP	Fourgon-Poste	Postwagen
FT	Fourgon-Truck	für die Container im »Flèche d'Or«
OBS		Aussichtswagen für die Transsibirische Eisenbahn
R		Gastankwagen
WL	Wagon-Lits	Schlafwagen
WLM	Wagon-Lits mixte	mit zusätzlichen gewöhnlichen Abteilen und Betten
WLS	Wagon-Lits salon	mit großem Abteil mit Sofa und mehreren Betten
WP	Wagon Pullman	Salonwagen ohne Küche
WPC	Wagon Pullman cuisine	mit Küche
WR	Wagon-Restaurant	Speisewagen mit Küche
WRS	Wagon-Restaurant salon	mit Salon
WS	Wagon-Salon	Salonwagen
WSP	Wagon-Salon Pullman	mit Pullman Salon
WSPC	Wagon-Salon Pullman cuisine	mit Küche

Liste der Hersteller

Ansaldo	Ansaldo, S. p. a. Stabilimento Ferroviario, Genua	Italien
Arad	Astra, Arad	Rumänien
Beasain	Cia Auxiliaro de Ferrocarilles SA, Beasain	Spanien
Bilbao	Sociedad Española de Construcción Navales, Bilbao	Spanien
Birmingham	The Birmingham Railway Carriage and Wagon Co., Smethwick, Birmingham	England
Blanc Misseron	Ateliers de Construction du Nord de la France, Blanc Misseron Crespin	Frankreich
Braine le Compte	Usines Braine le Compte	Belgien
Breda	Società Italiana Ernesto Breda per Costruzione Meccaniche, Milano	Italien
Breslau	Breslauer Aktiengesellschaft für Eisenbahnwagen, Breslau	Deutschland
Brown Marshalls	Vorgänger der Metro	England
Brugeoise	Société La Brugeoise, Saint-Michel-les-Bruges	Belgien
Carde	Carde y Escoriaza S. A., Saragossa	Spanien
Carel-Fouche	Carel-Fouche et Cie, Le Mans	Frankreich

Cegielski	H. Cegielski GP, AKC, Posen	Polen
CGC	Compagnie Générale de Construction, Saint-Denis (WL-Zweigwerk)	Frankreich
Credé	Gebrüder Credé, Niederzwehren, Kassel	Deutschland
Desouches	Desouches David et Cie, Pantin, Paris	Frankreich
Diatto	Diatto S. A., Turin (später Teil von FIAT)	Italien
Dietrich	Société Lorraine des Anciens Ets de Dietrich, Luneville	Frankreich
Donauwörth	Waggon- & Maschinenbau, Donauwörth	Deutschland
Dyle & Bacalan	Dyle & Bacalan S. A., Löwen (2. Werk)	Belgien
	Dyle & Bacalan S. A., Bordeaux und Paris	Frankreich
E. I. C.	Entreprises Industrielles Charantaises Aytré, La Rochelle (heute Brissonneau et Lotz)	Frankreich
Eisenb.-Bedarf	Eisenbahn-Bedarfs-Aktiengesellschaft, Berlin und Görlitz	Deutschland
El. Ferr.	Officine Electro-Ferroviare Tallevo, Milano	Italien
Evrard	Cie Belge pour la Construction de Matériel Chemin de fer Evrard, Brüssel	Belgien
Fiat	Fabbrica Italiana di Automobile, Turin	Italien
Ganz	Ganz & Co, Budapest	Ungarn
Gastell	Gebrüder Gastell, Mainz	Deutschland
Gotha	Gotha Waggonfabrik, Gotha	Deutschland
Györ	Waggonfabrik, Györ	Ungarn
Hansa	Hansa Waggonbau, Bremen	Deutschland
Jackson Sharp	Jackson Sharp & Co, heute American Car & Foundry, Wilmington	USA
LCDR	Longhedge Works, London, Chatham & Dover Railway, London	England
Leeds	The Leeds Forge Co, Leeds (später zu Metro)	England
Linke Hofmann	Linke Hofmann Werke, Breslau (später zu Salzgitter)	Deutschland
Lyon	Société des Forges de l'Horme, Chantier de la Buire, Lyon	Frankreich
MAN	Klett Maschinen-Fabrik, Augsburg/Nürnberg	Deutschland
Metro	Metropolitan Cammell Carriage & Wagon Co. Ltd., Saltley, Birmingham	England
Miani	Miani Sylvestri S. A., Milano	Italien
Midland	The Midland Railway Carriage & Wagon Co. Ltd., Shrewsbury (später Oldbury, Birmingham, Zweigwerk der Metro)	England
MMCZ	Material Móvil y Construcciones, Saragossa	Spanien
Nesselsdorf	Nesselsdorfer Wagonfabrik, Nesselsdorf und Koprivnice	Österreich Tschecho-slowakei
Nivelles	Les Ateliers de Construction Métallur-giques S. A., Nivelles	Belgien
Obere Wolga	Werkstätten an der Oberen Wolga, Twer (heute Kallinin)	Rußland
Off. Mech.	A. Grondana & Cie, später Officine Meccaniche (OM), Milano	Italien
Off. Merid.	Officine Meccaniche Meridionale, Puzzvol, Neapel	Italien
PLM Algier	Ateliers d'Alger du Chemin de fer de Paris, Lyon et Méditerranée, Algier	Algerien
Pullman	Pullman Palace Car Co, Inc., Pullman, Ill., und Detroit, Mich.	USA
Pullman, Longh.	Longhedge Works, ex LC & DR of Pullman Car Co., London	England
Pullman, Preston Park	Brighton Works of Pullman Car Co., Preston Park (eröffnet 1928)	England
Ragheno	S. A. Ragheno, Malines	Belgien
Rathgeber	Waggonfabrik Joseph Rathgeber A. G., München	Deutschland
Reggio	Officine Meccaniche Italiane, Reggio d'Emilia	Italien
Riga	Russisch-Baltische Wagenfabrik, Riga	Rußland
Ringhoffer	Ringhofferovy Zavody & Sp. Smichow, Prag	Tschecho-slowakei
Savigliano	Soc. Naz. delle Officine di Savigliano, Turin	Italien
Scandia	Vognfabrik, Scandia, Randers	Dänemark
SIG	Schweizerische Industrie-Gesellschaft, Neuhausen am Rheinfall	Schweiz
Simmering	Waggon-Fabriken in Simmering (Wien) und Hernals (Graz)	Österreich
St. Petersburg	Werke der Russischen Staatsbahnen, St. Petersburg	Rußland
Van der Zypen	Van der Zypen & Charlier, Köln-Deutz (heute Westwaggon)	Deutschland
Weimar	Waggonfabrik, Weimar	Deutschland
Weyer	Karl Weyer Waggonfabrik, Düsseldorf	Deutschland
WL-Budapest	Ateliers des Wagons-Lits, Budapest	Ungarn
WL-Greco	Ateliers milanais des Wagons-Lits, Greco, Milano	Italien
WL-Irun	Ateliers des Wagons-Lits, Irun	Spanien
WL-Marly CGC Marly	Ateliers des Wagons-Lits, Marly-les-Valenciennes, später CGC, Paris	Frankreich
WL-Neu Aubing	Ateliers des Wagons-Lits, Neu Aubing, München (heute ISG/DSG Werkstätte)	Deutschland
WL-Ost	Ateliers des Wagons-Lits, Slykens, Ostende	Belgien
WL-St-Denis	Ateliers des Wagons-Lits, Saint-Denis, Paris	Frankreich
WL-St-Ouen	Ateliers des Wagons-Lits, Saint-Ouen, Paris (heute geschlossen, nur Wäscherei und Keller)	Frankreich
WL-Zossen	Ateliers des Wagons-Lits, Zossen, Berlin	Deutschland

Wagenpark der Internationalen Schlafwagengesellschaft

Wagen Nr.	Typ	Achsen	Baujahr	Hersteller	Bemerkungen
1–4	WL	2	1872	Simmering	1888 zu F 1023, 1018, 1019, 1020 umgebaut. Nr. 3: 1873 in Wien gezeigt
5	WL	2	1873	Simmering	1888 zu F 1021 umgebaut
6–10	WL	3	1873	Eisenb.-Bedarf Berlin	1886 umgebaut; Nr. 6: 1904 für 620 Reichsmark verkauft; Nr. 7, 9: 1905 in Vlissingen (Holland) zu Lagerschuppen; Nr. 8 für Ausstellung in Lüttich 1905 in Nr. 1 umnumeriert; 1906 ausrangiert; Nr. 10: 1893 in Wien für 520 ffr verkauft
11–14	WL	2	1873	Eisenb.-Bedarf Berlin	1884 umgebaut; Nr. 11: 1893 verkauft; Nr. 13: Juni 1889 in Nr. 18 umnumeriert
15	WL	3	1873	Simmering	Erster Wagen mit Inschrift »Mann«. Wurde ein Laden in Schaerbeek (Brüssel)
16	WL	2	1873	Evrard	1893 ausrangiert; Untergestell zu Gastankwagen R 1049
17–19	WL	2	1874	Simmering	7 Couchettes für Wien–Prag. Nr. 17: 1889 verkauft; Nr. 18, 19: 1888 zu F 1016/1017
20–23	WL	2	1874	Simmering	Für Rumänien. 12 Couchettes. Nr. 23 verbrannte in Jassy und wurde 1877 in Dreiachser umgebaut
23	WL	3	1878	Simmering	Ersetzt die alte Nr. 23; 1902 ausrangiert
24	WL	3	1874	Eisenb.-Bedarf Berlin	Fabrik Nürnberg. Wurde 1891 R 1036. Nr. 24–35 für Deutschland
25–35	WL	3	1874	Eisenb.-Bedarf Berlin	Nr. 27: 1896 zerstört. Nr. 36 wurde F 1022, Nr. 37 R 1001
36–39	WL	2/3	1874	Eisenb.-Bedarf Berlin	3. Achse 1886 angefügt. Nr. 38, 40: 1888 zerstört, Nr. 39 »Cité de Rouen« getauft
40–41	WL	2	1875	Desouches	Für die französische Nordbahn vorgesehen, aber nicht dort eingesetzt
42	WL	3	1874	LCDR	»Mann«-Wagen, in England eingesetzt; 1875 zwischen London und Edinburgh
43	WS	3	1874	LCDR	»Mann«-Wagen; zwischen London und Dover. 1873–1876 mit Hochzeitsreisen-Abteil. Wurde 1888 WL
44–46	WL	3	1875	Eisenb.-Bedarf Berlin	Für Deutschland; gleich wie Nr. 24–35. Nr. 45 verbrannte, 1891 ausrangiert. Nr. 44, 46 fünf Jahre später
47–52	WL	2	1875	Simmering	Für Österreich; Nr. 47: 1880 zwischen Paris und Irun, 1891 ausrangiert. Nr. 48–49 ab April 1883 in Spanien
53	WL	3	1876	Eisenb.-Bedarf Berlin	Letzter »Mann«-Wagen. 1910 verkauft
54–62	WL	3	1877/1878	Evrard	Erste von CIWL bestellte Wagen. Nr. 54: 1877 in Florenz ausgestellt. Nr. 61 wurde 1902 F 1155 (für Spanien)
63–64	WL	3	1878	Simmering	Für den Indischen Postzug, Calais–Bologna (Anschluß nach Brindisi)
65–73	WL	3	1878	Desouches	Nr. 72, 73: 1880 nach Spanien. Erste spanische Breitspurwagen
74	WLM	3	1880	Van der Zypen	Erster Wagen mit zusätzlichen gewöhnlichen Abteilen
75	WL	4	1880	Dyle & Bacalan	Fabrik Löwen. Erster Schlafwagen mit Drehgestellen
76–101	WL	3	1881/1882	Rathgeber	Nr. 76 erster Serienwagen mit Außenplattform und Passerelle. Nr. 76 WLM. Nr. 80 für Spanien
102–106	WL	3	1882	Rathgeber	
107	WR	3	1882	Rathgeber	Erster Speisewagen der CIWL
108–110	WL	3	1883	Rathgeber	Für Spanien
111–113	WLM	3	1882	Rathgeber	
114–116	WR	3	1883	Rathgeber	Ex Berlin-Anhalter Eisenbahn; Nr. 114 für Orient-Expreß. Nr. 115 verbrannte 1893 in Oran, ersetzt durch Nr. 115 mit Drehgestellen (1894)
117–120	WL	3	1883	Rathgeber	Nr. 120 für Spanien und Portugal. Acht Lehnstühle im Gang
121–126	WLM		1883	Rathgeber	Für Orient-Expreß. Zuerst mit Außenplattform
127–130	WL		1883	MAN	Nr. 129 WLM. Zuerst mit Außenplattform
131–137	WL		1883	WL-Marly	Nr. 131 hinten Innenplattform und ohne Korridor. Nr. 133 verbrannte 1893. Eine neue Nr. 133 entstand 1894
138–141	WR		1883	Rathgeber	Nr. 138–140 von der Berlin-Anhalter Eisenbahn. Dreiachser Nr. 139 wurde 1897 R 1101
142–144	WL		1883	WL-Marly	
145–147	WL		1884	Savigliano	Für Italien: Calais–Nizza–Rom-Expreß
148	WR		1883	WL-St-Ouen	Nr. 148–150 für Trouville-Expreß umgebaut

Wagen Nr.	Typ	Achsen	Baujahr	Hersteller	Bemerkungen
149–150	WRS		1883	WL-St-Ouen	Vom österreichischen kaiserlichen Zug
151–153	WRS		1883	WL-Marly	Erste Speisewagenserie für den Orient-Expreß
154	WL		1884	Savigliano	Für Calais–Nizza–Rom-Expreß
155	WS		1874	Pullman	1884 gekauft. Ex »Victoria«. Erster WS und erster Pullman-Salon-Wagen. Für Amsterdam–Rotterdam
156–157	WS		1885	Rathgeber	Für Amsterdam–Rotterdam. Verzögerte Lieferung
158–160	WL		1884	Rathgeber	
161–163	WL		1884	WL-Marly	
164–168	WRS		1885	WL-Marly	Nr. 164: 1903 Cie française des Wagons-Buffets Nr. 39 (CFBW: Tochtergesellschaft der CIWL)
169–172	WL		1885	Rathgeber	
173–176	WR		1885	Rathgeber	
177–179	WR		1885	MAN	Nr. 177–178: 1908 CFWB Nr. 42–43
180–182	WR		1886	WL-Marly	Nr. 180: 1894 WRS
183–186	WRS		1886	WL-Marly	Nr. 183 für Spanien. Nr. 186: 1902 CFWB Nr. 38
187–188	WL		1886	Rathgeber	
189–190	WL		1886	Nivelles	
191	WLS		1878	Chevalier de Grenelle	1886 gekauft. Wagen mit zwei Achsen. Ex-Salonwagen des Herzogs von Castrie. Wurde 1897 R 1102
192–194	WR		1886	MAN	
195–196	WRS		1887	Nivelles	Mit Bar. 1. und 2. Klasse für franz. Ostbahn.
197	WR		1887	Nivelles	
198–207	WL		1876/1877	Pullman	Nr. 201: 1883 gebaut, Nr. 202: 1880. 1886 der Pullman Co. abgekauft. Alle mit Namen, wurden weiterhin in Italien eingesetzt. 1894 wurden Nr. 198, 199 WR. Nr. 201–203 WR von 1888–1894, nachher wieder WL
208	WR		1887	Nivelles	Vermutlich derselbe Auftrag wie Nr. 197; nicht konsequente Numerierung
209–210	WS		1888	Ragheno	Später WR
211–215	WR		1887	Riga	Erste Wagen für Rußland. Erstmals elektr. Beleuchtung
216–221	WL		1888	Pullman	Pullman-Wagen für Italien. Nr. 217 verbrannte 1890 in Florenz
221	OBS		1913	China	Für die Transsibirische Eisenbahn. Verschwand 1917
0221	WL		1923	China	Für den Transmandschurei-Expreß
222–228	WL		1888	Riga	Für Rußland
229–231	WR		1888	Lyon	Für Spanien. Nr. 230 für Algerien
232	WR		1888	Lyon	Für Algerien
233	WR		1888	MAN	1. und 2. Klasse
234–235	WL		1888	Riga	Für Rußland
236–241	WL		1889	Desouches	Nr. 236 für Spanien
242–244	WR		1889	Desouches	Club Train (französisch). Keine Küche
245–248	WS		1889	Lyon	Club Train (französisch). Nr. 245 später WRS; Nr. 246-247 später WL. Nr. 248 erster Normalspurwagen mit elektr. Beleuchtung, später WR
249–252	WR		1889	Lyon	Nr. 249: 1896 den Franz. Eisenbahnen verkauft, wurde Präsidentenzug PR II. 1898 wurde eine neue Nr. 249 gebaut (WR), 1926 zu Nr. 3100 umnummeriert
253–254	WL		1889	Rathgeber	
255–261	WS		1889	Nivelles	Club Train (englisch), grün gestrichen. Nr. 255–258 für LCDR; Nr. 259–261 für SER Zug. Nr. 255–261 später WR, 1913 verkauft; Nr. 261: 1911 bei einem Unglück in Rambouillet zerstört
262–268	WL		1889	WL-Marly	Nr. 266 für Spanien. Letzte Wagen, bevor die CGC Marly übernahm
269	WS		1889	Nivelles	1896 den Franz. Eisenbahnen verkauft. Wurde Präsidentenzug PR I
270	WRS		1889	Nivelles	
271	WL		1889	Nivelles	1889 in Paris ausgestellt

Wagen Nr.	Typ	Achsen	Baujahr	Hersteller	Bemerkungen
272–276	WR		1890	CGC	Nr. 276 später in China, ursprünglich WS
277	WS		1890	Lyon	Später WR
278–282	WR		1889	Lyon	
283	WRS		1890	Nivelles	
284–286	WL		1890	Jackson Sharp	Für die Schweiz (Gotthardbahn)
287–289	WL		1892	Jackson Sharp	Für P & O-Expreß (Calais–Brindisi)
290–292	WR		1892	Jackson Sharp	Für P & O-Expreß (Calais–Brindisi)
293–296	WR		1892	Rathgeber	Für Österreich. Nr. 293 später nach Algerien
297–299	WR		1894	CGC	Keine Küche. Für Spanien und Algerien
300–313	WLM		1890	Jackson Sharp	Für Italien
314–322	WR		1890	Jackson Sharp	
323–330	WL		1892	Jackson Sharp	Für Rußland
331–335	WL		1892	Midland	Erste in England bestellte WL der CIWL. Später in Spanien. Zuerst mit Außenplattformen
336–340	WR		1892	Jackson Sharp	
341					Nummer des Wagens für königliche Hoheiten, aber nie von irgendeinem Wagen getragen
342–344	WL		1892	Jackson Sharp	Für P & O-Expreß
345–346	WL		1892	CGC	Für P & O-Expreß
347–349	WL		1892	Jackson Sharp	Für P & O-Expreß
350–352	WRS		1892	Brown Marshalls	Für P & O-Expreß
353–354	WR		1891	Desouches	Für Spanien
355–358	WL		1891	WL-Irun	Für Portugal. Ex-Pullman Co. 1913 zurück an Pullman Co.
359–366	WR		1893	Jackson Sharp	Für Italien. Nr. 360: 1923 umnumeriert
367–372	WLM		1893	Jackson Sharp	Für Italien
373–380	WL		1877	St. Petersburg	1892 für Rußland umgebaut, 1892 wieder zurückgekauft
381–382	WR		1889	CGC	Umbau aus «Fourgon-fumoir» Nr. 1027/1029. Nr. 382: 1905 in Spanien
383–388	WLM		1896	CGC	1913 in Italien
389–392	WR		1896	Ringhoffer	1923 umnumeriert
393–396	WR		1894	CGC	Nr. 396 in Nr. 1396 umnumeriert, 1966 Ersatzteillager in Ankara
397–400	WL		1894	CGC	
401	WR		1894	CGC	1913 bei einem Unglück zerstört
402–407	WL		1894	CGC	
408–410	WLM		1892	Off. Mech.	Typ Pullman für Sizilien
411–419	WL		1894/1896	CGC	Nr. 416–419 für Nord-Expreß
420–427	WR		1896/1897	CGC	
428–432	WL		1894	CGC	Für Algerien
433	WR		1894	CGC	Keine Küche. Verbrannte 1911 in Gourville
434–438	WL		1894	Breslau	Für Ostende–Wien-Expreß. Nr. 434–435, 437–438 von 1916–1920 an die MITROPA. 1927 umnumeriert: Nr. 3101–3105
439–442	WL		1894	MAN	Für Ostende–Wien-Expreß. Nr. 441–442: 1916–1920 an die MITROPA. 1927 umnumeriert: Nr. 3106–3109
443–447	WRS		1894	Ringhoffer	
448–452	WR		1894	?	Für Rußland. Ex-Russische Eisenbahnen. Wagen 3. Klasse
453–455	WL		1895	Ringhoffer	1927 umnumeriert: Nr. 3110–3112
456	WL		1896	MAN	1927 umnumeriert: Nr. 3113
457–467	WL		1896	CGC	Nr. 457, 458, 464 für Nord-Expreß. Nr. 458, 460–465: 1927 umnumeriert in Nr. 3115, 3117, 3122, 3119, 3120, 3118, 3121
468–475	WL		1896	CGC	Für Rußland

Wagen Nr.	Typ	Achsen	Baujahr	Hersteller	Bemerkungen
476–478	WRS		1896	CGC	
479–481	WR		1897	CGC	
482–483	WR		1897	CGC	
484–489	WL		1896	Ringhoffer	Nr. 489: 1916–1920 an die MITROPA; Nr. 484–486: 1927 umnumeriert in Nr. 3125–3127
490	WRS		1897	CGC	
491–494	WR		1897	CGC	
495	WR		1897	MAN	
496–500	WR		1897	CGC	Nr. 497–498 WRS
501	WLS		1892	Brown Marshalls	Königlicher Salon; 1896 an die Franz. Eisenbahnen verkauft. Wurde PR III
502–506	WR		1897	CGC	Nr. 502–503: 1927 umnumeriert in Nr. 3129–3130
507–516	WL		1897	CGC	Nr. 507–514: 1927 umnumeriert in Nr. 3131–3138, Nr. 516 in Nr. 3139. Nr. 515: 1922 bei Entgleisung in Saarebourg zerstört
517	WR		1897	CGC	Für Rußland; später in China
518–528	WL		1897	Ringhoffer	Nr. 520, 522–528: 1927 umnumeriert in Nr. 3142–3149
529–532	WL		1897/1898	Ringhoffer	
533–538	WL	3	1899	Ringhoffer	Dreiachser ohne Drehgestelle für Wien–Krakow. Später in der Türkei
539–543	WR		1897	CGC	Nr. 539, 542: 1927 umnumeriert in Nr. 3150, 3152
544–549	WL		1897	CGC	Nord-Expreß. Nr. 545, 548–549: 1927 umnumeriert in Nr. 3155, 3158–3159
550–552	WR		1897	CGC	Für Rußland. Nr. 551 WRS
553–567	WL		1898	MAN	Nr. 553–557: 1916–1920 an die MITROPA, 1927 umnumeriert in Nr. 3161–3165 Nr. 564–567: 1916–1920 an die MITROPA
568–573	WRS		1897	MAN	Nr. 569–573: 1927 umnumeriert in Nr. 3176–3180
574–577	WR		1899	CGC	Von 1928 an: Nr. 3181, 3157, 3156, 3183
578–580	WR		1898	CGC	
581–591	WL		1898	Ringhoffer	Von 1926/1928 an: Nr. 3182, 3184–3191 (Nr. 581, 583 nicht umnumeriert)
592–593	WL		1898	CGC	Erster WL für Ägypten
594–606	WR		1898	CGC	Nr. 598 für Rußland; Nr. 599–600 für Nord-Expreß; Nr. 601 für Orient-Expreß; Nr. 604 verbrannte 1928 in Belgrad
607–612	WL		1899	Breslau	Nord-Expreß; Nr. 609–612: 1916–1920 an die MITROPA
613–614	WL		1898	CGC	Für Ägypten
615–620	WL		1899	Eisenb.-Bedarf Görlitz	Nord-Expreß; Nr. 615 von 1929 an Nr. 3195
621–630	WL		1899	CGC	Für Rußland
631–644	WL		1899	CGC	Nr. 631–636, 639–640 von 1923 an Nr. 2684–2691. Nr. 643 von 1925 an Nr. 3196. Calais–Méditerranée-Expreß
645–646	WR		1899	CGC	Nr. 645 für Nord-Expreß, von 1929 an Nr. 3197
647–666	WL		1899	CGC	Nr. 660–665 kastanienbraun und crèmegelb gestrichen. Nr. 659–663 von 1925/1926 an Nr. 3194, 3198–3201 (Nr. 659 erst 1927 umnumeriert)
667–676	WR		1899	CGC	Nr. 669: 1902 in Ägypten. Nr. 671: 1904 zerstört
677	WS		1899	CGC	Für Portugal
678–679	WR		1899	CGC	Für Spanien
680	WL		1900	Ringhoffer	Nr. 680–681 vermutlich an der Weltausstellung 1900 im österreichischen Pavillon
681	WRS		1900	Ringhoffer	
682–691	WL		1889	CGC	Für russische Spurweite, später für die Baltischen Staaten
692–697	WR		1900	CGC	Für Finnland und Rußland
698–712	WL		1900	Ringhoffer	Nr. 700 für den Wien–Cannes–Riviera-Expreß; 1916–1920 an die MITROPA
713–714	WL		1900	CGC	Für Rußland (1. Klasse)
715–718	WL		1900	CGC	Für Rußland (2. Klasse); ein Wagen an der Weltausstellung
719–723	WR		1900	CGC	Für Rußland (Transsib.-Expreß). Nr. 723 an der Weltausstellung
724	WS		1900	CGC	Für Rußland (Transsib.-Expreß) Coiffeursalon, Turnhalle etc.

Wagen Nr.	Typ	Achsen	Baujahr	Hersteller	Bemerkungen
725	WLS		1900	CGC	Für Rußland (Transsib.-Expreß). 1. Klasse. Zusammen mit Nr. 714 im französischen Pavillon der Weltausstellung
726–740	WR		1900	Ringhoffer	Nord-Expreß (Ostende–Wirballen)
741–744	WS		1900	Dyle & Bacalan	Ex Compagnie Générale Transatlantique (gebaut 1889). Wurden WRS. Nr. 744 in FC 1177 umnumeriert (1907)
745–746	WR		1900	Dyle & Bacalan	Ex Compagnie Générale Transatlantique (gebaut 1889). 1913 an die CFWB verkauft
747–752	WL	4	1900	Breslau	Riviera-Expreß. Nr. 752 von 1916–1920 MITROPA. Nr. 747: 1927 zu Nr. 3151; Nr. 748: 1928 zu Nr. 3207
753–756	WR	4	1900	Breslau	Nr. 753 für Rußland
757–758	WR	4	1900	WL-Irun	Für Spanien
759	WRS	4	1900	Miani	Für die Ferrovie Meridionale. An der Weltausstellung im italienischen Pavillon
760–762	WL	4	1900	Miani	Für Italien, Nr. 760 war WLM
763–765	WR	4	1900	Ringhoffer	Für Ägypten. Mit Doppelverschalung und Eis-Klimaanlage
766–768	WL	4	1900	Ringhoffer	Für Ägypten
769	WLM	4	1900	Miani	Für Berlin–Konstantinopel
770–773	WS	4	1902	CGC	Süd-Expreß (Frankreich)
774–777	WR	4	1902	CGC	Von 1929 an Nr. 3202–3205
778	WR	4	1900	CGC	Für Ägypten. An der Weltausstellung im französischen Pavillon
779–788	WL	4	1901	Ganz	Für Riviera-Expreß
789–793	WR	4	1900	Ganz	Nr. 792 für Nord-Expreß
794–795	WR	4	1900	Miani	Nr. 794 von 1928 an Nr. 3214
796–800	WL	4	1900	CGC	Für Rußland; 1. Klasse. Nr. 799 hatte ein Abteil für 6 Angestellte
801–803	WL	4	1900	CGC	Für Rußland; 2. Klasse
804–810	WR	4	1900	CGC	Für Rußland. Nr. 806–807 für St. Petersburg–Warschau (–Cannes)-Expreß
811–812	WR	4	1901	Ringhoffer	Für Ägypten. Mit Klimaanlage wie Nr. 763–765
813–814	WR	2	1902	PLM	Für Algerien
815–820	WR	4	1902	CGC	Nr. 816, 818 von 1927 resp. 1925 an Nr. 3206 und 3208
821–825	WL	4	1902	Breslau	Für Riviera-Expreß (Berlin–Ventimiglia). Nr. 822: 1916–1920 MITROPA
826–830	WL	4	1902	MAN	Nr. 828: 1916–1920 MITROPA. Für Riviera-Expreß
831–837	WL	4	1902	Ringhoffer	Nr. 834 von 1928 an zu Nr. 3213
838–839	WR	4	1903	WL-Irun	Für Süd-Expreß (Spanien)
840–842	WS	4	1903	CGC	Für Süd-Expreß (Frankreich)
843–848	WL	4	1903	CGC	Für Süd-Expreß (Spanien)
849–860	WR	4	1903	Obere Wolga	Für Rußland
861–866	WLM	4	1904	Obere Wolga	Für Rußland
867–890	WL	4	1905	Obere Wolga	Für Rußland; Nr. 867–869, 871–872 für Nord-Expreß; Nr. 874, 875 für St. Petersburg–Warschau (–Cannes)-Expreß; Nr. 877, 887 später in China (Mandschurei). Nr. 822 später in Estland
891–900	WL	4	1905	Obere Wolga	Für Rußland, je 10 Betten 1. Klasse und 2. Klasse. Nr. 896 später in China
901–904	WL	4	1903	CGC	Nr. 902 und 903 in Spanien und Portugal. Nr. 901: 1921 umgebaut für Spanien
905–908	WS	4	1903	CGC	
909–910	WR	4	1903	CGC	1927 resp. 1926 Nr. 3209–3210
911–912	WS	4	1904	CGC	Für Süd-Expreß (Frankreich)
913–918	WL	4	1903	CGC	Nr. 913 für Portugal. Nr. 918 später in Spanien
919–921	WR	4	1904	CGC	Nr. 919: 1928 in Nr. 3219 umnumeriert
922–932	WR	4	1904	Obere Wolga	Für Rußland. Nr. 922 für St. Petersburg–Warschau (–Cannes)-Expreß. Nr. 928, 932 später in China
933–941	WL	4	1905	Obere Wolga	Für Rußland; 1. Klasse
942–943	WL	4	1905	Obere Wolga	Für Rußland; je 10 Betten 1. und 2. Klasse

Wagen Nr.	Typ	Achsen	Baujahr	Hersteller	Bemerkungen
944	WR	4	1903	Ringhoffer	Für Ägypten
945	WL	4	1903	Ringhoffer	Für Ägypten
946–947	WL	4	1904	Breslau	Für Dänemark. 1916–1920 MITROPA. Vgl. Nr. 966
948–955	WR	4	1904	CGC	1928 in Nr. 3222–3229 umnumeriert
956–965	WS	4	1904	CGC	Nr. 960–965: 1927 in Nr. 2983–2988 umnumeriert. Nr. 958 später nach Spanien
966	WL		1906	Linke Hofmann	Für Dänemark. 1906 mit Nr. 946–947 zusammen von den Mecklenburgischen Eisenbahnen gekauft
967–976	WL		1904/1905	CGC	Nr. 973–974 kastanienbraun/cremegelb. Nr. 973: 1931 in Buchs zerstört. Nr. 974: 1928 in Nr. 3234 umnumeriert
977–986	WL	4	1905	Diatto	Für Italien
987	WR	4	1904	Ringhoffer	Für Ägypten. Klimaanlage wie Nr. 763–765
988–992	WL	4	1905	CGC	
993–995	WR	4	1905	WL-Irun	Für Spanien
996–997	WR	2	1906	Ringhoffer	Für Tunesien. 1916 mit vierachsigen Drehgestellen versehen
998–999	WR	6	1904	CGC	Nr. 999 kastanienbraun/cremegelb; an der Ausstellung in Lüttich (1905) gezeigt
1000	WL	6	1904	CGC	kastanienbraun/cremegelb; an der Ausstellung in Lüttich (1905) gezeigt
1001–1004	F	2	1883/1884	WL-Marly	Nr. 1001: 1883 gebaut, 1888 in der Gare d'Austerlitz (Paris) zerstört. Die Nummer 1001 wurde zweimal gebraucht
1001	R	3	1889	WL-Marly	Untergestell von WL 37
1005–1007	F	3	1884	Rathgeber	Für Orient-Expreß
1008–1015	F	3	1885	Ragheno	
1016–1017	F	3	1888	MAN	Ex WL 18–19
1018	F	2	1888	WL-St-Ouen	Ex WL 2
1019–1021	F	2	1888	MAN	Ex WL 3–5
1022–1023	F	2	1888	WL-St-Ouen	Ex WL Nr. 36, 1
1024–1026	FC	2	1889	WL-Marly	Für den Club Train (Frankreich). Als WRS 242–244 eingesetzt
1027–1028	FF	4	1889	Ragheno	Fourgons-fumoirs für den Club Train (England). Nr. 1027, 1029 zu WS 381–382 umgebaut
1029–1030	FF	4	1889	Braine le Comte	Für den Club Train (England)
1031–1033	FF	4	1889	Ragheno	Nr. 1033: 1894 Untergestell von WR Nr. 115 (WR 115 in Oran zerstört)
1034–1035	F	2	1892	Brown Marshalls	Für P & O-Expreß
1036	R	2	1891	WL-Marly	Ex WL 24
1037–1040	F	3	1892	Jackson Sharp	Nr. 1038 für Orient-Expreß
1041–1044	F	2	1892	Brown Marshalls	Für P & O-Expreß
1045–1048	F	2	1894	CGC	
1049	R	2	1894	WL-St-Ouen	Ex WL 16
1050–1053	F	2	1894	Dyle & Bacalan	Fabrik in Löwen; für P & O-Expreß
1054–1058	F	3	1894	Dyle & Bacalan	Fabrik in Löwen; länger als Nr. 1050–1053
1059–1065	FP	3	1896	MAN	Mit Postabteil
1066–1068	F	3	1896	MAN	Außenplattform am einen Ende
1069–1072	F	3	1896	Ringhoffer	Nr. 1071–1072 für Wien–Cannes-Expreß
1073–1077	F	3	1898	CGC	Für Riviera-Expreß
1078	F	4	1898	CGC	Für Transsibirien-Expreß. Coiffeursalon und Turnhalle
1079–1082	F	4	1898	CGC	Nr. 1080, 1082: 1929 zu F 1306–1307
1083–1085	F	3	1898	CGC	
1086–1088	F	4	1899	CGC	1928/1929 in F 1308, 1303–1304 umnumeriert
1089–1094	FP	4	1898	Ringhoffer	1929 zu F 1297, 1299–1301, 1298, 1302 ohne Post
1095–1100	F	3	1896	Ringhoffer	
1101	R	3	1897	Dyle & Bacalan	Fabrik in Bordeaux. Ex WR 139, 1927 ausrangiert

Wagen Nr.	Typ	Achsen	Baujahr	Hersteller	Bemerkungen
1102	R	2	1897	Dyle & Bacalan	Fabrik in Bordeaux. EX WL 191, 1927 ausrangiert
1103	F	4	1898	CGC	Für Rußland. Coiffeur und Turnhalle wie auf Nr. 1078
1104–1108	F	4	1898/1900	CGC	Nr. 1105–1106 FP. Nr. 1104, 1106, 1108: 1929 in F 1309–1311 umnumeriert
1109–1110	F	4	1900	CGC	Für Transsibirien-Expreß. Generator, Bad und Abteil mit 8 Plätzen für das Personal
1111	R	2	1900	Ringhoffer	
1112	F	3	1900	Ringhoffer	Für Wien–Cannes-Expreß
1113–1115	F	3	1900	CGC	Für Wien–Cannes-Expreß
1116–1118	F	3	1900	Weimar	Nr. 1116 war FP
1119	FP	4	1900	Weimar	Wurde 1928 F 1305
1120–1124	F	4	1900	Ganz	Nr. 1120 wurde 1929 F 1312. Nr. 1122–1124: F 1313–1315
1125	F	4	1900	Weimar	Wurde 1929 F 1316
1126–1128	F	4	1900	CGC	Für Transsibirien-Expreß. Generator, Badeabteile
1129–1130	R	2	1901	CGC	
1131–1133	F	4	1902	CGC	Wurden 1930 F 1317–1319
1134–1135	F	2	1902	PLM Algier	PLM Algier für Tunis–Oran-Expreß abgekauft. Später zurück an PLM Algier
1136–1145	F	3	1902	MAN	Nr. 1138–1139 und 1142–1145 in den dreißiger Jahren FC in der Türkei
1146–1154	F	4	1904	Obere Wolga	Für Rußland; mit Elektrizitätszentrale
1155	F	3	1902	WL-Irun	Ex WL 61. Für Spanien
1156–1162	F	4	1905	Obere Wolga	Für Rußland; mit Elektrizitätszentrale
1163	F	3	1906	CGC	
1164–1165	F	4	1906	Ringhoffer	Nr. 1165 war FP. Nr. 1164, 1167 im Versuchszug Paris–Calais (1925), s. Kap. 13
1166–1176	F	4	1906/1907	Ringhoffer	Nr. 1170, 1176 für Spanien
1177	FC	4	1907	CGC	Ex WRS 744. Für Club Train (Frankreich). Verkehrte mit WRS 245
1178–1187	FP	4	1908	Ragheno	
1188–1198	F	4	1908	Weyer	Nr. 1196–1198 für Dänemark
1199–1200	F	4	1907	Ringhoffer	Für Orient-Expreß. Nr. 1200 war FP
1201–1202	F	4	1908	Weyer	
1203–1207	F	4	1908	Ringhoffer	Wien–Cannes-Expreß; Riviera-Expreß
1208–1211	F	4	1910	CGC	
1212–1221	F	4	1909	Credé	
1222	F	4	1911	Beasain	Für Spanien
1223–1235	F	4	1912/1913	Credé	
1236–1243					Nummern wegen 1. Weltkrieg nicht verwendet
1244	F	4	1926	Beasin	Ex Nr. 1170. Für Spanien
1245–1256	F	4	1926/1927	CGC (Marly)	Mit Liegeplätzen für 8 Personen
1257	F	4	1926	CGC	Ex WR 2092
1258	F	4	1926	WL-Greco	Ex WL 1772
1259	F	2	1926	Beasain	Für Spanien
1260–1262	FT	4	1927	Blanc-Misseron	Für Flèche d'Or. Blau/cremegelb gestrichenes zentrales Abteil für das Personal. Plattformen für zwei britische Container
1263–1276	F	4	1928/1929	Metro	Wagenkasten aus Metall; Nr. 1271–1276 heute in Spanien für Süd-Expreß (Irun–Lissabon) als FP. Einige anfänglich blau/cremegelb
1277–1296	F	4	1929	Metro	Für Simplon-Orient-Expreß und Rom-Expreß. Wagenkasten aus Metall; mit Duschen
1297–1304	F	4	1927/1930	CGC WL-SD	Alte umnumerierte Fourgons
1305–1319	F	4	1927/1930	CGC WL-SD	Verschiedene umnumerierte Fourgons
1320–1325	FP	4	1939/1940	CGC Marly	Für Taurus-Expreß. Ex WL 1893–1897, 1902
1326–1359					Nicht verwendete Nummern
1360	WR	4	1923	WL-NA	Ex WR 360

Wagen Nr.	Typ	Achsen	Baujahr	Hersteller	Bemerkungen
1361–1388					Nicht verwendete Nummern
1389–1396	WR	4	1923	WL-Neu Aubing	Ex WL 289–296. Nr. 1396: 1966 Ersatzteillager in Ankara
1397–1500					Nicht verwendete Nummern
1501–1510	WRS	4	1898	Nivelles	Für Belgien. Nr. 1501–1541, 1543–1545: 1901 an SNCB verkauft, um zurückgezogene Wagen 1. Klasse zu ersetzen. Verkehrten weiter mit CIWL-Personal
1511–1515	WS	4	1898/1899	Ragheno	
1516–1520	WS	4	1898	Braine le Comte	
1521–1530	WS	4	1899	Miani	
1531–1545	WS	4	1899	CGC	Für Belgien. Nr. 1542 wurde 1905 WR, für Süd-Expreß (Frankreich)
1546–1553	WS	4	1899	Miani	Für Belgien. Nr. 1546, 1550: 1910 WR ohne Küche. 1900 mit Nr. 1542 zusammen zum Süd-Expreß (Frankreich)
1554–1599					Nicht verwendete Nummern
1600–1605	WR	4	1905	CGC	Nr. 1603: 1909 für Riviera-Expreß
1606–1611	WR	4	1905	Ringhoffer	Nr. 1608–1610: 1909 für Riviera-Expreß
1612–1618	WL	4	1905	Ringhoffer	Wien–Cannes-Expreß
1619–1632	WL	4	1905	CGC	Nr. 1620: 1928 in Nr. 3246 umnummeriert. Nr. 1624–1625 später in Marokko
1633–1637	WR	4	1905	CGC	Kastanienbraun und cremegelb
1638–1642	WR	4	1905	Van der Zypen	Nr. 1638–1641: 1916 zu MITROPA (Nr. 901–904). Nr. 1642 in Finnland, in Nr. 2019 umnummeriert. 1958 verkauft
1643–1647	WR	4	1905	Weyer	Nr. 1643–1645, 1647: 1916 zu MITROPA (Nr. 905–908)
1648–1649	WR	4	1905	Ringhoffer	Für Ägypten. Klimaanlage wie Nr. 763
1650	WRS	4	1907	Nesselsdorf	Für Orient-Expreß
1651–1653	WR	4	1906	Ringhoffer	Nr. 1651: Spezialdesign
1654–1656	WR	4	1906	WL-Irun	Für Spanien
1657–1661	WL	4	1906/1907	Off. Mech.	Für Italien. Nr. 1657 an der Mailänder Messe gezeigt. Typ Pullman mit Sektionen. Später umgebaut
1662–1669	WR	4	1906/1907	Off. Mech.	Für Italien
1670–1673	WLM	4	1906	Diatto	
1674–1676	WLM	4	1906	Ringhoffer	
1677–1678	WS	4	1906	CGC	Für Frankreich (Süd-Expreß)
1679–1682	WR	6	1906	Van der Zypen	Nr. 1681: 1916 an MITROPA (Nr. 909)
1683–1685	WR	4	1906	Ringhoffer	
1686–1691	WR	6	1906	MAN	1916 an MITROPA (Nr. 910–915)
1692–1697	WL	4	1906	Ringhoffer	Für Spanien
1698–1705	WR	6	1906	Van der Zypen	Nr. 1703–1705 für Riviera-Expreß. Nr. 1698–1700: 1916 an MITROPA (Nr. 916–918)
1706–1708	WR	4	1906	Ringhoffer	Für Spanien
1709–1714	WL	4	1907	Ringhoffer	Nr. 1709–1711 für Orient-Expreß; Nr. 1711–1714 für Ostende–Wien–Orient-Expreß
1715–1718	WL	4	1907	MAN	Wagen 1. Klasse für Dänemark
1719–1721	WL	4	1907	Rathgeber	Für Österreich
1722–1724	WL	4	1907	CGC	
1725–1734	WR	6	1907	CGC	Nr. 1732 für den französischen Präsidentenzug; 1923 blau gestrichen
1735–1742	WR	4	1907	CGC	Nr. 1737 für Riviera-Expreß (Besançon–Ventimiglia)
1743–1750	WL	4	1907	Scandia	Für Dänemark
1751–1752	WL	4		?	1906 der DSB abgekauft; WL 1., 2., 3. Klasse
1753–1754	WL	4	1906	Linke Hofmann	Den Mecklenburgischen Eisenbahnen für den Einsatz zwischen Deutschland und Dänemark abgekauft
1755–1761	WL	4	1907/1908	CGC	Später in Marokko
1762–1764	WLM	4	1908	MAN	

Wagen Nr.	Typ	Achsen/Klasse	Baujahr	Hersteller	Bemerkungen
1765–1766	WR	4	1908	Györ	Für Ungarn
1767–1771	WL	4	1908	Ringhoffer	Nr. 1770, 1771 für Ostende–Wien–Orient-Expreß
1772–1783	WL	4	1908	MAN	Ostende–Wien–Orient-Expreß. Nr. 1774, 1778 später in Palästina. Nr. 1777, 1780 später in Ägypten, Nr. 1779, 1781 in Spanien
1784–1790	WRS	4	1908	Ringhoffer	Nr. 1785–1790 für Ostende–Wien–Orient-Expreß, später in Griechenland
1791–1798	WL	4	1908	Van der Zypen	Lloyd-Expreß. Nr. 1791: 1932 in Levadia (Griechenland) verbrannt
1799–1802	WR	4	1908	Ringhoffer	
1803–1814	WL	4	1908	Miani	Nr. 1812 später 1. 2. und 3. Klasse
1815–1818	WL	4	1908	Scandia	Für Dänemark
1819–1822	WL	4	1908	Van der Zypen	Für Dänemark
1823–1828	WR	6	1908	Van der Zypen	
1829–1834	WR	4	1908	Ringhoffer	Wien–Cannes-Expreß: Nr. 1829, 1831, 1833–1834 später WR-Bar
1835–1837	WL	4	1908	Breslau	Wien–Cannes-Expreß
1838	WL	4	1909	Ringhoffer	Für Spanien
1839–1858	WL	4	1909	Obere Wolga	Für Rußland. WL 1., 2. Klasse. Nr. 1841 später in China
1859	WR	4	1908	Ringhoffer	Für Ägypten. Klimaanlage wie Nr. 763
1860–1865	WR	6	1908	Van der Zypen	Nr. 1861, 1863–1864 später WR-Bar
1866	WL	4	1908	Ringhoffer	(St. Petersburg)–Warschau–Cannes-Expreß. Später 1., 2., 3. Klasse
1867	WR	4	1908	Ringhoffer	(St. Petersburg)–Warschau–Cannes-Expreß
1868–1870	WL	4	1908	Breslau	(St. Petersburg)–Warschau–Cannes-Expreß
1871–1876	WR	4	1908	Ringhoffer	
1877–1880	WR	4	1907	Miani	Für Italien
1881–1883	WR	4	1908	MAN	1916 an MITROPA (Nr. 919–921)
1884–1890	WL	A	1908	CGC	Für die Paris–Orléans-Bahn. Nr. 1888 im Zug des Generalstabs von Marschall Foch in Compiègne (1918)
1891–1903	WL	B	1908	CGC	Für die Paris–Orléans-Bahn; mit zwei Abteilen zu je drei Plätzen. Nr. 1893–1897, 1902: 1939/1940 Nr. 1320–1325
1904–1925	WLM		1908/1909	Obere Wolga	Für Rußland
1926–1928	WL		1908	Obere Wolga	Für Rußland; St. Petersburg–Warschau(–Cannes)-Expreß
1929–1935	WL	M	1908	Ringhoffer	Für (St. Petersburg–)Warschau–Cannes-Expreß; erst später Klasse M
1936–1940	WRS		1909	Ringhoffer	Für Orient-Expreß
1941–1943	WRS		1908/1909	Nesselsdorf	Für Orient-Expreß; später in Spanien
1944–1950	WR		1909	Van der Zypen	Mit Bar
1951–1956	WL	M	1909	Van der Zypen	1947 einige davon Klasse M 1/2/3
1957–1965	WL	M	1909	MAN	Nr. 1959 für russische Breitspur
1966–1971	WL		1908	Obere Wolga	Für Rußland
1972–1974	WR		1908	WL-Irun	Für Spanien
1975–1977	WR		1911	Van der Zypen	Für Dänemark
1978	WRS		1913	Brugeoise	In Estland. 1927 Breitspur der Baltischen Staaten
1979	WRS		1913	Brugeoise	
1980–1981	WR		1909	Obere Wolga	Für Nord-Expreß (Warschau–Moskau)
1982–1985	WL		1909	Obere Wolga	Für Nord-Expreß (Warschau–Moskau)
1986–1988	WL	R	1909	Van der Zypen	Für Rumänien
1989	WL		1909	Obere Wolga	Für Rußland
1990–1996	WL	M	1910	Van der Zypen	
1997–2005	WR		1910	Van der Zypen	Nr. 2002–2005: 1916 an MITROPA (Nr. 922–925). Nr. 922 wurde 1920 der CIWL zurückerstattet
2006–2007	WL	M	1910	Ringhoffer	
2008–2009	WL	M	1910	Nesselsdorf	Für Ungarn

Wagen Nr.	Typ	Klasse	Baujahr	Hersteller	Bemerkungen
2010–2015	WR		1910	Györ	Für Ungarn
2016–2019	WR		1910	Breda	Für Italien
2020–2030	WR		1909	CGC	Nr. 2020–2026 später in Algerien
2031–2043	WL		1909	Obere Wolga	Für Rußland. Nr. 2033–2035 später in China
2044–2049	WL		1911	CGC	Für Spanien
2050	WR		1911	Gotha	6 Achsen. 1916–1920 an MITROPA (Nr. 926)
2051–2056	WR		1911	Ringhoffer	
2057–2061	WR		1911	Nesselsdorf	Nr. 2057 WR-Bar (1932)
2062–2086	WL	R	1910	Van der Zypen	1947 einige davon Klasse M 1/2/3. Zwischen 1918 und 1939 Nr. 2067 in Griechenland, Nr. 2072 in Palästina, Nr. 2076, 2080, 2082 in Litauen, Nr. 2084 in Lettland
2087–2108	WR		1910/1911	Van der Zypen	Nr. 2103–2108: 1916 an MITROPA (Nr. 927–932). Nr. 931 (2107) als einziger Wagen nicht zurückgegeben. Nr. 2092 wurde 1926 F 1257
2109–2116	WR		1910	Györ	Für Ungarn. Nr. 2109–2111 später WR-Bar
2117–2119	WR		1910/1911	Miani	Für Italien
2120–2123	WL	R	1911	Miani	Für Italien
2124–2126	WL	R	1911	CGC	
2127–2132	WR		1911	CGC	
2133–2135	WL	R	1911	CGC	Für Spanien
2136–2144	WR		1911	Gotha	Nr. 2139–2141: 1916 an MITROPA (Nr. 933–935)
2145–2150	WR		1912	Beasain	Für Spanien
2151–2154	WR		1911	Miani	Für Italien
2155–2157	WR		1911	MAN	1916 an MITROPA (Nr. 936–938)
2158–2159	WL	R	1911	Miani	
2160–2161	WR		1911/1912	Ringhoffer	
2162–2166	WR		1911	Györ	
2167–2176	WL	R	1911	Van der Zypen	Später Klasse M 1/2/3. Nr. 2168 später in Palästina
2177–2178	WR		1911	Van der Zypen	
2179	WRS		1911	Van der Zypen	
2180–2185	WL	R	1912	Eisenb.-Bed. Görlitz	Nr. 2184: 1917 im österreichischen Rot-Kreuz-Zug. Nr. 2181 (M), 2182, 2184–2185 (R3) später in Griechenland
2186–2188	WR		1912	Eisenb.-Bed. Görlitz	
2189–2198	WL	R	1911/1912	CGC	1933 Klasse R3
2199–2206	WR		1912	CGC	
2207–2212	WL		1913	Carde	Für Spanien
2213	WR		1911	Ringhoffer	Für Ägypten; mit Klimaanlage wie Nr. 763
2214–2255	WL		1911/1913	Obere Wolga	Für Rußland. Nr. 2217–2218: 8×1., 18×2. Klasse, Rest 8×1., 10×2. Klasse. Nr. 2226, 2249 später in China
2256–2265	WR		1911/1913	Obere Wolga	Für Rußland
2266–2269	WR		1912	Nesselsdorf	Für Spanien
2270–2281	WL		1912	Ringhoffer	Für Spanien
2282–2289	WR		1911	Györ	
2290–2293	WL	R	1911	Nesselsdorf	Später Klasse M
2294–2296	WR		1912	Van der Zypen	1916 an MITROPA (Nr. 942–944). Nr. 944: 1920 zurückerstattet. Nr. 2296 später WR-Bar
2297–2301	WR		1912	Miani	
2302–2304	WR		1912	Ringhoffer	Nr. 2302 später in Palästina
2305–2310	WR		1913	Györ	
2311–2322	WL	R	1913	Ringhoffer	
2323–2330	WL	R	1913	Nesselsdorf	Nr. 2326-2330 später in der Türkei

Wagen Nr.	Typ	Klasse	Baujahr	Hersteller	Bemerkungen
2331–2338	WL	R	1913	Ringhoffer	Nr. 2333–2338 später Klasse M 1/2/3. Nr. 2332–2334: 1916 an MITROPA, 1920 zurückerstattet
2339–2343	WL	R	1913	Nesselsdorf	Später R3 3. Klasse. Nr. 2343: 1916–1920 an MITROPA
2344–2353	WR		1912/1913	Ringhoffer	Nr. 2347 im Museum in Budapest. Nr. 2346, 2351 später in Palästina, Nr. 2348–2350 WR-Bar
2354–2360	WR		1913	Nesselsdorf	Nr. 2357 später WR-Bar
2361–2367	WR		1913	Miani	Für Italien
2368–2373	WR		1912	Van der Zypen	Für Spanien
2374–2399	WR		1912	Van der Zypen	Nr. 2374–2384, 2388, 2390, 2394, 2397: 1916–1922 an MITROPA (Nr. 945–959). Nr. 946–951, 954–955, 958 zurückerstattet. Nr. 2374, 2381–2382, 2390, 2397: 1922 von MITROPA gekauft (Mitropa Nr. 945, 952–953, 957, 959. Nr. 2377–2380, 2383–2384 zeitweilig der CSWR/SSG ausgeliehen. Nr. 2392–2396, 2398 später in der Türkei
2400–2402	WL	R	1913	Van der Zypen	Später zu Klasse M 1/2/3 umgebaut
2403–2424	WR		1913	CGC	Für die Französischen Staatsbahnen. Nr. 2419 Waffenstillstandswagen. Nr. 2404–2407 in der Türkei; Nr. 2409–2412, 2415, 2418, 2421–2422 in China; Nr. 2411, 2417 in Griechenland; Nr. 2424 in Finnland; Nr. 2418: 1914–1918 im Zug des Marschalls Foch.
2425–2439	WR		1913	CGC	Nr. 2439 im Museum von Compiègne, umnummeriert in Nr. 2419. Nr. 2425–2427 in Finnland. Nr. 2428: 1919 in Pont-s/Yonne zerstört. Nr. 2439 erst 1914 gebaut
2440–2442	WL	R	1913	Miani	Für Italien
2443–2446	WS		1913	Ringhoffer	Für Süd-Expreß. Nr. 2443 im Zug des Marschalls Foch, Nr. 2444 für den Kriegsminister (1914–1918). Nr. 2444–2446 für Golden Mountain Pullman, BLS, 1931 blau und cremegelb gestrichen.
2447–2452	WL	R	1913	Van der Zypen	Nr. 2447–2449: 1926 für Anatolien-Expreß
2453–2460	WL		1914	Credé	Nr. 2458–2460: 1916–1920 an MITROPA. Nr. 2455–2460: 1926 in der Türkei
2461–2470	WR		1914	Credé	Nr. 2463, 2467, 2470: 1916 an MITROPA (Nr. 960–964). 1920 zurückerstattet. Nr. 2461–2462, 1467 später in Spanien. Nr. 2468 WR-Bar
2471–2476	WR		1914	Györ	
2477–2480	WR		1914	Van der Zypen	
2481–2484	WR		1914	Ringhoffer	
2485–2489	WL	R	1920	CGC	Als Daten werden auch 1913–1914 angegeben. Nr. 2485 später zu M umgebaut
2490–2495	WL	R	1913	Ringhoffer	
2496–2500	WL	R	1914	Nesselsdorf	Nr. 2497–2498 später zu R3 umgebaut
2501–2509	WR		1916	CGC	Nr. 2507 an ÖBB verkauft. 1961 in Konstruktionszug als Dusche-Wagen. Nr. 2505–2506: 1943 in Nr. 4250–4251 umnummeriert
2510–2517	WL		1916/1921	CGC	Nr. 2510, 2513 von St-Denis nach China (1921). Nr. 2516, 2517 zu M umgebaut
2518–2525	WL		1914	Obere Wolga	Für Rußland. Letzte Wagen für WL Rußland
2526–2536	WR		1915/1916	Miani	Für Italien
2537–2540	WR		1922	Credé	Für Rumänien
2541–2555					Wegen Krieg nicht gebaut. Nummern nicht verwendet
2556–2560	WL	R	1923	Györ	Für Ungarn. Später zu M umgebaut
2561–2605					Wegen Krieg nicht gebaut. Nummern nicht verwendet
2606–2630	WL	S2	1922/1923	Nivelles	Kasten aus Holz. Später zu ST umgebaut (Ausnahme: Nr. 2618–2622). Nr. 2625, 2629 an ÖBB verkauft: Schlafsäle in Konstruktionszug (1969)
2631–2640	WL	S2	1923/1924	WL-Neu-Aubing	Teekaufbauten. Nr. 2638 an ÖBB verkauft; 1969 Schlafsaal wie Nr. 2625
2641–2674	WL	S1	1922	Leeds	Erste Schlafwagen aus Stahl; blau und gold, daher Train Bleu. Nr. 2661–2662, 2677–2679 für Türkei zu SGT umgebaut. Rest der Serie ST. Nr. 2660, 2663 später in der Türkei, 2644, 2657 in Spanien. Nr. 2644 wurde S4U, 2657 S3K mit Cafeteria, 50 Jahre im Dienst
2675–2680	WL	S1	1923	Leeds	Alle weiteren Wagenkästen sind aus Stahl (Ausnahme: umgebaute alte Wagen, durch »Ex« und alte Nummer bezeichnet)
2681–2683	WL		1908	Gastell	1921 der Eisenbahn von Elsaß–Lothringen abgekauft. Drehgestelle mit drei Achsen

Wagen Nr.	Typ	Klasse	Baujahr	Hersteller	Bemerkungen
2684–2691	WL	R	1923	CGC	Ex WL Nr. 631–636, 639–640
2692					Nicht verwendete Nummer
2693	WR		1926	Dyle & Bacalan	Fabrik in Bordeaux. Erstes WR aus Stahl. 1962 der SNCF verkauft
2694	WL	S2	1926	CGC	Später ST. Für Algerien
2695–2699	WL	ST	1926	Savigliano	Nr. 2698 später in Spanien, in S3K mit Cafeteria umgebaut. Nr. 2699: 1949 umgebaut und in Nr. 3881 umnumeriert
2700	WR		1926	Birmingham	Für den französischen Präsidentenzug. Später normaler WR. 1962 der SNCF verkauft
2701–2711	WL	S2	1926	Savigliano	Für Italien. Einige davon 1965 für 23 Lire per kg verkauft
2712–2715	WL	Z	1926	Breda	Nr. 2714: 1949 in Nr. 3872 umnumeriert
2716–2719	WL	Z	1926	Miani	Nr. 2716–2717, 2719: 1949 in Nr. 3884, 3871, 3876 umnumeriert
2720–2721	WL	Z	1926	El. Ferr.	Nr. 2720: 1949 in Nr. 3879 umnumeriert
2722–2731	WL	Z	1926	Reggio	Nr. 2727: 1949 in Nr. 3874 umnumeriert
2732–2736	WL	Z	1926/1927	Off. Merid.	Nr. 2736: 1949 in Nr. 3880 umnumeriert
2737–2742	WSP	Süd-Expreß	1926	Dietrich	Für Süd-Expreß (Frankreich). Nr. 2741 im Oktober 1977 in Monte Carlo verkauft
2743–2748	WSP	Süd-Expreß	1926	Dietrich	Für Süd-Expreß (Frankreich). Nr. 2748: 1946–1959 königlicher holländischer Salon
2749–2773	WR		1926	Reggio	Nr. 2770: 1949 zu WL 3878 umgebaut. Nr. 2757: Pub »Denham Express« Denham, Bucks., England
2774–2788	WL	S2	1926	Blanc Misseron	Nr. 2783 später S3K mit Cafeteria (Spanien)
2789–2818	WL	S2	1926	Nivelles	Nr. 2798: 1949 zu Nr. 3873 umgebaut
2819–2838	WR		1926	Dyle & Bacalan	Fabrik in Bordeaux. 1962 die ganze Serie der SNCF verkauft (Ausnahme: Nr. 2836 und 2837)
2839–2841	WSPC	Compl.	1926	Dyle & Bacalan	Fabrik in Bordeaux. Für Süd-Expreß. 1930 zu WR umgebaut
2842–2851	WL	S2	1926	Breda	Nr. 2846, 2848, 2850 jetzt S3K
2852–2866	WR		1925/1926	Birmingham	Mit 56 Plätzen. Nr. 2852, 2858: 1962 an SNCF verkauft. Nr. 2866 später Selbstbedienung
2867–2881	WR		1925/1926	Birmingham	Für Simplon-Orient-Expreß. 42 Plätze. Nr. 2867 wurde Snack-Bar. Nr. 2877: 1967 an TCDD. Nr. 2878: 1963 an SSG. Nr. 2881 für den französischen Präsidentenzug. Später an FS ausgeliehen. 1977 an Intraflug
2882–2891	WL	S2	1926	Miani	Nr. 2885, 2890 später S3K (Spanien)
2892–2901	WL	S2	1926	Ringhoffer	
2902–2911	WL	S1	1926	CGC	Nr. 2904–2911 später in Algerien. Nr. 2911 in Attafs zerstört (Attentat)
2912–2913	WL	S2	1926	Savigliano	
2914–2917	WSPC	Ind.	1926	Birmingham	Für Ägypten. Holzkasten. Klimaanlage. Pullman, unabhängiger Typ, mit Namen. Nie in Europa
2918–2932	WL	S1	1926	Birmingham	Einige davon in STU umgebaut; einige später in Spanien
2933–2942	WL	S1	1926	Metro	Später in Spanien, Typ S3
2943–2967	WL	S1	1926/1927	Credé	Einige davon später in Spanien, Typ S3
2968–2982	WR		1927	Reggio	Für Italien. 1965 durch WL-Mailand mit Klimaanlage versehen. Nr. 2977: 1965 an der Transportausstellung in München: stehendes Restaurant: österreichisches Personal
2983–2988	WR		1927	CGC	Ex WS 960–965
2989–3000					Nummern nicht verwendet. Waren für die englischen Pullman Nr. 51–60 (zweimal die gleichen Nummern) vorgesehen
3001–3004	WL	3	1923	Nesselsdorf	Für die Baltischen Staaten. Holzkästen
3005–3009	WL	3	1923	Ringhoffer	Für die Baltischen Staaten und Polen. Holzkästen
3010–3017	WL	ZS	1925	Scandia	Für Dänemark. Zuerst M3. Holzkästen. Nr. 3015–3017 später in China
3018–3020	WL	3	1926	Nivelles	Für die Baltischen Staaten, mit russischer Breitspur
3021–3026	WL	P	1926	Nivelles	Für Polen. Vierbett-Abteile 3. Klasse ohne Lavabo
3027–3032	WL	P	1926	Ringhoffer	Für Polen. Vierbett-Abteile 3. Klasse ohne Lavabo (nicht zu verwechseln mit dem Nachkriegstyp P)

Wagen Nr.	Typ	Klasse	Baujahr	Hersteller	Bemerkungen
3033–3042	WL	Z	1926	Nivelles	Nr. 3036 Klasse Z3. Nr. 3033: 1949 in 3883 umnumeriert
3043–3052	WL	Z	1926	CGC	Nr. 3043–3049 ZT
3053–3099					Nicht verwendete Nummern
3100	WR		1926	CGC	Ex WR 249
3101–3109	WL	R	1925/1926	WL-St-Denis	Ex WL 434–442
3110–3113	WL	R	1926/1927	CGC	Ex WL 453–456
3114					Nicht verwendete Nummer
3115	WL	R	1927	CGC	Ex WL 458
3116					Nicht verwendete Nummer
3117–3122	WL	R	1927/1928	CGC-Marly	Ex WL 460, 464, 462, 463, 465, 461
3123–3124					Nicht verwendete Nummern
3125	WL	R	1926	CGC	Ex WL 484
3126	WL	R	1928	CGC Marly	Ex WL 485
3127	WL	R	1926	WL-Prag	Ex WL 486
3128					Nicht verwendete Nummer
3129–3130	WR		1926	CGC	Ex WR 502–503
3131	WL	R	1925	WL-St-Denis	Ex WL 507
3132–3134	WL	R	1925	CGC	Ex WL 508–510
3135	WL	R	1925	WL-Neu Aubing	Ex WL 511
3136	WL	R	1926	Moncenisio	Ex WL 512. Von Moncenisio/Turin gebaut
3137–3139	WL	R	1926	CGC	Ex WL 513–514, 516
3140–3141					Nicht verwendete Nummern
3142	WL	R	1925	WL-St-Denis	Ex WL 520
3143–3144	WL	R	1927/1925	CGC	Ex WL 522–523
3145–3146	WL	R	1924	WL-Neu Aubing	Ex WL 524–525
3147–3149	WL	R	1926	CGC	Ex WL 526–528
3150	WR		1926	WL-St-Denis	Ex WRS 539
3151	WL	R	1927	CGC	Ex WL 747
3152	WR		1927	CGC	Ex WR 542
3153–3154					Nicht verwendete Nummern
3155	WL	R	1925	CGC	Ex WL 545. In der Türkei
3156–3157	WR		1927	CGC	Ex WR 576, 575. Nr. 3156 in Spanien, Nr. 3157 in Portugal
3158–3159	WL	R	1925/1926	WL-NA/SD	Ex WL 548–549
3160					Nicht verwendete Nummer
3161	WL	R	1924	WL-Neu Aubing	Ex WL 553
3162	WL	R	1926	CGC	Ex WL 554
3163	WL	R	1924	WL-Neu Aubing	Ex WL 555
3164	WL	R	1924	WL-Ostende	Ex WL 556
3165–3167	WL	R	1924	WL-Neu Aubing	Ex WL 557, 559–560
3168	WL	R	1925	CGC	Ex WL 561
3169–3174	WL	R	1924/1925	WL-Neu Aubing	Ex WL 562–567
3175–3181	WR		1926/1927	CGC	Ex WRS 568–574
3182	WL	R	1927	CGC	Ex WL 582
3183	WR		1927	CGC	Ex WR 577
3184–3185	WL	R	1925/1926	WL-NA/CGC	Ex WL 584–585
3186–3187	WL	R	1927	CGC	Ex WL 586–587
3188	WL	R	1927	WL-NA/SD	Ex WL 588
3189	WL	R	1926	WL-NA/CGC	Ex WL 589

Wagen Nr.	Typ	Klasse	Baujahr	Hersteller	Bemerkungen
3190–3191	WL	R	1928	CGC/WL-SD	Ex WL 590–591
3192–3193					Nicht verwendete Nummern
3194–3196	WL	R	1927/1925	CGC	Ex WL 659, 615, 643. Nr. 3194 später in der Türkei
3197	WR		1927	CGC	Ex WR 645
3198–3201	WL	R	1925/1926	CGC	Ex WL 660–663. Nr. 3198–3199 in Algerien. Nr. 3200–3201 in Syrien
3202–3206	WR		1927	CGC	Ex WR 774–777, 816
3207	WL	R	1928	CGC (Marly)	Ex WL 748
3208	WR		1925	WL-St-Denis	Ex WR 818
3209	WR		1927	CGC	Ex WR 909
3210	WR		1926	WL-St-Denis	Ex WR 910
3211–3212					Nicht verwendete Nummern
3213	WL	R	1928	CGC/WL-SD	Ex WL 834
3214	WR		1928	CGC	Ex WR 794
3215–3218					Nicht verwendete Nummern
3219	WR		1928	CGC/WL-SD	Ex WR 919
3220–3221					Nicht verwendete Nummern
3222	WR		1928	WL-St-Denis	Ex WR 948
3223	WR		1927	CGC	Ex WR 949
3224–3229	WR		1928	CGC/WL-SD	Ex WR 950–955, mit Drehgestellen für russische Breitspur. Nr. 3224, 3229 für die Baltischen Staaten. Nr. 3225–3228 in Finnland
3230–3233					Nicht verwendete Nummern
3234	WL		1928	WL-St-Denis	Ex WL 974
3235–3245					Nicht verwendete Nummern
3246	WL		1928	WL-St-Denis	Ex WL 1620
3247–3300					Nicht verwendete Nummern
3301–3310	WL	S1	1926/1927	Nivelles	Von nun an alle Wagen mit Metallkästen
3311–3340	WL	Z	1927	E.I.C.	Nr. 3325, 3329–3332, 3323 für Griechenland
3341–3360	WR		1928	E.I.C.	Nr. 3353, 3355, 3358: 1966 im Mistral. Nr. 3354–3360 im franz. Präsidentenzug; ganze Serie 1962 an die SNCF verkauft. Nr. 3348 im Museum Mülhausen
3361–3380	WL	S4	1928	Metro	Für Spanien
3381–3390	WL	S4	1928	Nivelles	Für Spanien. Teakholzkasten
3391–3405	WR		1929	Metro	Nr. 3403: 1967 an TCDD. Nr. 3394–3396 in Spanien
3406–3415	WL	S1	1929	Nivelles	Nr. 3406 SG, Nr. 3414 SGT. Nr. 3409–3412 in Ägypten. Nr. 3407: 1949 in Nr. 3875 umnumeriert
3416–3431	WL	S1	1929	Birmingham	Nr. 3418 umgebaut in SGT, Nr. 3418, 3423 in SG. Später einige Wagen in Portugal. Nr. 3419, 3421–3422 in Ägypten
3432–3455	WL	SG	1929	Birmingham	Für die Türkei. Nr. 3439 ST in Ägypten. Nr. 3435–3438, 3440–3443, 3448–3449, 3454 SGT
3456–3465	WL	S1	1930	Simmering (Graz)	Nr. 3456–3457, 3463 in Ägypten. Nr. 3459, 3462 zu SGT für die Türkei
3466–3495	WL	Lx	1929	Metro	Nr. 3469, 3493, 3514 an die Griechischen Eisenbahnen (für Athen–Saloniki) verkauft. Bis 1977 mit WL-Personal. Nr. 3489 im Oktober 1977 in Monte Carlo verkauft
3496–3555	WL	Lx	1929	E.I.C.	Nr. 3507: 1937 in Paris ausgestellt. Nr. 3538: 1937–1940 für den Herzog von Windsor (mit Salon und Dusche); später zu Normaltyp umgebaut. Mit Nr. 3490, 3496, 3500, 3505, 3512, 3518, 3520, 3522–3523, 3528, 3534–3536, 3545 nach Spanien. Nr. 3532: 1976 ins Museum Mülhausen. Nr. 3472, 3475, 3480, 3487, 3537, 3542, 3551: Wagen für den Interflug-Orient-Expreß 1977. Nr. 3543, 3548 werden im Oktober in Monte Carlo verkauft
3556–3561	WR		1928	Beasain	Für Spanien. Teakkasten
3562–3569	WR		1930	Bilbao	Für Spanien. Nr. 3562–3563 später in Portugal
3570–3577	WL	S	1928	Birmingham	Für Ägypten. Wagen verkehrten nie in Europa. Weiß gestrichen. Auftrag von Metro weitergegeben (?)

Wagen Nr.	Typ	Klasse	Baujahr	Hersteller	Bemerkungen
3578–3587	WR		1928	E. I. C.	Nr. 3578–3583, 3587 später in Spanien
3588–3607	WL	Y	1930	Dietrich	Die meisten zu Typen U, YU umgebaut. Nr. 3604, 3606, 3608 an die Griechischen Eisenbahnen verkauft (Athen–Saloniki); bis 1977 mit WL-Personal. Nr. 3624: 1937 in Paris ausgestellt
3608–3627	WL	Y	1930	E. I. C.	
3628–3647	WR		1930	E. I. C.	
3648–3662	WL	Z	1930	Reggio	Nr. 3655: 1949 zu WL 3882 umgebaut
3663–3682	WR		1931	E. I. C.	Serie 1962 der SNCF verkauft. Nr. 3670, 3677: 1960 resp. 1966 Selbstbedienung
3683–3692	WL	Y	1930	E. I. C.	Einige davon zu U umgebaut
3693–3702	WR		1932	Ganz	Nr. 3696–3697: 1962 der SNCF verkauft
3703–3742	WL	Y	1931	Credé	Einige davon zu U umgebaut
3743–3767	WL	YT	1932	Birmingham	
3768–3777	WL	Z	1931	Reggio	Nr. 3768: 1949 in Nr. 3877 umnumeriert
3778–3787	WR		1932	Cegielski	Nr. 3779, 3787: 1962 der SNCF verkauft
3788–3799	WL	F	1936	Blanc Misseron	Für England (Fähre)
3800–3805	WL	F	1937–1947	CGC	Für England. Vorgesehen für Hitlers Besuch im eroberten England. Bis 1945/46 eingestellt. Seit 1947 in Dienst
3806–3809	WL	Y	1939	Linke Hofmann	Nr. 3808 zu U umgebaut
3810–3842	WL	Y	1939	Nivelles	
3843–3860	WL	Y	1940/1941	Breda	Nr. 3847, 3854: 1949 zu Nr. 3886–3887 umgebaut
3861–3870	WL	YT	1940	Ganz	
3871–3887	WL	Y	1950	Ansaldo	Neukonstruktion mit Material aus beschädigten Wagen: Nr. 2717, 2714, 2798, 2727, 3407, 2719, 3768, 2770, 2720, 2736, 2699, 3655, 3033, 2716, 4236, 3847, 3854
3888–3902	WL	Y	1948	Nivelles	Für die Türkei. Ursprünglich Doppelfenster. Nr. 3893 im James Bond-Film »Liebesgrüße aus Moskau«
3903–3931	WL	YT	1949	Nivelles	Nr. 3922: 1963 bei Unglück zerstört und ausrangiert
3932–3962	WL	Y	1950	E. I. C.	Einige YT, einige YU
3963–3982	WL	LJ	1952/1953	Bilbao	Für Spanien
3983–3989	WL	F	1952	CGC	Für England. Nr. 3985 an der Wagenausstellung der BR in London (Waterloo)
3990–4000					Nummern nicht verwendet; 4000 ursprünglich für Pullman-Wagen vorgesehen
4000–4015	WPC	1. Kl.	1926	Birmingham	Typ »Flèche d'Or«. Nr. 4001–4004: 1932 für 2. Klasse Typ »Etoile du Nord« umgebaut. Nr. 4006 zur Bar-Expreß für Spezialzüge und Schiffszüge umgebaut. Rest der Serie zu WR. Nr. 4001–4004 für Griechenland. Nr. 4013 um 1966 zu Duschwagen umgebaut (WL-Rom)
4016–4030	WP	1. Kl.	1926	Metro	Typ »Flèche d'Or«. Nr. 4016–4019: 1932 zu 2. Klasse Typ »Etoile du Nord« umgebaut. Rest ohne Nr. 4016 (Feuer 1936) 4029, 4030 zu WR umgebaut. Nr. 4025: 1955 in Nr. 4270 umnumeriert Nr. 4024 wurde Fourgon Snack-Service, später an SNCF verkauft (1962). Nr. 4018–4019: 1965 Bar/Dancing. Nr. 4029 verbrannte 1975 in WL-St-Denis. Nr. 4018: 1976 restauriert (kastanienbraun und cremegelb), im Stil Flèche d'Or für Museum Mülhausen (mit den Intarsien etc. von Nr. 4029)
4031–4040	WPC	1. Kl.	1927/1928	CGC	Typ »Flèche d'Or«. Mit Ausnahme von Nr. 4039 (im Krieg verloren) zu WR umgebaut. Nr. 4036–4039 wurden WR-Bar. Nr. 4038: 1962 an SNCF verkauft. Nr. 4033 später Fourgon-Snack
4041–4050	WP	1. Kl.	1927/1928	CGC	Typ »Flèche d'Or«. Mit Ausnahme von Nr. 4042 nach dem Krieg zu WR umgebaut. Nr. 4047: 1962 an SNCF verkauft. Nr. 4049: 1964 zu Voiture-Technique umgebaut (mit Bar, Werkstätten, 2 Betten)
4051–4065	WPC	1. Kl.	1926	Leeds	Typ »Flèche d'Or«. Nr. 4053 während des Krieges zerstört. Rest zu WR umgebaut. Nr. 4051–4052, 4055–4057 in der Türkei. Nr. 4054 Fourgon-Snack. Nr. 4062, 4065: 1937 in China, stationiert in Hong-Kong, 1948 dort verkauft. Nr. 4059: 1948 stationäres WR in Dunkerque Ferry
4066–4080	WP	1. Kl.	1926	Leeds	Typ »Flèche d'Or«. Nr. 4069, 4073, 4076 zerstört. Rest wurde WR. Untergestell Nr. 4073, 4076 zu Nr. 4265–4266
4081–4085	WPC	1. Kl.	1927	Birmingham	Typ »Flèche d'Or«. Nr. 4083 war WR. Nr. 4081–4082, 4084 verloren

Wagen Nr.	Typ	Klasse	Baujahr	Hersteller	Bemerkungen
4086–4090	WP	1. Kl.	1927	Metro	Typ »Flèche d'Or«. Nr. 4088 (mit Namen) in Ägypten (Klimaanlage) Rest (außer Nr. 4087: verloren) zu WR umgebaut
4091–4410	WPC	2. Kl.	1927	Birmingham	Typ »Etoile du Nord«. Zu WR umgebaut. Nr. 4106 zerstört, Untergestell zu WR 4267. Nr. 4105, 4107–4109 in Griechenland. Nr. 4094, 4100–4102, 4104, 4110: 1951 nach Portugal
4111–4130	WP	2. Kl.	1927	Metro	Typ »Etoile du Nord«. Nr. 4112, 4114, 4116–4117, 4124 zerstört. Untergestelle zu WR 4268–4269, 4272–4274. Rest zu WR umgebaut
4131–4147	WPC	1. Kl.	1929	E. I. C.	Typ »Côte d'Azur«. Nr. 4144: 1938 im Zug von Georg VI., später WR
4148–4164	WP	1. Kl.	1929	E. I. C.	Typ »Côte d'Azur. Nr. 4154 zerstört, Chassis zu WR 4271. Nr. 4159 für »Le Drapeau« zu WR mit einem Raum, 1976 im Jubiläumszug Zevenaar–Maestricht der niederländischen CIWL. Nr. 4160, 4162, 4164, ganz blau, 1951 WS-Bar im »Train Bleu«, mit einem WR-Raum; 1962 an SNCF verkauft. Nr. 4151, 4163 mit neuen Drehgestellen und Klimaanlage für »Mistral«. Nr. 4163 im Film »Mord auf dem Orient-Expreß, dann 1977 mit Nr. 2741, 3849, 3543, 3548 M.-C. Nr. 4149: 1969–1975 im Museum Mülhausen. Nr. 4155 später zu AJECTA, Nr. 4149, 4158 zu Intraflug. Nr. 4163 im Oktober 1977 in Monte Carlo verkauft
4165–4170	WP	1. Kl.	1930	Carde	Für Spanien. Teakkasten. Nr. 4165 in Barcelona zu Kino-Wagen umgebaut
4171–4173	WPC		1928	Birmingham	Für Ägypten. Wagen mit Namen. Nie in Europa
4174–4176	WP		1928	Metro	Für Ägypten. Wagen mit Namen. Nie in Europa
4177–4200					Nicht verwendete Nummern
4201–4218	WR		1940	Nivelles	Nr. 4201, 4205, 4207–4210, 4217–4218: 1962 an SNCF verkauft
4219–4224	WR		1939	Cegielski	Nr. 4223–4224 nicht in Dienst gestellt. Nr. 4223 wurde 1. Klasse in Polen
4225–4241	WR		1940/1941	Reggio	Nr. 4236: 1949 in WL 3885 umgebaut
4242–4249	WR		1943	Arad	Für Rumänien. Später in Dänemark
4250–4251	WR		1944	WL-Budapest	Mit Teilen von WR 2506, 2505 neu erstellt. Metallimitation der Holztäfelung. Nr. 4251 im Museum Imst
4252–4254	WR				Beim Einmarsch der Roten Armee in Budapest zum Umbau mit Teilen von WR 2502, 2501, 2503 in der Werkstatt. Nummern also nicht verwendet
4255–4264	WR		1950	Simmering	Für Österreich
4265–4274	WR		1955	Breda	Neue WR mit Teilen von Nr. 4073, 4076, 4106, 4112, 4114, 4025, 4154, 4116, 4417, 4424. Eine einzige Innenplattform mit Außentüren
4275–4500					Nicht verwendete Nummern
4501–4525	WL	P	1955/1956	Nivelles	Nicht gestrichener Aluminiumkasten. Spezialklasse
4526–4550	WL	P	1955/1956	Carel-Fouche	Nicht gestrichener Aluminiumkasten
4551–4565	WL	P	1955/1956	Ansaldo	Alle Wagen mit Budd-Patenten. Nicht gestrichener Aluminiumkasten
4566–6580	WL	P	1955/1956	Fiat	Nicht gestrichener Aluminiumkasten
4581–4600	WL	U	1957	Hansa	Reparationsleistungen. Wagen des Typs »Universal« mit 1, 2 oder 3 Betten. Nr. 4589–4590, 4593–4594, 4596, 4603–4604, 4607, 4609, 4614 für »Puerta del Sol« (Paris–Madrid); 1969 mit neuen Minden-Deutz Drehgestellen für spanischen Streckenabschnitt
4601–4620	WL	U	1957	Donauwörth	Nicht gestrichener Aluminiumkasten
4621–4640	WL	Y	1958	Fiat	Abmessungen wie Hansa U, aber zwei Betten. Für Italien. Klimaanlage wie YC
4641–4668	WL	YF	1963/1965	MMCZ	Wie YC mit Fiat-Patenten (Lizenzherstellung). Für Spanien. Klimaanlage mit Dieselgenerator
4669–4690	WL	YF	1969/1970	MMCZ	Für Spanien. Klimaanlage wie oben
4691–4700					Nicht verwendete Nummern
4701–4740	WL	MU	1964/1965	E. I. C.	Typ Universal, 1, 2 oder 3 Betten
4741–4760	WL	M	1964	Fiat	Für Italien. Klimaanlage. Wie MU, aber 1. Klasse mit 1 oder 2 Betten
4761–4775	WL	MU	1964/1965	Fiat	
4776–4785	WL	MU	1963/1964	Donauwörth	Für die Schweiz (Eigentum SBB). Nr. 4780: 1968 Unglück im »Wiener Walzer«
4786–4790	WL	MU	1964	Donauwörth	Nr. 4786 an SBB, ersetzt Nr. 4780. Nr. 4787: 1965 an der Münchener Ausstellung
4791–4805	WL	MU	1966	Donauwörth	1969 Eigentum der Eurofima
4806–4820	WL	MU	1968/1970	Fiat	

Wagen Nr.	Typ	Klasse	Baujahr	Hersteller	Bemerkungen
4821–4840	WL	MU	1970/1971	Fiat	
4841–4852	WL	MU	1972	Fiat	Für Italien
					Die Nummern 4840–5000 sind nur teilweise im Gebrauch, immer durchgestrichen, um den UIC-Vorschriften zu entsprechen. Viele dieser Wagen gehören in Wirklichkeit dem Pool und nicht der CIWL
5001–5020	WL	T2	1968	Donauwörth	
5021–6000					Nicht verwendete Nummern
6001–6010	WL	YF	1972	MMCZ	Für Spanien. Klimaanlage mit Dieselgenerator
					Liste der zweimal verwendeten Nummern (enthält keine Wagen, die schon auf der Hauptliste stehen)
1–10	WR		1898		
51–60	WP/WPC		1925	Birmingham	Ex Pullman mit Namen. Mit Ausnahme von Nr. 54, 58 zurück an Pullman. (Mit neuen Namen in Ägypten)
101–106	WP		1931	SIG	Für »Golden Mountain«. Nr. 101–102 gehören der MOB, ex 83–84. Übrige an die Rhätische Bahn und dort eingesetzt
351–373	WR		1931	E. I. C.	Ex Pullman-Schiffszüge. Nach dem Krieg vermietet
578–579, 583–584	WL	AC	1936	Decauville	Ex Pullman. 1945–1960 vermietet. Alte Couchette
586, 591–599	WL	AC	1930	Lyon	Ex Pullman. 1945–1960 vermietet. Alte Couchette

Schlafwagen der Ussuri-Bahn (ab 1923 von CIWL verwaltet)

0111	1. Klasse
0171	1. Klasse
0172	1., 2. Klasse
0221–0223	2. Klasse
0351–0355	3. Klasse

Schlafwagen der Chinesischen Ostbahn (von CIWL betrieben)

1. und 2. Klasse	Nr. 302, 304, 308, 310–314	3. Klasse	Nr. 422, 427, 714, 733–734, 741–742, 744, 747
2. Klasse	Nr. 411–412, 414–415, 421, 426, 433, 708		

Die Typenbezeichnungen »M« und »P« wurden zu verschiedenen Zeiten verschieden verwendet. »M« war vor 1960 ein Wagen mit Holzkasten und Abteilen 1., 2. und 3. Klasse. Nach 1960 bezeichnet »M« die modernen FIAT-Wagen aus Stahl mit Klimaanlage.
»P« steht vor 1940 für die Wagen 2. und 3. Klasse aus Stahl für Polen (mit vier Betten und ohne Lavabo in den Abteilen 3. Klasse). Nach 1940 ist »P« ein Aluminiumwagen nach Patenten von Budd, anfänglich für die 2. Klasse gedacht. Als während der Konstruktionszeit die 3. Klasse abgeschafft wurde, setzte man sie als »P spezial« in der 1. Klasse ein. »Spezial« bezieht sich auf den geringeren Zuschlag als bei normalen Erstklaßabteilen mit einem Bett.

Namenliste der Pullman-Wagen

1. Der CIWL gehörende Wagen

Nr.	Typ	Name	Bemerkungen
54	WPC	»Karnak«	Früher »Hermione«. Name für WL-Dienst ausgewischt. Neuer Name für Einsatz in Ägypten
58	WPC	»Cleopatra«	Früher »Rainbow«. Name für WL-Dienst ausgewischt. Neuer Name für Einsatz in Ägypten. (Nicht der gleiche Wagen wie »Rainbow« 1928
2914	WPC	»Luxor«	In Ägypten trugen nur die Pullman-Wagen Namen. Für Details siehe Liste des CIWL-Wagenparks und Liste der doppelten Nummern
2915	WPC	»Assouan«	
2916	WPC	»Fayoum«	
2917	WPC	»Siwa«	
2994			geliefert, aber nie gebraucht
2998			geliefert, aber nie gebraucht
4088	WP	»Sphinx«	
4171	WPC	»Edfou«	
4172	WPC	»Berdera«	
4173	WPC	»Rosetta«	
4174	WP	»Tutankhamen«	
4175	WP	»Nefertari«	
4176	WP	»Rameses«	

2. Wagenpark der Pullman Palace Car Co. in Großbritannien und Italien

Alle diese Wagen wurden von Pullman USA gebaut und in Derby, Turin oder Brighton montiert

Name	Typ	Baujahr	Bemerkungen
»Midland«	WL	1/1874	1888 an Midland Railway verkauft (MR 20). Kasten in Derby erhalten
»Excelsior«	WL	2/1874	1888 an Midland Railway verkauft (MR 21)
»Enterprise«	WL	1874	1882 in Hunslet Leeds verbrannt
»Victoria«	WP	1874	1880 in »Alexandra« umgetauft. 1883 nach Italien. 1884 an CIWL verkauft (WL 155). Während des CIWL-Einsatzes keinen Namen (verkehrte 1880 auf der LSWR)
»Britannia«	WP	1874	1882 mit sechsrädrigen Drehgestellen versehen, wie WR »Windsor«. 1883 an Midland Railway verkauft (MR 15)
»Leo«	WP	1874	1882 mit sechsrädrigen Drehgestellen versehen, wie WR »Delmonico«. 1883 an Midland Railway verkauft (MR 14)
»St George«	WL	1875	1888 an Midland Railway verkauft (MR 22)
»Jupiter«	WP	1875	1882–1884 auf LCDR eingesetzt. 1884 zur LBSCR. Wurde 1915 3. Klasse Nr. 1
»Saturn«	WP	1875	1883 an Midland Railway verkauft (MR 1)
»Transit«	WL	1875	1888 an Midland Railway verkauft (MR 24)
»Ocean«	WL	1875	1875–1880 bei GNR. 1883 in Italien. 1886 an CIWL verkauft (s. Hauptliste, Nr. 216–221). Bei CIWL ohne Namen
»Saxon«	WL	1875	1888 an Midland Railway verkauft (MR 25)
»Ohio«	WP	1875	GNR. Wurde 1879 WR »Prince of Wales«. 1885 an GNR verkauft (GNR 2992).
»Mars«	WL	10/1875	LBSCR bis 1884 (verkehrte täglich). 1884 in Italien. 1886 an CIWL verkauft (Hauptliste, Nr. 216–221). Bei CIWL ohne Namen
»Mercury«	WP	1876	1883 an Midland Railway verkauft (MR 2)
»Juno«	WP	1876	1883 an Midland Railway verkauft (MR 3)
»Bart-Bona«	WL	1876	1886 an CIWL verkauft (Nr. 198). Behielt den Namen. Später WRS
»Piemonte«	WL	1876	1886 an CIWL verkauft (Nr. 199). Später WRS

Name	Typ	Baujahr	Bemerkungen
»Toscana«	WL	1876	1886 an CIWL verkauft (Nr. 200). Später WRS
»Australia«	WL	1876	Bis 1883 MR. 1883 in Italien. An CIWL verkauft (Nr. 201). Behielt den Namen
»Castalia«	WL	1876	Bis 1883 MR. 1883 in Italien. Verbrannte 1884 in Riate
»Germania«	WL	1876	1876–1878 MR. 1878–1880 bei GNR. 1883 in Italien. 1886 an CIWL verkauft (Nr. 202). Behielt den Namen
»Scotia«	WL	1876	1888 an Midland Railway verkauft (MR 26)
»Italia«	WL	1876	Später WR. 1886 an CIWL verkauft (Nr. 203). Behielt den Namen
»Venus«	WP	1876	1883 an Midland Railway verkauft (MR 4)
»Vesta«	WP	1876	1883 an Midland Railway verkauft (MR 5)
»Norman«	WL	1876	1888 an Midland Railway verkauft (MR 27)
»India«	WL	1876	1876–1878 MR. 1878 GNR. 1892 bei Kollision in Thirsk zerstört
»Minerva«	WP	1876	1883 an Midland Railway verkauft (MR 6)
»Crotona«	WL	1876	Später WR. 1886 an CIWL verkauft (Nr. 204). Behielt den Namen
»Metaponto«	WL	1876	Später WR. 1886 an CIWL verkauft (Nr. 205). Behielt den Namen
»Heraclea«	WL	1876	Später WR. 1886 an CIWL verkauft (Nr. 206). Behielt den Namen
»Sybaris«	WL	1876	Später WR. 1886 an CIWL verkauft (Nr. 207). Behielt den Namen
»Planet«	WP	1876	1883 an Midland Railway verkauft (MR 7)
»Albion«	WP	1876	1883 an Midland Railway verkauft (MR 8)
»Comet«	WP	1876	1883 an Midland Railway verkauft (MR 9)
»Apollo«	WP	1876	1883 an Midland Railway verkauft (MR 10)
»Ariel«	WP	8/1876	MR bis 1881. 1881 in »Louise« umgetauft. Für LBSCR. 1929 ausrangiert. Bungalow in Sussex
»Adonis«	WP	1876	Bis 1881 MR. 1881 in »Victoria« umgetauft. LBSCR. In WPC umgebaut. Wurde 1915 3. Klasse Nr. 2
»Aurora«	WP	1877	1883 an Midland Railway verkauft (MR 11)
»Ceres«	WP	1877	Bis 1881 MR. 1881 in »Maud« umgetauft. LBSCR. 1884 WR. 1899 nach Unglück in Wivelsfield verschrottet
»Eclipse«	WP	1877	1883 an Midland Railway verkauft (MR 12)
»Alexandra«	WP	1877	1883 an Midland Railway verkauft (MR 13)
»Alexandra«	WP	1877	An LBSCR. Wurde 1915 3. Klasse Nr. 3
»Albert Edward«	WP	1877	An LBSCR. Wurde 1915 3. Klasse Nr. 4
»Globe«	WP	1877	1877–1881 MR. 1881 in »Beatrice« umgetauft. 1. Pullman mit elektr. Beleuchtung. Entgleiste 1914 in Brighton. 1918 ausrangiert
»Columba«	WL	1880	1880 an GNR. 1895 an GNR und NER verkauft
»Iona«	WL	1880	1880 an GNR. 1895 an GNR und NER verkauft
»St Andrew«	WL	1882	1888 an Midland Railway verkauft (MR 28)
»St Mungo«	WL	1882	1888 an Midland Railway verkauft (MR 29)
»Balmoral«	WL	1882	Dreiachser. 1895 mit Drehgestellen ausgerüstet. 1883–1885 bei GNR. 1885 bei Highland Railway. 1907 zurückgezogen. Verkehrte am Schluß in gemischten Güter-/Personenzügen. Bis 1918 eingestellt
»Culross«	WL	1882	Wie »Balmoral«, aber 1895 zum Einsatz bei der Highland Railway in »Dunrobin« umgetauft
»St Louis«	WL	1882	Wie »Balmoral«. 1885 mit Drehgestellen ausgerüstet. 1888 an Midland Railway verkauft (MR 3)

Nr.	Name	Typ	Baujahr	Bemerkungen
	»Missouri«	WL	1883	1888 an Midland Railway verkauft (MR 32)
	»Michigan«	WL	1883	1888 an Midland Railway verkauft (MR 33)
				1888 wurden die Werke in Derby geschlossen. Alle weiteren Wagen gingen zur LBSCR (Ausnahmen sind gekennzeichnet)
6	»Princess«	WP	12/1888	1. Wagen in England mit Passerellen und Faltbalg
5	»Prince«	WPC	12/1888	In Brighton montiert. Für Pullman Ltd. als Mehrwagen-Einheit gebaut. Ursprünglich hatte »Prince« keine Puffer, weil er in der Mitte der Einheit verkehrte. Puffer 1915 angefügt. »Princess« wurde 1920 WPC. Später »Studio« des berühmten Eisenbahnschriftstellers und Malers C. Hamilton Ellis in Partridge Green.
7	»Albert Victor«	WP	12/1888	Mit »Albert Victor« zusammen 1929 ausrangiert, »Prince« 1932

Nr.	Name	Typ	Baujahr	Bemerkungen
8	»Duchess of Albany«	WP	3/1890	1890–1907–1912 bei LW SR. Wurde 1913 WPC (Pullman Longhedge). LBSCR von 1912–1923. Bis 1929 bei SR, darauf ausrangiert. Zusammen mit »Princess« in Partridge Green (Sussex)
9	»Duchess of Fife«	WP	3/1890	1890 bis 1907–1911 bei LW SR. Wurde 1912 WPC (Pullman Longhedge). 1913–1923 bei LBSCR. Bis 1932 SR, darauf ausrangiert
10	»Empress«	WP	5/1890	LBSCR/SR. 1932 ausrangiert. Von J. S. Mark in Lancing (Sussex) als Bungalow benutzt
76	»The Queen«	WP	11/1890	1920 WPC 3. Klasse Nr. 9 (Pullman Longhedge)
11	»Pavilion«	WP	2/1893	Letzter Pullman mit hohen Fenstern und »Kirchendach« im Dienst. LBSCR/SR. 1923 zu WPC (Pullman Longhedge). 1934 ausrangiert
12	»Princess Mary«	WP	3/1893	1909 zu WPC umgebaut. LBSCR/SR. 1932 ausrangiert
13	»Duchess of Connaught«	WP	3/1893	1914 zu WPC umgebaut (Pullman Longhedge). LBSCR/SR. 1932 ausrangiert
14	»Princess Margaret«	WP	3/1893	1913 zu WPC umgebaut (Pullman Longhedge). 1890–1907 bei LSWR, darauf LBSCR/SR. 1932 ausrangiet. Bungalow in Lancing wie »Empress«
15	»Princess Regent«	WP	3/1893	1921 WPC 2. Klasse Nr. 3
16	»Princess of Wales«	WP	10/1895	1915 WPC 3. Klasse Nr. 19
17	»Duchess of York«	WPC	10/1895	1915 3. Klasse Nr. 17
77	»Her Majesty«	WP	10/1895	1922 WPC 3. Klasse Nr. 10
19	»The Arundel«	WP	7/1899	Drehgestelle mit 6 Rädern, wie alle folgenden Wagen. 1905 WPC und umgetauft in »Majestic« wegen Verwechslung von Namen und Bestimmungsort. LBSCR/SR. 1932 verschrottet. Bungalow in Lancing (Sussex)
18	»The Chichester«	WP	7/1899	1905 WPC und umgetauft in »Waldemar« wegen Verwechslung von Namen und Bestimmungsort. 1932 ausrangiert. Bungalow in Lancing
20	»Devonshire«	WPC	8/1900	LBSCR/SR. 1931 ausrangiert. Kantine in Preston Park bis 1964

Die drei letzten in den USA konstruierten Pullman-Wagen wurden nach Beginn der Verhandlungen zum Verkauf der Pullman Palace Car Co. geliefert. Sie werden später genannt.

3. Die Wagen der Pullman Car Company Ltd. 1908–1962

Eine Geschichte der Luxuszüge hat naturgemäß nicht viel Platz für Details über Einzelwagen. Die meisten dieser Wagen wurden in Serien hergestellt und hatten die unangenehme Eigenschaft, während ihres Lebens zwei- oder dreimal ein anderes Aussehen anzunehmen. Um die Wagen identifizieren zu können, gab man ihnen eine Nummer (Schedule No.), die am Wagenende oder manchmal auf einem Schild aufgemalt war. Leider änderten viele dieser Nummern zwischen 1957 und 1960. Nur die zuschlagspflichtigen Wagen erster Klasse trugen normalerweise einen Namen. In England existierte bis 1956 die zweite Klasse nur im »Continental-Express« und in den Schiffszügen, wo eine beschränkte Anzahl von Pullman-Wagen als »Wagen zweiter Klasse, Nr. ....« verkehrten, die mit den »Wagen dritter Klasse, Nr. ....« identisch waren. Später trugen vereinzelt als Büfett/Snackwagen eingesetzte Pullman erster Klasse anstelle des Namens die Aufschrift »Refreshment Car«. Diese Nummern entsprechen nicht den »Schedule«-Nummern. Einige Wagen verloren ihren Namen und trugen den Namen ihrer Bar (z.B. Trianon Bar). In einer solchen Liste wäre es ungeschickt, einen englischen Pullman als WP zu bezeichnen (anstelle des einfachen P), ebenfalls heißen die Wagen mit Gepäckabteilen BP, diejenigen mit Hilfshandbremse und dem Wort »Guard« (Chef des Zuges) auf die Türe aufgemalt GP. Normalerweise hatten die englischen Pullman-Wagen keine Nothandbremsen, aber Vakuumbremsen oder Druckluftbremsen in den elektrischen Pullmans, die nur von der Lokomotive aus bedient werden konnten. Ein Pullman mit Küche heißt K, nicht WPC, und ein Speisewagen mit verglaster Aussichtsplattform K obs. Alle Wagen hatten Drehgestelle mit vier Rädern, selten mit sechs (speziell angegeben). Die Wagen der Pullman Palace Co. erhielten ihre Nummern nach der Indienststellung. CC steht für »Camp Coach«, einen Wagen, der zum Camping eingerichtet ist. Diese Wagen konnten in der Nähe von kleinen Bahnhöfen oder am Meer abgestellt und für kurze Ferien gemietet werden.

Nr.	Name	Typ	Jahr	Hersteller	Bemerkungen
21–23	»Duchess of Norfolk« »Princess Ena« »Princess Patricia«	K K P	1/1906	Pullman USA	»Duchess of Norfolk« 1932 ausrangiert. Letzte Wagen aus den USA. Sechsrädrige Drehgestelle. 1932 ausrangiert. In K umgebaut. 1934 ausrangiert
24–30	»Verona«, »Alberta« »Belgravia«, »Cleopatra«, »Bessborough,« »Princess Helen« »Grosvenor«	BP P K	11/1908	Metro	Sechsrädrige Drehgestelle. Zwischen 1930 und 1934 ausrangiert Alle außer »Princess Helen« zu K, 1930–1935 aurangiert. »Verona« war bis 1950 Holzhandlung 1936 Wagon-Bar. 1960 ausrangiert

Nr.	Name	Typ	Jahr	Hersteller	Bermerkungen
35–40	»Sorrento«, »Corunna«, »Savona« »Valencia«, »Florence«, »Clementina«	P K	3/1910	Birmingham	»Savona« 1933 rollender Laden, 1951 zu 1. Klasse umgebaut. 1960 ausrangiert. CC. »Sorrento«, »Corunna« 1924 K. Mit »Florence« und »Valencia« 1963 ausrangiert. CC 1960 ausrangiert. CC
32–34	»Galatea«, »Mayflower«, »Emerald«	K	3/1910	Birmingham	»Galatea« und »Mayflower« für Londoner U-Bahn, ohne Passerellen. 1939 ausrangiert. »Emerald« verbrannte 1955. Umgebaut in Instruktionswagen Nr. 101. Heute im Conway Valley Museum, Bettws-y-Coed, Wales
42–44	»Regina« »Sapphire«, »Palermo«	K P	10/1910	Birmingham	»Sapphire« und »Palermo« 1942–1948 Armeekantinen Nr. 37, 21. Alle 1962 ausrangiert. »Sapphire« in schlechtem Zustand, in Ashford erhalten
78	»Shamrock«	D	3/1911	Birmingham	Umgetauft in »Duchess of Gordon«. 1933 an LMS verkauft (Nr. 210)
31, 46	»Vivienne«, »Myrtle«	P, K		Cravens	Sechsrädrige Drehgestelle. 1935 resp. 1961 ausrangiert
48	»Cosmo Bonsor«	K	5/1912	Cravens	Nach dem Generaldirektor der SECR benannt. 1948 in »Rainbow« umgetauft. Um 1962/1963 ausrangiert
41 45 47	»Leghorn« »Seville« »Alicante«	P K P	12/1912	Cravens	Alle um 1962/1963 ausrangiert
49–53	»Glencoe«, »Scotia« »Hibernia«, »Orpheus«	P K	1/1914	Cravens	Im Spezialzug London–Dover des Generalstabes. »Scotia« von Georg V., Lloyd George und anderen benutzt. 1960 ausrangiert. Alle CC außer »Glencoe« (1955 ausrangiert)
56–60	»Ruby«, »Daphne«, »Hawthorn« »Topaz«	K P	3/1914	Birmingham	»Ruby« auf Waterloo–Southampton Docks. 1960 zu 1. und 2. Klasse. Im Schiffszug Le Havre–Paris. 1962–1963 ausrangiert. »Topaz« 1960 ausrangiert. Im Museum in York
52, 55 61–67	»Mary Hamilton«, »Mary Beaton«, »Mary Seaton«, »Mary Carmichael«, »Annie Laurie«, »Helen McGregor«, »Flora Macdonald«, »Fair Maid of Perth«, »Lass o' Gowrie« »Maid of Morven«	D Kobs	5/1914– 8/1914	Cravens	Für Schottland. Caledonian Railway, Glasgow & SW und Highland. 1933 alle an LMS verkauft (Nr. 201–209) »Maid of Morven« Aussichtswagen für Glasgow–Oban, mit Büfett. (Pullman Nr. 65, LMS Nr. 209)
72–75, 17, 19	Wagen 3. Klasse Nr. 1–4, 17, 19	K	1915	Pullman USA	1915 in Brighton zu 3. Klasse umgebaut. 1927–1932 ausrangiert
68–71	Wagen 3. Klasse Nr. 5–8	K	1917	Pullman Longhedge	Nr. 5 wurde im April 1946 »New Century Bar« und von Juli 1946 bis 1955 »Trianon Bar«. Alle außer Nr. 7 um 1961–1963 ausrangiert (Nr. 7: 1955)
79	»Tulip«	P	3/1919	Jackson Sharp	Ex SER, 1897 Wagen 1. Klasse Nr. 171. 1930 ausrangiert
80–87	»Dorothy«, »Stella«, »Dora«, »Mabel«, »Venus« »Hilda«, »Albatross«, »Thistle«	P K	1919	Metro	Ex SER, Wagen der Folkestone Vestibule Limited (1897). 1928–1930 ausrangiert (außer »Albatross« und »Thistle«: 1931–1938 rollende Läden) Nr. 79–87 in Brighton umgebaut
106–109, 117, 173	Wagen 3. Klasse Nr. 47, Wagen 2. Klasse Nr. 57 »Ansonia«, »Arcadia« Wagen 3. Klasse Nr. 45 Wagen 2. Klasse Nr. 56	D K	3/1920	Clayton Wagons Lincoln	Nr. 47, 45: 1923 umgebaut (Pullman Longhedge), mit Küche auf der verkehrten Seite. Nr. 57: 1923 umgetauft in Wagen 3. Klasse Nr. 57 BP, Nr. 56: 1923 umgetauft in Wagen 3. Klasse Nr. 56, Nr. 56–57 um 1938 ausrangiert. »Ansonia« und »Arcadia« 1934 Wagen 3. Klasse Nr. 94–95. »Ansonia« 1955 ausrangiert, die übrigen um 1960–1963
88–90, 103–105	»Carmen«, »Constance«, »Figaro«, »Dolphin«, »Falcon«, »Diana«	P K	1920	Gilbert Car Co., Troy USA	Ex SER Hastings Car Train (1891): in Brighton umgebaut. »Carmen« in Entgleisung 1927 (Sevenoaks) zerstört. Rest 1928–1930 ausrangiert
99, 101	»Padua«, »Portia«	P, K	10/1920	Birmingham	»Padua« wurde 1946 GP Nr. 99 2. Klasse, 1947 3. Klasse. Um 1961 ausrangiert. CC. In Carnforth bei Flying Scotsman Enterprises. »Portia« 1960 ausrangiert. CC
76	3. Klasse Nr. 9	K	11/1920	Pullman USA	Ex »The Queen«. 1932 ausrangiert
119–120, 126	»Cambria«, »Catania«, »Corsair«	K	11/1920	Clayton	Für Schiffszüge London–Harwich. Um 1938 ausrangiert
97–98, 100, 102	»Calais«, »Milan« »Palmyra«, »Rosalind«	P K	1/1921	Birmingham	Für Schiffszüge London–Dover und Züge der SER. »Calais« und »Milan« wurden 3. Klasse Nr. 97–98. 1962–1963 ausrangiert. »Rosalind« 1942–1948 Armeekantine Nr. 18, um 1960 ausrangiert, heute bei Flying Scotsman Enterprises, Carnforth
110	3. Klasse Nr. 46	D	2/1921	Clayton	Wurde 1924 BP. 1932 ausrangiert

Nr.	Name	Typ	Jahr	Hersteller	Bemerkungen
91–94	»Cadiz«, »Sylvia«, »Sunbeam« »Malaga«, »Monaco«, »Neptune«	P K	1921	Pullman Longhedge	Für Schiffszüge SR. »Cadiz« und »Sylvia« wurden 1947 2. Klasse Nr. 294, 96. Alle 1960 ausrangiert (Ausnahme: »Sylvia«: 1961). »Malaga« jetzt bei Ian Allan Ltd., Shepperton (Surrey)
121–125	3. Klasse Nr. 40–44 (40–41 BP)	D	8/1921	Birmingham	Nr. 42–44: 1924 zu K umgebaut. 1939 ausrangiert. Nr. 40: 1943 in Luftangriff in Preston Park zerstört. Nr. 42 um 1961 ausrangiert
15	3. Klasse Nr. 3	K	9/1921	Pullman USA	Ex »Prince Regent«. Wurde 1925 3. Klasse Nr. 18. In Brighton umgebaut. 1932 ausrangiert
118, 138, 174, 199, 201	»Albion«, »Alexandra« »Nevada«, »Atlanta«, »Columbia«	K	9/1921	Birmingham	»Albion« und »Alexandra« 1935/1936 ausrangiert. »Nevada« 1927 zu D: neuer Name »Jenny Geddes«. »Atlanta« 1927 zu D: neuer Name »Diana Vernon«. »Columbia« zu D: neuer Name »Jeannie Deans«. 1933 an LMS verkauft (LMS Nr. 212, 213, 211)
132–137	»Anaconda«, »Erminie«, »Coral«, »Elmira«, »Formosa«, »Maid of Kent«	K	11/1921	Clayton	Alle ex LNWR, 1918 Spitalwagen. »Anaconda«, »Erminie«, »Elmira« und »Maid of Kent« 1948 in 3. Klasse Nr. 132–133, 135, 137 umgetauft. »Formosa« Ende 1948 für »Thanet Belle« zu »Maid of Kent« umgetauft. 1959/1960 ausrangiert und CC. Nr. 135, 137 bei Ravenglass & Eskdale Railway in Ravenglass Station (Schmalspur)
111–116	3. Klasse Nr. 11–16 Nr. 13–14	K Kobs	1921 1947	Clayton Pullman Preston Park	Alle ex LNWR, 1918 Spitalwagen. Nr. 11, 15, 16: 1960 ausrangiert und CC. Nr. 11 wurde 1949 BP. Nr. 12: 1943 nach Zerstörung in Luftangriff ausrangiert. Nr. 13–14: 1947 Kobs; 1957 an BR (LMR) verkauft. Nr. 14 später als BR 280 bei Torbay Railway
127–129	3. Klasse Nr. 18, 20–21	K	2/1922	Midland	Nr. 18: 1925 zu 2. Klasse Nr. 3, 1927 zu 3. Klasse Nr. 30, 1950 zu P (Pullman, Longhedge), 1960 ausrangiert und CC. Alle ex GWR Spitalwagen (1918). Nr. 20–21: 1943 in Luftangriff zerstört
130–131, 139–141	3. Klasse Nr. 23 3. Klasse Nr. 22, 24 3. Klasse Nr. 25–26	K P BP	1922	Pullman Longhedge	Ex Ambulanzwagen der Lancs & Yorkshire Railway (1914–1918). 1938 ausrangiert. BP 1935 ausrangiert
142–143	»Lady Nairn«, »Bonnie Jean«	D	6/1922	Midland	Ex Ambulanzwagen der GWR (1918). Für Caledonian Railway umgebaut. 1933 an LMS verkauft (LMS 214–215)
77	Wagen 3. Klasse Nr. 10	K	12/1922	Pullman Longhedge	Ex »Her Majesty«. 1933 ausrangiert
153–156	»Aurora«, »Flora«, »Juno« »Montana«	GP	3/1923	Birmingham	Schlußwagen des »Golden Arrow«. »Aurora« und »Juno« wurden 1950–1952 GP 3. Klasse Nr. 503, 502. Ausrangiert 1962, (»Montana« 1960 und CC). »Flora« wurde 1946–1948 GP 3. Klasse Nr. 154. Alle behielten ihre ursprünglichen Namen
148–152, 157–158	3. Klasse Nr. 48–55 (50–51, 54–55 zu K)	D	6/1923	Clayton	Außer Nr. 54–55 sechsrädrige Drehgestelle. Restaurants für LNER in Schottland. Nr. 48–49, 52: 1939 an LNER verkauft. Nr. 50–51: 1923 zu 2. Klasse Nr. 2, 1 und 1927 zu 3. Klasse. Nr. 19, 17: 1955 resp. 1961 ausrangiert und zu CC. Nr. 52–53: 1925 Restaurants. 1937 zu 3. Klasse. Nr. 53 zu Küche und 1939 an LNER verkauft. Nr. 55 BP, 1961 ausrangiert. Nr. 54: 1937 zu BP, 1963 ausrangiert, im Eisenbahnmuseum in Birmingham
161–164	»Fortuna«, »Irene«, »Iolanthe« »Rosemary«	K P	6/1923	Midland	»Fortuna«, »Irene« BP 3. Klasse, Nr. 161–162 (1946). Alle um 1963 ausrangiert
159, 144–146	»Meg Dods«, »Lass o' Ballochmyle«, »Mauchline Belle«, 3. Klasse Nr. 80	D K	1923	Clayton	Restaurants für Schottland. 1933 an LMSR verkauft (LMSR 217, 216, 218). Nr. 80: 1928 zu Nr. 27, wurde 1937 BP. 1961 ausrangiert
165–171	»Argus«, »Geraldine«, »Marjorie«, »Sappho«, »Viking«, »Medusa«, »Pauline«	K	1924	Midland	Für »Golden Arrow«. »Geraldine«, »Marjorie«, »Viking«, »Pauline« zu 3. Klasse Nr. 166–167, 169, 171 (1947/1948). Alle um 1964 ausrangiert
160, 172, 175, 179	»Rosamund«, »Aurelia«, »Fingall«, »Cinthya«, »Adrian«, »Ibis«, »Hermione« »Lydia«, »Rainbow« »Leona«, »Minverva«, »Niobe«, »Octavia«, »Plato«	K K K P	11/1924 7/1925 alle zur gleichen Zeit gebaut 1925	Birmingham	Für »Golden Arrow«. 1963 ausrangiert. »Fingall« bei Wight Loco. Society, Haven St., Isle of Wight. Rest keine Nummer, weil bis 1928 bei CIWL. »Hermione« und »Rainbow« nicht zurück (Siehe Liste CIWL)
186–188	3. Klasse Nr. 58 Rest. 1. Klasse Nr. 65 3. Klasse Nr. 66	K D P	7/1925	Midland	Wurden 1928 Restaurant 2. Klasse, 1936 3. Klasse. 1937 zu 3. Klasse Nr. 65 BP. Alle um 1962 ausrangiert

Nr.	Name	Typ	Jahr	Hersteller	Bemerkungen
180–185	»Camilla«, »Latona«, »Madeleine«, »Pomona«, »Theodora«, »Barbara«	K	1/1926	Metro	Für London–Tonbridge–Hastings. »Madeleine«, »Pomona« und »Barbara« zu »Refreshment Car« umgetauft: Büfettwagen ohne Zuschlag. Übrige in Southampton Docks für Schiffszüge. Alle 1958 von SR grün gestrichen. 1958 Büfetts ohne Zuschlag. 1960 zu BR (SR). 1963/1964 ausrangiert. »Barbara« und »Theodora« zu K & ESR, Rolvenden. Mit Pullman-Farben gestrichen, für »Wine and Dine«-Züge gebraucht
189–198	3. Klasse Nr. 31–33, 100–103 34–36	K P	1926	Birmingham	Nr. 34: 1951 2. Klasse mit WC-Fenstern wie die »Golden Arrow«-Wagen von 1951. Nr. 100–103 für Irland. 1937 an GSR verkauft (irische Breitspur). Nr. 35–36: 1946 2. Klasse. 1951 Nr. 35 angepaßt. Um 1962 ausrangiert. Nr. 35 in Haven St., Isle of Wight, Nr. 36 bei Bulmer, Hereford
200 176–178	»Cassandra« »Rainbow«, »Plato«, »Octavia«	K K	11/1926 1927	Metro Metro	Um 1963 ausrangiert. »Plato« um 1963 ausrangiert. »Rainbow« verbrannte 1936; Untergestell an »Phoenix«
202–204	»Queen Margaret«, »Kate Dalrymple«, »Helen of Mar«	D	1927	Metro	Restaurant 1. und 3. Klasse für Schottland. Alle 1933 an LMSR verkauft (LMSR 219–221)
205–209, 213	»Cecilia«, »Chloria« »Zenobia« »Leona«, »Niobe« »Minerva«	K K P K	1927	Midland	Um 1967 ausrangiert. Für LNER Pullman-Züge. »Leona« 1947 als GP zu 3. Klasse Nr. 208. »Niobe« 1947–1959 GP 3. Klasse Nr. 209. »Minerva« zu GP mit Fenstern wie der »Golden Arrow« (1951). 1965 ausrangiert. »Minerva« heute in Lytham St Annes (Lancs), Lytham Museum
210–212	»Marcele«, »Sybil« »Kathleen«	K	1927	Metro	1946 zu 3. Klasse Nr. 105–107 für »Yorkshire Pullman«. Um 1966 ausrangiert
214–219	3. Klasse Nr. 58–61, 63 Rest. 2. Klasse Nr. 62, 64	K D	1928	Midland	Nr. 59 umgetauft in »The Hadrian Bar« mit Langbar für »Queen of Scots«. 1961 zu BR (SR). Nr. 63 um 1950 zu BP. Nr. 62, 64: 1937 zu P umgebaut und um 1961–1966 ausrangiert. Für LNER
220–243	3. Klasse Nr. 67–72 3. Klasse Nr. 75, 76 3. Klasse Nr. 77–80 »Nilar«, »Belinda« »Sheila«, »Agatha« »Thelma«, »Phyllis«, »Penelope«, »Philomel« »Ursula«, »Lucille«	K P BP K P K P	1928	Metro	Alles Stahlwagen für »Queen of Scots«. Nr. 75–80 in den Farben der LNER, während des Krieges LNER 481–488. »Sheila« und »Agatha« auch zu LNER (Nr. 469, 468), um 1966 ausrangiert. Nr. 76 bei Bulmer in Hereford im »Cider Train«. Nr. 79 bei North Yorkshire Moors Railway. Nr. 75 jetzt Pub in Hilderstone. »Agatha« in Haven St, IOW. »Phyllis« und »Lucille« um 1963 in »Bournemouth Belle«, heute im SE Steam Centre, Ashford (Kent)
244–251	»Adrian«, »Ibis«, »Lydia« »Princess Elisabeth« »Lady Dalziel« »Pearl«, »Diamond« »Onyx«	K K GP K P	1925 1928 1928 1928 1928	Birmingham Midland Birmingham Birmingham Midland	Ex CIWL Nr. 51, 53, 55, von Midland umgebaut. Alle ex CIWL 51–60. »Princess Elisabeth« 1950 GP »Isle of Thanet«, im ersten elektrischen »Golden Arrow« (1961). 1965 im Trauerzug von Churchill. In den USA erhalten. »Lady Dalziel« 1948 zu 3. Klasse Nr. 248. »Pearl« 1947 zu 3. Klasse Nr. 249, 1959 GP. »Ibis« 1966/1967 ausrangiert. Im Museum in Birmingham. »Diamond« 1966 für »Golden Arrow«: »Trianon Bar« (»Adrian« damals auch im »Golden Arrow«). »Trianon Bar« im Juli 1946 »One Hundred Bar«, dann bis Ende Juli 1946 »Century Bar« (für das 100jährige Jubiläum der RTM Dover–Ostende). 1955 »Diamond Daffodil Bar«. Alle Wagen um 1966/1967 ausrangiert
255–258	»Ennice«, »Juana«, »Zena« »Ione«, »Joan«, »Loraine«, »Evadne«	P K	1928	Metro	1929 für »Torquay Pullman«, später für die Cunard-Schiffszüge London–Southampton Docks und LNER. »Joan« 1943–1944 für General Eisenhower. Um 1967 ausrangiert. »Ione« in Tyseley (Birmingham Museum). »Zena« bei »Flying Scotsman« auf der Peterborough Railway, Wansford
259–262	3. Klasse Nr. 81–82 3. Klasse Nr. 83–84	K P	1931	Birmingham	Für Schiffszüge London–Southampton Docks und LNER. Nr. 81–82 für »Bournemouth Belle« zu GP umgebaut (Pullman, Preston Park 1959/1960). Nr. 83–84 in den Farben der LNER (Nr. 483–484) (1942–1948. Nr. 82 bei Bulmer in Hereford. Nr. 84 bei Keithley & Worth Valley Railway, Haworth (Yorkshire)
263–278	»Ida«, »Ruth«, »Rose«, »Violet«, »May«, »Peggy«, »Clara«, »Ethel«, »Alice«, »Gladys«, »Olive«, »Daisy«, »Anne«, »Naomi«, »Lorna«, »Bertha«	K	1932	Metro	Wagen 1. und 3. Klasse für elektrische Einheiten der SR. Je einer pro 5 gewöhnliche Wagen. Um 1965 ausrangiert. »Ruth« in Hereford bei 6000 Loco Association. »Bertha« bei Southern Electric Group, Peterborough Railway, Wansford
279–284	»Hazel«, »Audrey«, »Gwen«, »Doris«, »Mona«, »Vera«	K	1932	Metro	Elektr. Pullman-Wagen für »Brighton Belle«. 1972 ausrangiert. »Hazel« heute Black Bull Inn, Moulton (Yorks). »Audrey« im SE Steam Centre, Ashford (Kent). »Gwen« bei Horseless Carriage Inn, Chingford (Essex). »Doris« in Finsbury Park, London. »Mona« Brighton Belle Inn, Winsford (Cheshire). »Vera« in Westleton, Suffolk

285–293	3. Klasse Nr. 85–87 3. Klasse Nr. 88–93	P MBP	1932 1932	Metro Metro	Elektr. Pullman-Wagen 3. Klasse. Mit Abteil für Schaffner. Nr. 85–86 erhalten. Nr. 87 bei North Norfolk Railway, Sheringham (zusammen mit Nr. 91). Nr. 88: Stour Valley Railway. Nr. 89: Windsor Safari Park, Nr. 91–93 bei Allied Breweries Ltd. (Pub)
294–300	»Brenda«, »Elinor«, »Enid« »Grace«, »Iris«, »Joyce«, »Rita«	K	1932	Metro	Gemischte Wagen 1. und 3. Klasse (wie Nr. 263–278 für elektr. Einheiten der SER). 1965 ausrangiert. 1 Pullman per Einheit von 5 gewöhnlichen Wagen der SR
301, 308 309, 305–307 310	»Perseus«, »Cygnus«, »Hercules« »Aquila«, »Orion«, »Carina« »Pegasus: The Trianon Bar«	P K Bar	1951	Birmingham	Für Golden Arrow. Inneres mit Intarsien. Vor dem 2. Weltkrieg gekauft. Einige Wagen wie BR gestrichen (ohne Namen), mit Sitzen 2. Klasse. Alle 1972 ausrangiert. »Aquila« bei Bulmer Ltd. in Hereford. »Perseus« und »Cygnus« in BR-Form Eigentum der Scottish & Newcastle Breweries, ab 1978 auf der North Yorkshire Moors Railway, Pickering. »Orion« in Ashford (Kent), auch in der Form der BR. »Carina« in den USA (?)
302	»Phoenix«	P	1952	Pullman Preston Park	Auf Untergestell von »Rainbow« (Nr. 176). Um 1968 ausrangiert. In den USA (?)
303–304	»Aries« und 3. Klasse Nr. 303	K	1952	Pullman Preston Park	Für Golden Arrow, königliche Züge und Spezialzüge. Nr. 303 nach Ende 2. Klasse nicht beim Golden Arrow. Um 1967 ausrangiert
311–323	»Eagle«, »Falcon«, »Finch«, »Hawk«, »Heron«, »Magpie«, »Raven«, »Robin«, »Snipe«, »Stork«, »Swift«, »Thrush«, »Wren«	K	1960	Metro	Alle Wagen mit Wagenkasten Mark II der BR. Fauteuils 1. Klasse der alten Pullman oder Neukonstruktion aus Preston Park (450 Fauteuils)
324–331	»Amber«, »Amethyst«, »Emerald«, »Garnet«, »Opal«, »Pearl«, »Ruby«, »Topaz«	P	1960	Metro	
332–346 347–353 354	2. Kl. Nr. 332–346 2. Kl. Nr. 347–353 »The Hadrian Bar«	K P Bar	1960	Metro	Nach Abschaffung der 3. Klasse 1956 trugen die Pullman nicht 1. Kl. einfach die Wagennummer ohne »Second Class«. Für »Queen of Scots-«, »Tyne-Tees-«, »Hull-,« »Master Cutler-« und »Yorkshire-Pullman«. Doppelfenster. Alle gestrichen wie BR. Um 1967 ausrangiert. Einige Wagen 2. Kl. noch im Yorkshire- und Hull-Pullman der BR als Pullman 1. Kl. Diese Züge führen auch gewöhnliche Wagen

Die Dieselwagen trugen nie Namen und sind wegen Platzmangel nicht in dieser Liste. Die englischen Eisenbahngesellschaften, die heute Pullman besitzen, setzen sie in Zügen mit Dampflokomotiven für Touristen ein. Ihre Adressen sind bei der British Tourist Authority erhältlich.

Bis 1940 gebrauchte Typenbezeichnungen

A   Schlafwagen mit Drehgestellen
B   Schlafwagen mit Drehgestellen; zusätzliche Abteile mit gewöhnlichen Sesseln
C   Schlafwagen ohne Drehgestelle (sechsrädrig)
D   Speisewagen
DE   Salon-Speisewagen oder Pullman mit Küche
E   Salonwagen oder Pullman »Parlour«
F   Salonwagen mit Bar oder Büfett
L   Fourgon ohne Drehgestelle (vier- oder sechsrädrig)
M   Fourgon mit Drehgestellen
MP   Fourgon mit Drehgestellen; zusätzliches Abteil für Postbeförderung
R   Gastankwagen

RIC-Schild

Das gesamte internationale Rollmaterial verkehrt mit Ausnahme von bestimmten Netzen, die auf dem RIC-Schild erwähnt sind, überall. Früher wurden die Länder aufgeführt, in denen der Wagen verkehren durfte. Das für die Einhaltung der RIC-Normen (Regolamento Internazionale Carrozze) verantwortliche Land ist auch angegeben: Österreich »A«; Frankreich »F«; Italien »It«; Belgien »B«; andere Länder »Siegel des Netzes«. Die Pool-Zuteilung stimmt oft mit dem RIC-Land nicht überein.

UIC-Numerierung des Rollmaterials

Nur die UIC-Nummer darf an auffälliger Stelle angebracht sein. Das erste Zahlenpaar bedeutet:
50: Einsatz nur in einem Land
51: Einsatz international
61: Internationale Spezialeinsätze, z.B. TEE und Wagons-Lits
71: Internationaler Pool
66: Darf auch in England verkehren und die Kanalfähren benutzen
Das zweite Zahlenpaar gibt die verwaltende Stelle an: 66 bezeichnet Wagen der CIWL, die weder vermietet noch verkauft worden sind. Das dritte Zahlenpaar zeigt den Wagentyp, davon steht die erste Ziffer 0 für Privatwagen. Die zweite Ziffer bedeutet:
6: Schlafwagen 1. und 2. Klasse
7: Schlafwagen 2. Klasse
8: Speisewagen
9: Salon- oder Tanzwagen
09: Pullman (diese Wagen waren immer Privatbesitz)
Das vierte Zahlenpaar gibt Auskunft über technische Details, Geschwindigkeit, Art der Heizung usw.
Die drei folgenden Zahlen sind die Individualnummer jedes Wagens, und die letzte Zahl dient als Kontrolle für die EDV. So wird ein CIWL-Schlafwagen mit der Matrikel-Nummer 51 66 06 beim Einsatz in Italien 61 83 86 und in der Schweiz (für den Pool) 71 85 86. Da das UIC-Reglement nichts über durchgestrichene Ziffern sagt, aber jedes andere Anbringen von Zahlen striktestens untersagt, sind die CIWL-Wagen in Zukunft durchgestrichen. Nur CIWL-Wagen enthalten die folgenden Zahlengruppen:

80: DB	84: NS	88: SNCB
81: ÖBB	85: SBB	71: RENFE
83: FS	87: SNCF	66: CIWL

Dank

Der Autor möchte an dieser Stelle allen Freunden und Helfern (Einzelpersonen und Firmen) danken, die ihm Material zur Verfügung gestellt und zum guten Gelingen dieses Buches beigetragen haben. Spezieller Dank gebührt seiner Frau, Jon, für ihre Geduld und ihr Verständnis für alle Begleitumstände, die das Niederschreiben eines Buches mit sich bringt. Besonders erwähnt sei auch Jean des Cars von Paris-Match, ohne dessen Hilfe das Buch vermutlich anders aussähe. Der Autor dankt im einzelnen:

Mary Adshead, John Alves, J. Besford (North Yorkshire Moors Railway), Charles Clegg, Roger Commault, Gérard Coudert, P. Delacroix und Mitarbeitern (La Vie du Rail, Paris), Marcel Dœrr (Eisenbahnmuseum Mülhausen), Arthur Dubin, N. Dunbar und Mitarbeitern (Australian Tourist Commission, London), Maurice W. Earley, Friedhelm Ernst (Freundeskreis Eisenbahn, Köln), M. Fontan (Chefingenieur CIWLT, Paris), Albert Glatt, Richard Hope und Murray Hughes (Railway Gazette, London), D. Jenkinson und T. Edgington (Nationales Eisenbahnmuseum York), Albert Kunz und Jürg Schmid (ONST, London), Maurice Mertens (Railphot), den Presseattachés des BR Press Office London, John Price (Herausgeber des Cook-Fahrplans, Peterborough), Peter Prior und Mitarbeitern (H.P. Bulmer Ltd., Hereford), Stephen Pugh (Council of Industrial Design, London), R. de Quatrebarbes, J.-P. Caracalla und M.-T. Bonnet (Pressedienst der CIWLT, Paris), Claude Roche und Jean Albertini (Pressedienst der Société Nationale des Chemins de Fer Français, Paris), Michael Sedgwick, Werner Sölch, Robert Spark (European Railways Magazine, Cobham/England), William Spirit (Jersey Artists, Jersey, C.I.), Edmund Swinglehurst (Pressedienst Thomas Cook, London), Dr. A. Waldis (Verkehrshaus der Schweiz, Luzern), Patrick Whitehouse (Eisenbahnmuseum Birmingham), D. Wilson (Tenterden Railway Co).

Die verwendeten Gedichte verdankt er der Genehmigung von: Madame Jeanne Boyer, Paris (Refrain des Chansons *Le Pyjama Présidentiel* von Lucien Boyer): S. 59; Charles Clegg, USA (*Ballad of the Twenthieth Century* von Lucius Beebe): S. 76; Faber & Faber, London (T. S. Eliot, *Old Possum's Book of Practical Cats*): S. 168. Editions Gallimard, Paris (*Les Poésies de A. O. Barnabooth,* Ode, von Valéry Larbaud): S. 28; Veronica Music, London (Titellied zu *Dad's Army* von Bud Flannagan): S. 25.

Bibliographie

Beebe, Lucius *Mansions on Rails*. Berkeley 1959

Beebe, Lucius *Twentieth Century Limited*. Berkeley 1962

Behrend, George *Eisenbahnferien in der Schweiz*. Zürich 1966

Brandt, Walter *Schlaf- und Speisewagen der Eisenbahn*. Stuttgart 1968

Des Cars, Jean *Sleeping Story*. Paris 1976

Commault, Roger *La Compagnie Internationale des Wagons-Lits a 75 ans*. Avec la collaboration de Maurice Mertens. Paris 1951

Commault, Roger *Georges Nagelmackers*. Uzes 1966

Dekobra, Maurice *La Madone des Sleepings*. Paris 1925

Dubin, Arthur D. *More Classic Trains*. Milwaukee (USA) 1974

Ernst, Friedhelm *»Rheingold« – Luxuszug durch fünf Jahrzehnte*. Düsseldorf 1970 (1977²)

Grunwald, Kurt *Türkenhirsch*. Jerusalem 1966

Golden Way, The Monatsschrift bis 1939. Pullman Car Co. Ltd., London

Guide Wagons-Lits Bis 1976 Halbjahresschrift. Compagnie Internationale des Wagons-Lits, Paris

Hamilton Ellis, C. *The Royal Trains*. London 1975

Harris, Michael *Preserved Coaches*. Shepperton 1976

Kalla-Bishop, P. *Hungarian Railways*. Newton Abbot 1973

Princely Path to Paris, The Pullman Car Co. Ltd., London 1926

Sölch, Werner *Orient Express*. Düsseldorf 1974

Stöckl, Fritz *Rollende Hotels*. Wien/Heidelberg 1967

Swift Services to the South Compagnie Internationale des Wagons-Lits, Paris 1929

Swinglehurst, Edmund *The Romantic Journey* (The Story of Thomas Cook). London 1974

TEN *Indicateur International des Voitures-Lits*. Halbjährlich. ORC (Organisme Répartiteur Central du Pool), Paris

Thomas Cook International Timetable. Herausgegeben von J. H. Price. Monatsschrift. Thomas Cook Ltd., Peterborough

Ustinov, Peter *God and the State Railways*. S. L. ca. 1960

Westcott-Jones, Kenneth *Romantic Railways*. London 1971

Whitehouse, Patrick *Great Trains of the World*. London/New York/Sydney/Toronto 1975

Abbildungsnachweis

Amtrak, Untited States Travel Service: 150; George Behrend, Fliquet, Jersey: 109; Sammlung George Behrend, Fliquet, Jersey: 26, 36, 38 (Rechnung Nr. 14092: Verkehrshaus der Schweiz, Luzern), 57, 65, 86, 102, 117, 122, 139; Bisagno (Sammlung G. Behrend): 28; British Rail, London: 59–61; British Railways, London (Sammlung J. H. Price): 63, 121; CIWLT, Paris: 9, 11, 15–17, 19–21, 29, 33, 34, 39–49, 74–76, 78, 79, 81–84, 88, 92, 97, 100, 101, 104, 105, 108, 110, 111, 116, 123–128, 130, 151–154, 158–163, 165–167, 172; R. O. Coffin, Bristol (Sammlung H. P. Bulmer Ltd., Hereford): 3; Roger Commault, Serquigny: 53; Sammlung Roger Commault, Serquigny: 73; Thomas Cook & Son Ltd., Peterborough (Sammlung J. H. Price): 113, 114, 118, 131, 171; Gérard Coudert, Paris (Sammlung J. H. Price): 80, 140; Crown Copyright, National Railway Museum, York: 50; Deutsche Bundesbahn, Frankfurt am Main: 132–134; Deutsche Schlafwagen-Gesellschaft, Frankfurt am Main: 98; Sammlung Arthur Dubin, Chicago: 54, 55, 66, 71, 72, 90; Sammlung Arthur Dubin, Chicago, mit Erlaubnis der Chicago, Milwaukee & St. Paul Railroad: 89; Sammlung Arthur Dubin, Chicago, mit Erlaubnis der New York Central Railroad: 67–70; Sammlung Arthur Dubin, Chicago, mit Erlaubnis der Pullman-Standard, Chicago: 5–7; M. W. Earley, Reading: 2, 62, 64, 119, 120; EMI Film Distributors, London: 24, 25; Friedhelm Ernst, Köln, 94, 99; Sammlung Friedhelm Ernst, Köln: 95; Evans (Sammlung G. Behrend): 37; FS, Rom: 32; Georg Gerster, Zürich: 148 und Schutzumschlag; Wentworth Gray (Sammlung J. H. Price): 12, 58; Linke-Hofmann-Busch, Salzgitter-Watenstedt: 91; Intraflug AG, Forch: 1, 106; Kunstgewerbemuseum der Stadt Zürich (Foto Werner Hauser, Altikon): 18, 27; London Transport, London: 129; National Publicity Studios, Wellington (durch den High Commissioner for New Zealand): 142; New Zealand Government Railways (durch Railway Gazette International, London): 56; New Zealand Railways (durch Railway Gazette International, London): 143; Horace W. Nicholls, Ealing (Sammlung J. H. Price): 4, 112; J. H. Price, Peterborough: 87, 103; Sammlung J. H. Price: 14, 51, 52, 93; PTC (durch Australian Tourist Commission, London): 145, 146; Publicity and Travel Department, South African Railways, Johannesburg: 144; Pullman Car Co. (Sammlung BR, London): 13; Pullman Car Co. (mit Erlaubnis von Mary Adshead): 170; Pullman-Standard, Chicago (mit Erlaubnis): 8; Schweizerische Bundesbahnen,, Bern: 141; Schweiz. Wagons- und Aufzügefabrik, Schlieren-Zürich: 169; Sammlung Sedgwick und Marshall: 107; Société Nationale des Chemins de Fer Français, Paris: 30, 85, 115; F. Scholz (Sammlung Werner Sölch, München): 35; Werner Sölch, München: 23, 31; Werner Sölch, München (Sammlung SBB, Bern): 22; Walter Studer, Bern: 155–157; Takenda, Tokyo: 147; »Topical« (Sammlung J. H. Price): 77; La Vie du Rail, Paris: 135 (Foto Imbert), 136 (Foto Breton), 137 (Foto B. D.), 138 (Foto Pilloux), 164, 168; Ed. Wotjas, United States Travel Service: 149. Die Abbildung 96 (Gemälde von A. J. Jöhnssen) stammt aus Gustav Reder, *Die Welt der Dampflokomotive*, Zürich 1974.

Pläne

Sammlung G. Behrend: S. 48–49; BR, London: S. 74, 182; CIWLT,, Paris: S. 44, 116, 134, 183 unten; CIWLT, Paris (Sammlung Coudert): S. 97, 137 unten; Arthur Dubin, Chicago: S. 22; Meischer (Sammlung Friedhelm Ernst, Köln): S. 108; MOB, Montreux: S. 137 oben; Schindler: S. 82; Wagonsfabrik Schlieren: S. 183 oben.